AF279655

RAFAEL ALVIRA

EMPRESA Y HUMANISMO

Trazos pequeños de un proyecto grande

EDICIONES UNIVERSIDAD DE NAVARRA, S.A.
PAMPLONA

Cupón para la Biblioteca Virtual

Accede a la versión eBook de este título por solo **1,99 €**. Con la compra de este libro puedes utilizar el siguiente cupón para la lectura en *streaming** desde la Biblioteca Virtual. **Sigue estas instrucciones** para visualizar tu libro:

1. Dirígete a la web de la Biblioteca Virtual en **https://ebooks.eunsa.es**.

2. En la web ve a **Iniciar sesión** e introduce tu email y contraseña. Si no estás registrado, deberás completar el proceso en **Registrarse**.

3. Tras registrarte, accede a la página del libro o lee el QR de esta página. Bajo el precio podrás **insertar el código oculto en el siguiente cupón** para activar la promoción.

Despegue para visualizar

Acceso directo al eBook

No se admitirá la devolución del libro si el código promocional ha sido manipulado.

Canjéalo en ebooks.eunsa.es

*Con acceso a internet desde cualquier navegador.

ISBN: 978-84-313-3911-1
DL NA 16-2024

Fotografía:
stock-photo

Imprime: Podiprint
Printed in Spain – Impreso en España

Índice

El periodo entre 1984 (25 de marzo), en que Juan Pablo II hace la consagración formal del mundo al Corazón Inmaculado de María, y noviembre de 1989, en el que, sin uso de las armas, cae el "muro de Berlín", que abrió el paso al fin de la Unión Soviética, fue prolífico en fundaciones: entre otras, la "Association Internationale pour l'Enseignement Social Chrétien" –AIESC– (Ginebra) y "Empresa y Humanismo" (Universidad de Navarra) en 1986; "Asociación para el Estudio de la Doctrina Social de la Iglesia" –AEDOS– (Madrid) y el "Forum Democrátique Europeen" (Estrasburgo) en 1989. Menciono éstas porque las he conocido muy de cerca, al ser cofundador o uno de los primeros miembros de todas ellas.

Flotaba en el ambiente que algo de gran alcance podía pasar y que era preciso preparar el próximo futuro. Cambiar actitudes, modos de pensar y de hacer, de millones de personas que habían vivido bajo el poder comunista, y otros muchos, en Occidente, que carecían en buena medida de sensibilidad social. Y para eso, como siempre, el mejor método era ir a las personas destacadas capaces de hacerlo. No acercarse para dictar sabiduría, sino dialogar con ellos desde unos principios sólidos, como los que ofrecía como base la Doctrina Social Cristiana.

"Empresa y Humanismo" inició su andadura como un "Seminario Permanente", estatuto que cambió por el de Instituto Interdisciplinar (1996). Su nacimiento tuvo como primeros protagonistas a Tomás Calleja y José María Zalbidea, de Iberdrola, por parte empresarial, y Alejandro Llano, Leonardo Polo y Rafael Alvira, de la Facultad de Filosofía y Letras, por parte de la Universidad. De inmediato se añadieron D. Luis María Ybarra, como Presidente, y Jaime Benguría, como Gerente.

En la cercanía de su cuarenta cumpleaños, el Instituto lanza una nueva colección de libros y ha buscado recoger escritos que pudieran mostrar trazos de su naturaleza y de su historia. En una colección anterior y temprana –aún había poca historia–, se publicó un volumen sobre el tema con la contribución de los fundadores, pero en esta ocasión el planteamiento, por razones múltiples y fáciles de comprender –faltan, por ejemplo, varios de esos fundadores– no podía ser el mismo.

El Instituto decidió entonces aprovechar la experiencia de los largos años en los que tuve el honor de participar en la dirección del Instituto, para pedirme una recopilación de escritos míos sobre el tema, aparecidos a lo largo de ese tiempo. He seleccionado unos cuantos, con un cierto orden en el índice pero sin rigidez, de manera que el lector pueda calar directamente en los lugares que más le puedan interesar.

Se hicieron con motivaciones y para organizaciones y públicos diversos, con lo cual el intento de dar unidad estilística al conjunto los hubiera deformado. Por razones semejantes, intentar evitar repeticiones los hubiera desfigurado en exceso. Al ser el tema de fondo siempre el mismo, tenía que ser así.

En su versión original, no pocas de las publicaciones aquí reunidas proceden de grabaciones, que no pasaron luego –asumo la culpa– por la relectura necesaria. Aquí aparecen fuertemente reelaborados desde el punto de vista literario y de orden dispositivo, aunque sin cambiar nunca el contenido esencial. Me ha parecido una cortesía necesaria para los que en su día publicaron o leyeron esos textos, el mostrárselos ahora en versión —espero— bastante mejorada.

Cada capítulo procede de un artículo, que lleva *fecha*. Con ello se pretende mostrar cómo el Instituto manejó desde el primer momento ideas que eran de poco uso entonces, y hoy van siendo incorporadas de modo creciente. Esta nueva publicación tiene ahora por eso también un carácter testimonial: el Instituto ha contribuido con su "granito de arena" a un cierto cambio de ambiente, ya notorio en el mundo empresarial.

Entiendo que este volumen es un primer anuncio —urgidos por el apremio de comenzar la colección— de otros escritos en los que personas de gran significado en la historia intelectual y fáctica del Instituto —pienso, por ejemplo, aparte de los mencionados fundadores que aún viven, en Miguel Alfonso Martínez-Echevarría y Agustín González-Enciso— den a la imprenta sus reflexiones acerca de él. A buen seguro, y aunque sobran las comparaciones, mejorarán lo que yo aquí presento.

Espero, con todo, que estas páginas puedan servir, no sólo para mostrar la esencia de la idea fundacional, sino también como testimonio histórico de su expansión, pues pronto nacieron, en diferentes lugares —en España y fuera de España— Centros y Cursos de Máster que seguían nuestra misma inspiración y que "Empresa y Humanismo" ayudó a poner en marcha —por ejemplo, en Argentina, Perú, Chile, México, Guatemala, Uruguay, Colombia—. También en Europa se establecieron relaciones, con "Finance et Bien Commun" en Suiza, y Nemetria, en Italia.

No es este un libro, por tanto y como ya queda apuntado, para leerse seguido, ni entero, sistemáticamente, sino más bien *"espigado"*, pero ojalá pueda ser útil como un nuevo empujón en la lucha por abrir paso a la que, desde el primer momento, nos pareció una idea magnífica.

No pretendíamos ser "inventores", pero sí apoyar una cultura aún poco desarrollada teórica y prácticamente en aquellos tiempos, y aún no del todo en los presentes. Llamamos "alma" a la fuente básica y primaria del ser y acontecer de las personas y las instituciones. Si falta el alma humanista, cualquier forma de organización, incluso "eficiente", y no sólo "eficaz", contribuye a generar un tipo de sociedad que no escapa a las interminables tensiones entre la "derecha liberal" y la "izquierda socialista".

Van aumentando las Facultades de Economía y de Empresa, y las Escuelas de Negocios que se proclaman de inspiración humanista, pero añadir unas clases de ética o de antropología a un currículum explicado, en sus diferentes asignaturas, con un espíritu bien lejano a ello, sigue siendo una realidad. Una prueba es cómo cuesta el cambio en el espíritu y el estilo de los dirigentes formados en sus aulas.

Tanto la cultura modernista como la postmoderna están lejos de una orientación humana adecuada, pero es el aire que se respira y, ¿cómo escapar del peso ambiental? Más aún, su imposición ha logrado que incluso quienes por sus creencias parece que deberían tener afinidad con un proyecto del tenor aquí expuesto, no muestren particular interés.

Con todo, en "Empresa y Humanismo" se pensó desde el inicio que siempre ha sido propio de quien quiere ser noble el atreverse a lo imposible. Y también, no echar la culpa a los demás de los males. El optimismo, de otra parte, ayuda a la salud tanto del alma como del cuerpo, según afirma la moderna medicina. Es muy bonito trabajar con espíritu de servicio, de colaboración, en suma: por el bien común. La felicidad que produce excede la contabilidad, porque es un regalo añadido e impagable.

Introducción: jalones en la historia del instituto*

A.1. El sentido de "Empresa y Humanismo"

El proyecto

¿Qué sentido tiene un Instituto Universitario de "Empresa y Humanismo"? No es una Facultad de Humanidades, ni de Economía y Empresa; no es una Escuela de Negocios. Es un Instituto Universitario Interdisciplinar y Humanista centrado en el estudio de la sociedad civil, esa precisamente en la que tienen sentido las empresas y organizaciones diversas, y a la que las humanidades tienen la obligación de intentar fecundar con su espíritu.

Existen Institutos de Estudios Políticos, cuya tarea se cumple generalmente a través de la publicación de investigaciones de carácter teórico y con frecuencia historiográfico. Hay también, aunque pocas, Escuelas de Formación Política –que suelen estar organizadas por partidos políticos– y Escuelas de Formación de Directivos Empresariales: todas ellas tienen un carácter práctico.

* (2011). Discurso en Homenaje a D. Enrique de Sendagorta. Acto Académico, Universidad de Navarra.

La originalidad de nuestro Instituto es la de tener una filosofía y un diseño teórico-práctico. No puede ser de otro modo si se quiere ser humanista e interdisciplinar. Por eso, solemos decir que ejercitamos ésta —la interdisciplinariedad— en dimensión horizontal —las diversas áreas de conocimiento— y vertical —el diálogo de ellas con los actores sociales—. La teoría de la sociedad y de sus organizaciones no se puede hacer bien si no se tiene contacto con dichos actores y, a su vez, un enfoque puramente práctico que puede perfeccionar una sociedad, pero nunca cambiarla o mejorarla de verdad, pues eso no se puede hacer sin el recurso a la fundamentación.

Un trabajo como el que "Empresa y Humanismo" lleva a cabo se puede encuadrar en el ámbito de lo que se ha llamado clásicamente la gran política, la Política con P mayúscula, que estudia la sociedad en sus estructuras y en su vivir con implicación cordial y a la vez con la distancia suficiente para poder conocerla de verdad y sin partidismos políticos o económicos. Por eso alguna vez albergamos la ilusión de que "Empresa y Humanismo" tuviera por subtítulo el de "Instituto de Estudios Políticos teórico-prácticos".

En cualquier caso, la idea básica iba en esa dirección, e intentaba corresponderse con dos ideas fundacionales de la Universidad de Navarra —tantas veces repetidas por San Josemaría— como son la atención primordial a lo interdisciplinar y a lo humanístico. Esa atención no puede ejercitarse de modo difuso, sino que necesita un ente que se haga cargo de ella, pues de otro modo se pierde en actuaciones puntuales y buenos deseos. No es el fin de una Facultad el organizar lo interdisciplinar.

Antecedentes y situación actual

El saber en Occidente comienza con dos Escuelas: la de Mileto tenía un estilo más práctico-profesional; la pitagórica, más bien humanista. Ya desde el inicio, pues, se dibuja la tensión que aún hoy acecha a la Universidad. Las Escuelas no juegan, sin embargo, un papel social relevante –con algunas excepciones– en la Antigüedad. Es la Edad Media cristiana la que tomará conciencia del papel central del saber para la sociedad, y lo demuestra con la institucionalización del saber a través de la creación originalísima de la Universidad. Sólo la Iglesia misma supera a la Universidad en cuanto Institución extendida por los cinco continentes. Cabe, con todo, añadir que, por una parte, la Iglesia jugó un papel muy relevante en el nacimiento y expansión de la Universidad; por otra, que hoy día el número de Universidades aumenta casi tanto como el de templos.

La esencia de la Universidad fue el amor al saber. Ese era el nombre griego de la filosofía "philo-sophía". Su cultivo se llamaba latinamente "studium", "mirar con afecto, con interés", y al considerar sus fundadores que el amor al Logos divino era el fundamento de todo saber, la Universidad difundía un espíritu nunca visto hasta entonces a toda la sociedad. Tras el periodo revolucionario de finales del siglo XVIII, es el Estado el que se hace cargo de la Universidad –salvo en el mundo anglosajón– y le cambia la orientación: ahora no se trata de formar una sociedad cristiana, sino a los ciudadanos del nuevo mundo meramente laico. Pero, aunque se quiera esconder, tanto el Estado como la Universidad de ella surgida han tocado fondo: la fórmula no funciona. Y entonces parece no quedar más tabla de salvación que mirarse en las Universidades anglosajonas, y particularmente en las estadounidenses. En el fondo, el atractivo de ellas está en su integración en la sociedad civil; pero su problema reside en su concepción progresivamente economicista.

Antes de la llegada de estas nuevas tendencias, "Empresa y Humanismo" tenía claro que el objetivo era contribuir al florecimiento de una nueva *sociedad civil*, en la que la Universidad fecundase con su espíritu a las instituciones –particularmente también las empresas– y a su vez se enrecíese a través del diálogo con ellas. La relación meramente "profesional" empresa-universidad, hoy cada vez más desarrollada, es de gran relevancia, pero no tiene por tarea el generar y mantener ese diálogo. Se trataba de poner en primer plano de nuevo el amor al saber, y de añadirle el amor al trabajo junto con el interés central por la persona humana y el decidido propósito de cambiar una sociedad que, aunque se considera civil, lo es cada vez menos.

La voluntad del Instituto no ha sido nunca la de ser excelentes en el sentido actual de la expresión. Se quería simplemente ser dignos. La excelencia está bien si se refiere a la "obra bien hecha", pero hoy se concibe sobre la comparación –"rankings"–; la dignidad, por el contrario, se ha basado siempre en el servicio. Son dos cosas bien distintas. Y lo paradójico es que quien busca esa excelencia acaba siendo siervo de ella, mientras que la dignidad es siempre señorío.

Señorío: he aquí una palabra hoy apenas comprendida en nuestro mundo que, al convertir los medios –el dinero siempre necesario– en fines, entroniza el espíritu servil en la cumbre de la sociedad y desconoce por completo la grandeza del espíritu humano. Un aire así es irrespirable para una Universidad que merezca tal nombre. Desde los Estados Unidos –país y pueblo, por lo demás, extraordinarios– se impone una Universidad –se quiera o no, es así– en la que la investigación para obtener resultados, por supuesto también económicos, pasa a ser el centro y clave fundamental.

Ahora bien, eso no tiene nada que ver con la Universidad: en ella se cultiva primaria y centralmente el amor al saber y, como consecuencia de él, se investiga. Parece lo mismo, pero es completamente diferente. Lo primero es excelencia y búsqueda de beneficios, lo segundo servicio, señorío. "Empresa y Humanismo" pensó que la humildad de servir en la empresa y la universidad engendraba espíritus grandes y nobles, mientras que la experiencia muestra que en la empresa y la universidad las tendencias actuales generan pequeñez de espíritu.

Las personas

Por eso ha sido para el Instituto un precioso regalo el contar desde el primer momento con personas que han comprendido ese espíritu y han colaborado en su realización. Se debería nombrar a tantos, pero no es posible. Alguno sí, para que no parezca un recuerdo descarnado: Alejandro Llano, Tomás Calleja, Leonardo Polo, José María Zalbidea, Agustín González Enciso, Miguel Alfonso Martínez Echevarría, Jaime Benguría, Marina Martínez, Montserrat Herrero, Miquel Bastons, José Luis Carranza, Rafael Potti, Alejo Sison, Felipe Prósper, María Victoria Beloqui, Camino González, Claudia Osinaga, Guido Stein, Reyes Calderón, Ángel Cano, Juan Ignacio Apoita, Alberto Horcajo, Felipe Gómez-Pallete, José Manuel Morán, Ricardo Rovira, Jaime Pereira, Iñaki Vélaz, Héctor Ghiretti, Álvaro Pezoa, Guillermo Garrón, Juan José Aróztegui, Luis Basabe, Ginés Clemente, Carlos Bergera, Ramón Mateo, Eduardo Martín del Olmo, Santiago Aurell, Leire Uribeetxebarría, Mª José Pallarés, Mª Cristina Bozal, Belén Moncada, Carmen Erro, Rosana Garciandía, Raquel Lázaro, Alfredo Cruz, Kurt Spang. Y, naturalmente, nuestros presidentes, Don Luis María Ybarra, Don Enrique Sendagorta, y el recién incorporado D. Eduardo Olier.

Don Luis María, junto con Flora, permanecen inolvidables en la memoria del Instituto. El afecto y gratitud hacia ellos son la respuesta lógica a todo lo que nos quisieron y ayudaron. Don Luis María y Don Enrique: personalidades bien diferentes, pero con un rasgo común –del que participa también el nuevo presidente, Eduardo Olier– que quisiera resaltar ahora, y es, precisamente, su señorío.

Fue lo primero que me impactó cuando conocí a Enrique: su inmensa dignidad. No buscaba la imagen, no le importaba la posición. Pero tenía –y tiene– una ilusión asombrosa por todo lo que hace. Amaba el trabajo, gozaba aprendiendo.

El Fundador de nuestra querida Universidad decía que había dos tipos de dirigentes: los que mueven golpeando desde atrás y los que se ponen al frente y abren camino. De este último tipo es y ha sido siempre Enrique, como lo fue D. Luis María. Son figuras impagables, ante las que el agradecimiento siempre se queda corto

Además, es muy difícil encontrar personas que combinen, como él, la pasión por la empresa con una experiencia política y bancaria, pero, sobre todo, con una riqueza humana y humanística excepcional. Enrique es ingeniero y empresario, pero lee más y mejores libros que la mayoría de los autotitulados humanistas, pinta cuadros excelentes, tiene una pluma estupenda –como muestran sus publicaciones–, sabe todo de música, de historia, de sus queridos País Vasco y España y, cómo no, del mar.

Un espíritu así, siempre joven, deportista, íntegro, con la mirada siempre en Dios, en su maravillosa familia –Mari en el centro–, en sus numerosísimos amigos y en sus múltiples aficiones, no puede, constitutivamente, jubilarse. Por eso, en este día de tan gran alegría por poder ofrecerle una pequeña muestra del reconocimiento y del afecto de todo el Instituto, nuestra alegría está también en que sigue con nosotros.

A.2. Emprender humanamente. Humanizarse emprendiendo*

¿Por qué Empresa y Humanismo?

El Instituto Empresa y Humanismo nació, hace ahora veinticinco años, como consecuencia de un entrelazarse de circunstancias y de voluntades. En sustancia, nada distinto al nacimiento de otras muchas entidades sociales. Sin embargo, como es sabido, la mayor parte de las que comienzan tienen una existencia fugaz. No llegan a alcanzar esa vitola tan difícil que es la de una cierta institucionalidad.

Veinticinco años es aún poco, pero no tanto si se toma en cuenta el carácter del Instituto: empresa y humanismo. Fueron muchas las sonrisas benévolas de quienes al conocerlo lo consideraban un imposible. No se daban cuenta de que con esa sonrisa contribuían a impulsarlo. En efecto, sólo el humanista se atreve a lo imposible: *noblesse oblige*; o, si se quiere decir así, al humanista sólo le interesa lo imposible. Pues es bien claro, por paradójico que sea, que la tarea de humanizar al ser humano sobrepasa las posibilidades del ser humano. De ahí que la situación interior de las personas de una cierta edad sea comúnmente la de "estar de vuelta" de todas las ilusiones, o la de empecinarse en utopías meramente imaginativas.

Mantener la esperanza hasta el final, emprender cada día de nuevo con el fin de humanizar la humanidad propia y ajena, eso es algo que queda reservado sólo a los que confían en la verdad del ser humano, es decir, en Dios. Las instituciones existen en las personas que las encarnan. Encarnar quiere decir que hacen propia la idea constitutiva, es decir el *alma* de la institución, y que

* (2011). *25 años de un imposible hecho realidad.* Cuadernos Empresa y Humanismo, nº 116, pp. 7-17, ISSN 1139-8698.

saben manejar adecuadamente los medios precisos para su vida, es decir, el *cuerpo* de ella. No es posible que una institución nazca y se desarrolle sin un alma y un cuerpo; no puede ser que exista de verdad sin personas que la encarnen de verdad.

Desde el primer momento se tuvo la convicción de que Empresa y Humanismo era una gran idea, y de que, gracias a la generosidad de un magnífico grupo de empresas, junto a la Universidad de Navarra, se disponía de medios. La fortuna hizo que también estuvieran las personas.

Los últimos años 80 –"Empresa y Humanismo" nace en el 86– tuvieron un toque especial. Habían pasado aproximadamente veinte años desde los acontecimientos de finales de los 60, que marcaron de modo extraordinario la vida del mundo occidental. La revolución del 68 sintetizó un conjunto de ideas y de hechos propios de aquellos años con una filosofía de fondo que pretendía llevar a sus últimas consecuencias la revolución democrática.

Quizás ella fue no sólo la revolución más radical, sino también la más peculiar, porque no la hicieron esclavos, ni siervos, ni explotados, ni pobres miserables, ni los despechados políticamente. La hicieron los "niños bonitos", los "hijos de papá" democráticos. Sólo a quienes no estaban acostumbrados ni a la dureza de la vida ni al verdadero amor familiar se les podía ocurrir *exigir* –la palabra *pedir* desapareció del lenguaje político– total libertad e igualdad.

Sus padres les transmitieron la ideología democrática –en unos casos directamente y en otros por el rechazo que provocaba su estilo en los hijos– y, a la vez, un nivel material de vida nunca visto antes, unido a una desatención familiar tampoco nunca vista antes. Desde luego, no todos los jóvenes vivieron esto, pero a muchos les afectó el efecto contagio, tan característico de la juventud.

Fueron años en los que además se popularizó la píldora anticonceptiva –verdadera bomba atómica social–, se extendió la droga y se normalizó la pornografía. Todo había pasado a ser posible.

¿Por qué no exigirlo? Era llegado el momento de instaurar definitivamente la libertad y la igualdad absolutas.

La veintena de años mencionada fue un auténtico terremoto en las personas, las instituciones, las sociedades. El cuerpo social quedó como un boxeador flotando *groggy*, sin capacidad de reacción. Frecuentemente, el enriquecimiento rápido daña la moral personal y social. Si a eso se le añade la famosa crisis religiosa del postconcilio y los otros factores ya señalados, se entiende el mencionado terremoto.

Sin embargo, al mismo tiempo, otras dimensiones de la vida y otras acciones históricas iban haciendo acto de presencia. En concreto, y a pesar de los pronósticos contrarios de intelectuales y políticos, se acercaba el derrumbamiento del "socialismo real". De otra parte, en Occidente se empezaban a mostrar los primeros síntomas —también ocultados por el "establishment" político— de la crisis del "Estado de bienestar", un Estado que estaba consiguiendo aletargar a la Europa libre. Tal forma política, en apariencia una sabia síntesis de libertad e igualdad, de Estado y mercado, produjo el crecimiento exponencial de una irresponsabilidad personal y social, que favoreció a la ideología sesentayochista.

Al mismo tiempo se produjo un fenómeno de expansión masiva de la formación superior, sobre todo universitaria. Este fenómeno, de un lado, "proletarizó" la universidad, pero, de otro, cambió la faz de las empresas, pues se fue reduciendo el número de obreros sin cualificación en la misma medida en que aumentaban los empleados con titulación superior. Esto comenzó a forzar el cambio en la estructura de las organizaciones y, sobre todo, en el modo de gobernarlas. Ahora había que "gestionar el conocimiento". Además, la creciente complejidad de las redes sociales convertía poco a poco en obsoletos los antiguos estilos empresariales.

Al ampliarse los mercados por la globalización, hubieron de ampliarse las empresas, que entonces dejaron, poco a poco, de estar dirigidas por la figura del *patrón*. Y a partir de ese momento, la empresa oscila entre la tentación de democratizarse o la de depender del grupo de sus accionistas. La solución es estructuralmente un compromiso, y realmente una aparente paradoja, en la que estamos hoy. La forma de las organizaciones, y particularmente las "empresas", es un resultado del encuentro entre las posibilidades abiertas por el desarrollo científico-tecnológico, y la implantación progresiva del radicalismo democrático propio del espíritu del sesentayocho.

El nuevo humanismo

Ciertamente fue en el mundo socialista en el que con más constancia se habló de humanismo. Al no aparecer la famosa *mano invisible* que rectificaría de por sí los desajustes originados en la sociedad liberal, hacía falta una mano visible, a saber, el Estado. Él tenía que encargarse de hacer real la fórmula del nuevo humanismo democrático: los seres humanos somos libres e iguales. Liberalismo y socialismo coinciden en la fórmula, pero difieren en el método para alcanzarla. Fracasado aparentemente el camino liberal, aparecía como evidente que sólo quedaba abierto el socialista. Pero, a su vez, éste condujo al Gulag. La obra de Solzhenitsyn supuso, junto con las acciones militares soviéticas en Hungría y, sobre todo, en Checoslovaquia, el resquebrajamiento de la fe socialista.

A la democracia le quedaba prácticamente una sola opción, tras el desencanto del liberalismo, el socialismo y el incierto futuro del "Estado Providencia" centrista, y era resucitar la utopía anarquista. Seamos libres y llenémonos de sentimientos de amor igualitario. El sesentayocho fue en buena medida eso, pues merced al desarrollo de la riqueza en Occidente unida al aumento de un individualismo resultado tanto de la riqueza como de la falta de un proyecto trascendente de vida, creyó madura la sociedad para —al menos entre las generaciones jóvenes— instaurar el ideal democrático de libertad e igualdad sin restricciones.

Los modos de la vida política han tenido desde aquellos años diferencias no pequeñas, según los lugares y los tiempos. Particularmente relevante es la diferencia —cuyos orígenes están ya en las divergencias entre la revolución americana y la francesa— entre el modelo estadounidense y el europeo continental. Sin embargo, el humanismo que se busca instaurar es siempre el mismo: libertad e igualdad configuran la figura del hombre nuevo, y el objetivo sigue siendo el lograrlo.

Parece que el desarrollo tecnológico, particularmente en el campo de la biotecnología, sigue favoreciendo un sesentayocho, que ya no es ruidoso ni meramente juvenil, sino que está encarnado en la sociedad de manera cada vez más extendida. En efecto, la biotecnología le ha abierto un nuevo y formidable espacio a la imaginación democrática. Hasta ahora había una barrera en apariencia infranqueable para la igualdad total y, por consiguiente, para la libertad total —no se puede olvidar que mientras no haya igualdad total, la libertad de los más débiles puede estar amenazada por la de los más fuertes—: se trataba de la diferencia de sexos. Ahora parece que eso se podrá superar. El hombre nuevo está a punto de ser un hecho.

Si la tecnología nos permite todo, ello quiere decir que, en lo esencial, el pasado se convierte en irrelevante. El pasado trascendental, lo *dado*, o sea, la *naturaleza*, carece de fuerza alguna directiva, y el pasado cronológico, la *historia heredada*, no tiene más interés que el que cada uno quiera atribuirle. Sólo interesa el futuro o, si se quiere, el mero presente con una mirada hacia el futuro. La misma idea de progreso no importa por sí misma, pues es difusa y relativa, sino que vale sólo en cuanto sirva de ayuda para vivir mejor.

Puesto que lo que se entiende por "izquierda" subraya que no hay libertad sin igualdad, y que para establecer ésta hace falta —como es claro— no depender del pasado, sino mirar al futuro, el hombre nuevo democrático, para decirlo con terminología al uso, es necesariamente de izquierda. Ello explica por qué la derecha democrática, aunque sea superior en la eficacia, está siempre acomplejada en lo relativo a la justificación de las cuestiones de fondo.

Problemas del nuevo humanismo

Cada proyecto vital ha de mostrar su validez en la teoría y en la práctica. El nuevo humanismo se enfrentó desde el primer momento con la tarea de explicar algunas dificultades que, a primera vista, plantea.

Una es el concepto de libertad absoluta. Se trata de un concepto paradójico. Si se es libre de algo, se presupone ese algo y si se es para algo, se presupone igualmente la idea de aquello que se quiere alcanzar. Es decir, no puede librarse de los condicionamientos y, por tanto, no es absoluto. Si se mantiene que lo absolutamente absoluto es la fuerza misma de la libertad, el problema es que no hay potencia sin resistencia y, por consiguiente, tampoco desde ese punto de vista es absoluta. Por lo demás, la experiencia de la conciencia es que la fuerza de nuestra libertad no nos la damos a nosotros mismos. El resultado final es que la idea de libertad absoluta consiste en la tesis indemostrable de que todos los condicionamientos son casuales y que, por ello, aunque propiamente no es absoluta, la libertad interna como capacidad de decisión sí lo es. Pero aquí viene la finta: la libertad misma de decisión es azarosa. El resultado final es que no he de responder —*responsabilidad*— ni de lo de fuera de mí, ni de mí mismo. Sólo responderé en la medida en que me perjudique el no hacerlo. Es decir, aquí hay una verdadera tesis filosófica de fondo, que se pretende verdadera, y que no es primariamente la de la libertad absoluta, sino la del absoluto azar que, justo porque es absoluto, se identifica para cada uno con la necesidad. La conciencia de que al actuar soy libre porque no soy responsable —dado que todo es azar-necesidad— es la tesis de fondo de Spinoza y de Nietzsche, y es la clave última de la modernidad en este punto.

Otro problema es el de la igualdad absoluta. Salta a la vista que, llevada a sus últimas consecuencias, convertiría al mundo en un repetitorio meramente cuantitativo. En el fondo, una imposibilidad, pues la igualdad absoluta, al no ser plena identidad, supone el absurdo de dos realidades absolutamente iguales menos en su existir mismo, pero ello haría imposible cualquier relación y, con ello, la idea misma de igualdad. La incomunicabilidad absoluta es un absurdo.

Por ello, la igualdad democrática no es otra cosa que la tesis indemostrable de que puede evitarse toda relación de subordinación —que anularía la libertad absoluta—, es decir, toda relación de servicio. Eso, sin embargo, es imposible en la misma medida en que no hay relación alguna que no implique en sentido genérico subordinación, por mínima que sea. Lo que resta aquí, por tanto, es la utopía igualitaria individualista. Los ordenadores individuales dan la impresión —completamente falsa, como es fácilmente comprobable— de que nos acercamos a esa utopía. Hay muchas dependencias del software y del ordenador mismo.

Así pues, el hombre nuevo democrático es una síntesis de irresponsabilidad de fondo con utopía de fondo. Es bien claro que muchos que se consideran demócratas no están de acuerdo con esta tesis. El problema es que el ser humano vive más de lo que cree y desea ser, que de lo que es. Y en ese creer y desear pesa de modo decisivo la filosofía que impregna las formas de vida. La imagen operativa hoy en el mundo occidental es la aquí señalada, y de ello hay pruebas de todo tipo y en gran cantidad.

La democracia radical no es una forma política ni puede serlo, pues en su forma pura es irrealizable, no sólo porque libertad e igualdad absolutas no son reales, sino porque si lo fueran serían incompatibles entre sí, como es bien claro. La democracia puede ser un *régimen político*, es decir, de organización política, lo que es muy distinto de la *forma política*, que se refiere a las bases de fondo de una sociedad. Posiblemente muchos, sobre todo centristas y cristianos, la piensan como régimen, pero el problema entonces es que se sostiene su superioridad, cuando lo que en toda la mejor tradición filosófico-política se considera superior es el régimen mixto, que es una cosa bastante distinta. En la medida en que los regímenes hoy llamados democráticos funcionan mejor es porque se acercan de hecho al régimen mixto.

Lo cierto es que las ideas e imágenes, así como las palabras socialmente vigentes, tienen una fuerza extraordinaria. Por razón de ello hoy la filosofía política democrática ha adquirido el rango dogmático de una religión, y la democracia como sistema político el carácter de indiscutible políticamente.

Otro humanismo nuevo

Aunque se quieran poner diques y límites, parciales y momentáneos, la fuerza de las ideas y las palabras es imparable, sobre todo por su integración en un ambiente, cultural y social. El ambiente tiene un peso extraordinario. Y hoy es deficiente. Como afirmaba un famoso humorista italiano, ésta no es una sociedad de responsabilidad limitada, sino una sociedad de irresponsabilidad ilimitada y, se puede añadir, de utopía ilimitada. Pruebas: la crisis, el descenso mundial de la natalidad, el aumento exponencial de los problemas psíquicos, la tristeza.

La manera de evitar irresponsabilidad y utopía es simplemente, y de verdad, tomarse la vida en serio. Pero eso sólo es posible si la vida merece ser tomada así. Lo cual, a su vez, no es posible si la muerte es el fin definitivo. Por ello, siempre se había sostenido que sin Dios no se puede tomar en serio la vida y, como consecuencia, que sin religión no se puede constituir la sociedad, ni es, por tanto, posible el gobierno.

La vida humana se constituye sobre la responsabilidad y el servicio, o, si se quiere, sobre una libertad, *condicionada* y *mediada,* es decir, *responsable.* La sociedad es un sistema responsable de condicionamientos y servicios mutuos. Desde este punto de vista el verdadero nuevo humanismo consiste en renovar el que, en mayor o menor medida y extensión, siempre ha existido, y que el radicalismo democrático desconoce.

Ya sólo con su aplicación se solucionarían muchos problemas. Por ejemplo, no existiría la deuda financiera fabulosa que hoy existe, y que no es ninguna casualidad debida al mal comportamiento de algunas personas y algunos mecanismos, sino que es estructural. Se solucionaría la tristeza, la soledad y la desatención a la natalidad, porque la vida humana merecería la pena.

Con todo, el verdadero nuevo humanismo añade al ahora señalado algo, en cierto sentido moderno, y es el énfasis puesto en la novedad de la creatividad en este mundo. El humanismo clásico habría insistido tanto en los aspectos trascendentes de la vida humana que habría dejado en un cierto descuido el interés por la novedad creativa, o bien, no había sido capaz de armonizar adecuadamente la transcendencia con ese interés, aunque lo hubiera. En la medida en que para la creatividad en el mundo hace falta trabajo, el trabajo y la trascendencia, ambos aspectos profundamente humanos, o no estaban bien armonizados o incluso llegaban a contraponerse. Precisamente la filosofía de la revolución democrática —sobre todo la francesa— fue de modo explícito una filosofía política del trabajo contra una filosofía política de la contemplación. Ese fue el enfrentamiento del nuevo contra el antiguo régimen.

De hecho, el resultado tanto en la vida social como en la filosofía política y la antropología actuales es el de la supremacía del trabajo, en detrimento de la religión y las "humanidades". Pero convertir el trabajo en fin final es locura, pues entonces se hace por él mismo, lo que carece de sentido.

Muy distinto es sostener que un trabajo al que se le adscribe un fin correcto se convierte en amable. Si para ser humano hay que amar, y amar es transcender el tiempo, orientar el trabajo hacia el bien significa colocarlo en el plano de la transcendencia. Para varios de los que comenzaron "Empresa y Humanismo" esta tesis era simplemente la conocida doctrina del fundador de la Universidad.

Sin embargo, una cosa es una doctrina y otra enfrentarse con la complicada madeja de la vida diana y, no menos difícil, el enfrentarse con la comprensión de esa madeja. Cada uno de los que comenzaron, y de los que luego se añadieron, ha entrado en esta temática a su manera, y no necesariamente de lleno con la doctrina aludida. Pero todos estábamos –y seguimos– de acuerdo en que es mucho lo que aún falta por hacer en el planteamiento humano de la empresa y la sociedad en general.

Humanismo en la sociedad y en sus organizaciones

Trabajar es siempre, en cierto sentido, emprender. El mundo del trabajo es hoy, de hecho, cada vez más, el mundo del emprender, de la empresa. Todas las actividades se van estructurando y funcionan con espíritu de empresa. Ese espíritu lo va invadiendo todo desde el pequeño comercio hasta los clubs deportivos, desde los despachos de abogados hasta la organización de los ministerios en el Estado, y llega hasta los centros de enseñanza y la familia misma. El desideratum, lo óptimo que ahora se busca, es que cada persona individual trabaje también con espíritu emprendedor. La figura del trabajador no cualificado y mero cumplidor de las tareas que se le asignaban, y la figura del empleado y burócrata, deberían dejar paso a la del trabajadoremprendedor.

Pero la figura del trabajador-emprendedor no funciona más que en algunos casos, y no siempre bien. De un lado, la mayoría siguen teniendo mentalidad de empleados o receptores de trabajo, cuya finalidad primaria es conseguir desde dicho trabajo una seguridad para la vida y unos medios para poder conquistar un futuro placentero. De otra parte, los que encarnan con entusiasmo esa figura, no por ello acaban de estar satisfechos.

El mero trabajo en una empresa, en una organización, por muy emprendedor que uno sea, no es suficiente para llenar la vida humana. El humanismo empresarial simple, con ser muy superior a otros humanismos, no basta. El emprender posee una gran belleza, pero sólo llena una vida si tiene un sentido para la perfección humana. Emprender con la mirada en la perfección es lo mismo que con el bien como finalidad. Cada bien particular sólo lo es si se refiere a la vez al bien común. El bien es aquello que amamos. Y el que ama el fin, ama los medios necesarios para alcanzarlo.

Sólo cuando se ama el trabajo emprendedor por su incrustación en el sentido final de la vida, se ha entrado en el humanismo verdadero. Sólo cuando —principal pero no únicamente— a través del ejemplo de los que dirigen y modelan la sociedad, se convierta ese espíritu en una vigencia social, se habrá consumado la instauración de tal humanismo. Eso difícil o, más bien, parece claramente imposible. Por eso hay que ponerse a hacerlo realidad.

B

Humanismo empresarial

B.1. ¿Qué es el humanismo empresarial?*

Prolegómenos

Es un lugar común, expresado de mil maneras diversas desde los siglos pasados hasta hoy, que el ser humano posee una cierta universalidad, una amplitud sin igual entre los seres que pueblan la tierra. Como se suele decir, el hombre es un ser racional. Más aún, el ser humano es, entre todos los pobladores del mundo, el único que necesita saber quién es para ser. Un elefante actuará por instintos. Nosotros actuamos por costumbres adquiridas, desde luego, pero luego somos, hasta cierto punto, la imagen que nos hemos hecho de nosotros mismos.

El problema está en que la amplitud de nuestro ser dificulta que seamos conscientes de todo lo que somos. Encontramos el remedio en volcarnos a nuestras *inclinaciones*, que nos "unilateralizan". Estar inclinados a algo es lo mismo que decir: tenemos una

* (1989) *¿Qué es el humanismo empresarial?* Cuadernos Empresa y Humanismo, nº 17, pp. 2-15. ISSN 1139-8698.

invitación a unilateralizarnos. Y, al aprovecharla, comenzamos nuestra educación. Sin embargo, la fijación en lo unilateral no es plenamente humana.

Nacemos siendo hombres, pero aún no humanos. La humanidad se adquiere mediante una educación que debería responder a esa amplitud del espíritu. Una mera educación "especializada" no nos aleja lo suficiente del mundo de los simios superiores. Si no nos educamos somos unos "animales". Así pues, el problema es llegar a ser humanos, y eso sólo lo conseguimos si desarrollamos, al menos algo, las diferentes posibilidades a las que estamos abiertos. Ser plenamente humano es lo mismo que superar la unilateralidad.

Y ahora la pregunta es: ¿cómo podríamos saber de todo o interesarnos por todo? ¿Qué es ese todo? ¿Alguien lo conoce? A la mayoría parece interesarles simplemente lo que hacen: "pasan" de lo demás. En todo caso, les interesa el poder, el éxito, el placer. El resto son "historias". El que en el fondo piensa así concibe la vida como un pasar que hay que pasar, desde un punto de vista individualista. Pero no tiene un interés por el hombre, porque no le interesa la sociedad.

Poder, *éxito* y *placer* –inicio, medio, término– son objetivos que se plantea todo ser humano en su actividad, pero el individualista los procura convertir en fines principales. A él no le interesan los demás, es decir, no siente su necesidad, piensa que no le hacen falta. En todo caso, le hacen falta instrumentalmente, para sus fines, pero no en sí.

Si esto es así, ha de ser forzosamente unilateral –es decir, inhumano–, pues el modo principal que cada uno tiene de completarse no es él mismo –que no puede llegar a todo–, sino la sociedad. Se descubre que el humanismo es, sobre todo, un "societarismo": el hombre es humano "si y sólo si", como diría un lógico, es capaz de tomarse en serio la sociedad.

Como escribe el famoso contrarrevolucionario Louis de Bonald, querámoslo o no, todos estamos empeñados en construir o destruir la sociedad, pues todas nuestras acciones tienen sentido sólo en ella. Y también nuestras adquisiciones: la humanidad que tenemos la hemos recibido precisamente en la educación recibida, que es siempre "social". En la medida en que pasamos a actuar a espaldas de la sociedad, por intereses mera o primariamente particulares, producimos el escándalo –pues los demás esperaban que devolviésemos la humanidad recibida con acciones humanas– y rompemos la sociedad.

Es lo normal buscar el propio interés, pero buscar sólo o de modo preminente el propio interés es la esencia del escándalo. Y ello por la razón ya apuntada de que el hecho de necesitar al otro empuja a responder, es decir, a *agradecer* y *servir*. Si no lo hago, estoy deshaciendo o desintegrando lo que de humano hay. Por eso, toda labor humanística es también un trabajo de integración, y la educación humanística como tantas veces se ha dicho, una educación integral, que no quiere decir tanto, en primer lugar, saber de todo, cuanto el aprender a descubrir qué no sabemos y cómo necesitamos a los otros.

Dicho de otra manera, desarrollar la finura de espíritu, frente a la zafiedad, hoy por cierto tan extendida. Ya Ortega y Gasset lo vio, entre nosotros y a su manera, con su famoso dicho de la "barbarie del especialismo", a lo que ahora se ha sumado el problema de la barbarie del "pasotismo". Y sin duda lo peor es que en no pocos casos éste una forma –refleja o no– de cinismo.

Como se decía al principio, las inclinaciones son constitutivas. Pero hay muchos que –tras darse cuenta de ello– no saben cómo resolver la dualidad del modo de ser humano que es a la vez universal e inclinado a lo particular. Les falta claridad y precisión para construir prácticamente esa universalidad propia del hombre. Por eso, siempre ha habido necesidad de directivos y educadores en la sociedad, personas que tengan esa capacidad de saber conectar de una manera práctica la pluralidad de dimensiones humanas. Es decir, los que, a través de su actividad directiva educativa y directiva, organizan la sociedad como tal o, dicho de otro modo, humanizan al hombre, pues, como ya va dicho, sin sociedad el hombre no es humano.

El directivo y la sociedad

En consecuencia, es un problema fundamental que los dirigentes organicen bien, pues en absoluto es lo mismo un tipo de estructura social que otro. Si nadie debe actuar sólo y meramente por el propio provecho, esto afecta de un modo especial a los que dirigen, ya que en sus manos está en buena medida el poner las condiciones para el crecimiento humano. La actividad directiva ha de ser esencialmente magnánima y, por ello, han de ser seleccionados los mejores para desempeñarla. Se trata de la verdadera aristocracia.

Toda sociedad ha necesitado siempre un grupo de hombres cuya función social es la de organizar e integrar la sociedad. Como son las personas en las que, lógicamente, se fijan los demás, tienen también una función estética o ejemplar que cumplir. Son las funciones por excelencia de la aristocracia: ella es la clase de la organización y la estética, o, si se quiere, de la ética y de la estética.

Siempre que una aristocracia cumple mal o deja de cumplir sus funciones. se produce un malestar social que puede llegar hasta la revolución. Ella se anuncia por la caída del "tono" o estética social, que pasa a ser descuidada. Se pierde la maravilla del arte popular y se crece en arte "recargado" de la clase alta. La Iglesia católica, muy experimentada en estos temas, sostiene que los errores dogmáticos se inician con los descuidos litúrgicos. Lo vemos en nuestros días.

Como es bien sabido, una clave de la Revolución Francesa fue que una parte de la aristocracia había dejado de cumplir una función auténtica y se había inclinado hacia la degeneración de ella; en vez de organizar la sociedad –lo que es un servicio–, había aceptado el poder como privilegio; y en vez de dar buen ejemplo, había buscado el brillo escandaloso.

Este grupo de la aristocracia del Antiguo Régimen había intentado justificar su actuación mediante un recurso que tenía fácilmente a mano: el pasado. Era la inamovilidad de las herencias, la presunta necesidad de no revolver la sociedad, lo que defendía el estatus de unas personas cuya actuación era en ocasiones claramente injusta. En el fondo, es la misma filosofía de la sociedad hindú de las castas, que prohíbe los matrimonios entre personas de una casta y otra porque ello produce la movilidad social y, con ella –se piensa– se generan todos los desórdenes.

Pero como la modernidad ha intentado simetrizar al Antiguo Régimen, ha cometido los mismos fallos, solo que con una justificación diametralmente contraria. El aristócrata de la nueva sociedad es el gran fabricante, empresario o capitalista. Sin duda, él es el que ahora organiza la sociedad. Y ello por la simple razón de que un conde o un marqués unificaba la población agraria dispersa: pero ahora lo que unifica y organiza a los hombres es la empresa. Por ello, el burgués poderoso pasó a ser también la figura en la que se fijaba toda la población.

La historia de la nueva sociedad mostró que las cosas, en el fondo, no habían cambiado mucho. No pocos grandes burgueses –ya en el XIX– utilizaron su posición preminente como forma de privilegio más que como un servicio a la sociedad. Y, si bien al principio la burguesía industrial de los viejos pioneros era austera y familiar, pronto degeneró, en no pocas ocasiones, en el señoritismo escandaloso de sus sucesores.

Lo que había cambiado radicalmente era la forma de justificación del estatus. Si antes la herencia lo justificaba todo, ahora será la innovación, el progreso, la necesidad de crear. Antes se le decía a alguien: lo siento, no te puedo ayudar, la rígida estructura social lo impide. Ahora se le insinúa: me gustaría ayudarte, pero no te adaptas al ritmo de avance que la empresa requiere. Es ya sabido, por ejemplo, que está apareciendo un nuevo tipo de analfabetismo, a saber, el de los incapaces de manejar bien un ordenador.

No suele ser bueno, de ningún modo, sostener tesis maximalistas. Aparte de que bastantes duques lo hicieron bien y bastantes grandes burgueses lo mismo, no hay duda de que las razones de pasado o de futuro son en muchos casos verdaderas. Lo que no parece verdadero es que alguien justifique su desatención real a la persona y los problemas del prójimo –porque en último extremo sólo le interesa su persona y su beneficio–, con el recurso a la herencia o a la innovación.

La innovación y el cambio pueden ser algo magnífico y son en muchas ocasiones necesarios, etc. Pero no son lo único que se ha de perseguir, lo cual quiere decir que si se persiguen incondicionalmente se convierten en inhumanos. O sea, que el problema ético del directivo empresarial no está principalmente en "técnicas" de buen trato o simpatía con los demás, ni en subir el sueldo o poner un director de personal para que le sirva de mediador o de muralla.

Desde luego, el puesto de director de personal, o como se le quiera llamar –abre dudas el uso del término "personal" que hace referencia a un costo de la empresa: uno sería el de material y el otro, el de personal–, es de gran importancia. Pero el problema ético del directivo está en organizar con la atención puesta en la persona. Se dirá: sin beneficios no hay nada, y la gente se queda sin trabajo. De acuerdo, pero se tiene que notar el interés por cada persona de la empresa –cada "stakeholder"– y no por el mero beneficio mismo o por el nuevo beneficio de alguien. Y este tono lo ha de dar el directivo de arriba.

Desde luego, la noble competencia en el mercado es estimulante, y la lucha por la innovación y el crecimiento algo muy bello y profundamente humano. Sin todo eso, la vida es aburrida, triste. Ahora bien, la figura del látigo empresarial, triunfador arriesgado en todos los campos, nuevo *condottiero* de la sociedad moderna, tan alabada y admirada hoy, es una figura dudosa. El directivo ha de evitar tanto el anonimato como esos tipos de estrellazgos. El anonimato no es bueno, por diversas razones, entre otras y en primer lugar, porque impide la función ejemplar característica del estamento dirigente. Pero salir a la palestra pública del modo que hoy lo hacen algunos es a veces inadecuado. El espejo en el que se mira la sociedad es hoy con cierta frecuencia un tipo humano corrupto. Y el problema es también que muchos, con buena voluntad, quisieron realizar una actividad verdaderamente humana, sin ser capaces de desarrollarla.

Aquí está quizás el punto clave. El ámbito de lo humano, de las relaciones societarias, no es de difícil comprensión. Todo el mundo está convencido de que sabe tanto como el que más acerca de él. Cada uno tiene que dedicarse a aprender cosas útiles y difíciles, que le den éxito e importancia en la vida. Los lenguajes se hacen deliberadamente oscuros; es un modo de reafirmar la propia relevancia.

Como consecuencia, es improbable que tenga éxito quien diga: hay que aprender lo fácil. Quien afirma eso es el humanista, capaz de darse cuenta de que, en lo sencillo, se esconde una enorme riqueza. No es lo mismo saber, simplemente, que "saber muchas cosas, y además difíciles".

La filosofía, como planteó Sócrates y recalca Hegel, se ocupa precisamente de estudiar lo que todo el mundo da por sabido. Así pues, la formación humanística del directivo ha de ir dirigida primariamente a que éste sea capaz de admirarse y tomarse en serio las cosas más sencillas. La primera de las cuales es: hay que hacer el bien. Poco a poco y, sin darnos cuenta, con las justificaciones del triunfo y del no arruinarse y del no ser ingenuos, hemos construido una sociedad del mal.

El tema es relevante porque, como va ya señalado, el directivo empresarial, a través de su trabajo, organiza la sociedad: la "externa" a él, por la influencia que despliega y, sobre todo, la "interna", referida a las propias personas de la empresa. Al respecto, ¿quién se atrevería a afirmar, ante la opinión pública, que el fin que le mueve no es el bien de la persona y la sociedad? Pero tomarse en serio esto último implica una formación muy seria.

La formación del gobernante

Para hacer el bien hay que entrenarse a ello. Se requiere práctica y estudios. Ejercitarse en las virtudes básicas –prudencia, justicia, fortaleza y templanza–. El juicio prudente supone memoria de pasado, examen atento de las circunstancias, conocimiento de los principios y de las reglas y visión de futuro, a lo que es preciso añadir valentía y templanza en cada acción. El empresario ha de tener la visión amplia del humanista, porque el producto o servicio que realiza está en función del *todo social* y no sólo del todo "precisivamente económico". Sólo si lo conoce podrá establecer las estrategias oportunas.

El directivo, junto a la virtud y a la necesaria formación técnica, precisa también de una cierta educación historiográfica. No se puede ser prudente sin memoria de pasado. Una historiografía de la empresa –para aprender de errores pasados– y una historiografía general social: dónde estamos y de dónde venimos. Sin estudiar la Revolución Francesa, por ejemplo, es muy difícil saber bien en qué sociedad vivimos. Tenemos una visión chata de nuestra propia existencia.

Pero luego es menester el estudio de los principios. Cuáles son las grandes nociones a partir de las cuales se ha construido y se construye la vida humana, y el tipo de sociedad. No es en absoluto lo mismo pensar de modo dialéctico que armónico. El personalismo y el individualismo pedirán dos tipos de sociedad completamente distintos. Es diferente una sociedad que se basa sobre la crítica, de otra que se apoya en el amor al prójimo. La preminencia del pasado produce demasiada fijeza, la del futuro, excesiva movilidad.

El análisis del presente supone conocimientos sociológicos, psicológicos que han de ser muy tenidos en cuenta también. Pensar, sin embargo, que lo único humano que a la empresa le importa en este aspecto son los aspectos sociológicos y psicológicos significa una reducción de dimensiones y un empequeñecimiento.

De gran interés es la formación retórica-lingüística. Nuestro lenguaje es nuestro mundo. De ningún modo es posible ejercitar bien la ética sin la apoyatura en la estética. Una mala forma estropea la intención. Esto, que el empresario sabe bien a la hora de la publicidad y el trato con el cliente, ha de aplicarlo también hacia la propia empresa. La falta de formación retórica, por otra parte, es una de las lagunas más sensibles de la educación actual. Ello produce un mundo presuntamente sencillo y campechano, pero que en verdad es artificial y zafio. Hace falta una educación artística, sobre todo musical. El problema de las músicas es de la mayor importancia social.

En el futuro, por último, hay una clave fundamental. Desarrollar el olfato es imposible de modo directo; no hay técnicas para ello. Sin embargo, es básico en un directivo el intuir por dónde ha de caminar. Para desarrollar ese olfato hace falta saber historia y filosofía. Y, también, mucha religión. Cierto, hay personas que tienen ese sexto sentido. Sin estudios pueden acertar. Pero no se suele dar ni en muchos casos ni de modo continuo ni con verdadero acierto global. Todo "genio" ha de tener también *escuela*, haberse dedicado a "perder el tiempo" con aprendizajes aparentemente inútiles. Porque, del mismo modo que el gran organizador es quien preparó todo hasta el último detalle, pero exteriormente todo parece espontáneo y no forzado, el gran directivo es el que, sin montajes ni artefactos, sin presentarse como técnico de la organización, consigue crear un clima humano en el que la gente, de modo natural, sonríe.

Una filosofía de gobierno

¿En qué consiste, entonces, el "humanismo empresarial"? La expresión parece, a primera vista, un hierro de madera o un círculo cuadrado. La empresa está en manos de los que emprenden, y de los que emprenden algo con fines "económicos". Esto supone el consabido estilo duro e implacable.

Hacia fuera se puede poner la necesaria sonrisa para ganar al cliente, extremar los refinamientos para atraer al comprador, vestir la más depurada imagen con un aire cálido atractivo y que da confianza; hacia dentro se pueden colgar carteles con el código ético, introducir el campechano tuteo generalizado, hablar de principios democráticos o dar relevancia al "jefe de recursos humanos". En ambos casos, los que saben "de qué va" no piensan más que una cosa: se trata de habilidades para aumentar el rendimiento y disminuir las fricciones; se trata, en suma, del logro, del éxito, en último término, económico.

Desde luego, no pocos rechazarían estas tesis, como hechas con mala voluntad o, al menos, en cuanto injusta generalización. Muchos empresarios son buenas personas, luchan por sacar adelante algo que va en beneficio de todos, y ponen gran esfuerzo y tienen, como mínimo, el mérito de arriesgar, y lo hacen, en último término, en bien de todos: ¿qué sería de la mayoría, gente muchas veces de grandes cualidades, pero sin el don de la iniciativa, si no hubiese quien pusiera en marcha y gobernase las empresas? No harían nada. Por tanto, los que arriesgan, merecen también sus beneficios.

Estas consideraciones parecen adecuadas y pueden tener mucho de verdaderas. Solo que no sirven para resolver el problema, pues la clave última no está en si se sabe echar a andar y dirigir una Organización, sino en determinar a qué puerto se la quiere dirigir y para qué lleva personas dentro. Aquí se encuentra, precisamente, la diferencia entre el estudio de técnicas directivas y el de una filosofía de gobierno.

De esto último es de lo que trata el humanismo empresarial. Él es algo más que una *business ethics*, que una ética empresarial, hoy progresivamente de moda gracias a la aportación norteamericana, pues el problema no está sólo en si hemos engañado al cliente, hemos hecho una competencia desleal, hemos desvelado un secreto comercial, etc. Todo eso tiene un gran interés, desde luego, y hay que dar el aplauso a aquellos que —en medio de incomprensiones y dificultades no pequeñas—, se han decidido a combatir por tan noble causa. Pero el humanismo empresarial no es sólo ética empresarial.

Llegados a este punto, las cosas parecen estar cada vez peor. Si consideramos lo reciente que es el estudio y el interés serio por la ética empresarial en el mundo, lo todavía relativamente escaso de su extensión, y los obstáculos que desde el principio encontró y sigue encontrando, sostener ahora que hemos de ampliar el enfoque puede parecer absurdo, improcedente, descabellado. Apoyemos la ética, ya que quizá luego podremos ocuparnos de otras cosas, si es que por rara casualidad triunfamos en esta primera.

Además, la situación probablemente incluso va a empeorar los próximos años para los éticos. No es que se vaya a atacar a la moral más que antes, sino que el fracaso notorio de las economías socialistas está llenando de nuevo impulso a los defensores del capitalismo puro y la competencia como forma de hacer avanzar la economía y la sociedad. Si se quiere un desarrollo rápido de los países del Este, no va a quedar mucho tiempo para debilidades moralizantes.

Sí, el humanismo es difícil, siempre lo ha sido. Es una doctrina para espíritus fuertes. Su triunfo no está nunca definitivamente asegurado y sólo puede darse —relativamente— si se dan al menos dos condiciones, antes aludidas: que haya una élite dirigente consciente de lo que es y de su necesidad, y que esa élite consiga mostrar suficientemente al resto de la sociedad los beneficios que trae consigo. Así como el espíritu de la Ilustración trajo como consecuencia —cuando arraigó en la élite burguesa— primero los sucesos revolucionarios y después el cambio total del modo de vida de una población, ahora —bien notorio el fracaso de ese espíritu— hace falta apoyar un humanismo que salve al hombre occidental del vacío en que se encuentra.

Qué entendemos por humanismo

Estamos en el tema del humanismo empresarial, sin haber despejado todavía la pregunta más simple: ¿qué es el humanismo? ¿Dominar, como en el Renacimiento, las letras griegas y latinas? ¿Aprender a gozar de la literatura? ¿Saber, además, mirar un cuadro sin indiferencia? ¿Luchar además por las justas reivindicaciones de los oprimidos y menesterosos? ¿Una buena mezcla de todo ello? En cualquier caso, se entendía y se sigue entendiendo, que el humanismo es la actividad —toda actividad, por tanto— propia del espíritu, que no busca un provecho utilitario, ni individual ni socialmente.

Se puede pensar entonces que el humanismo empresarial consiste en organizar exposiciones de pintura, conciertos de buena música, subvencionar congresos científicos, dar becas y subsidios a jóvenes prometedores y a científicos, ayudar a artistas necesitados o montar fundaciones para la cultura. Todas esas actividades son dignas de alabanza, pero no son más que una parte del humanismo empresarial.

Ni la ética empresarial ni el apoyo al "mundo de la cultura", ni los dos juntos, satisfacen todavía la esencia del buscado humanismo. Tampoco basta con añadir una "Dirección de personal" o de "Recursos humanos". Extraordinaria la labor que con esos resortes interiores se puede llevar a cabo. Pero las propias denominaciones son significativas: ¿son los hombres un *recurso* o son el corazón de una empresa? ¿Se puede hablar de *personal*, como si fuera el otro capítulo que hay que pagar, al lado del de *material*? ¿A quién le gusta que le encuadren en un grupo de "personal", o que digan que es un "recurso humano"?

El humanismo es sin duda difícil de realizar y no se logra con la acumulación de los aspectos señalados, por excelentes que sean. Pero no parece, sin embargo, tan complicado de pensar, y ha de hacerse con filosofía. Consiste simplemente en tomarse *en serio* al ser humano, lo cual sólo se puede hacer de dos maneras que, lejos de excluyentes, son complementarias. Una es considerar al hombre como un cierto *absoluto*; la otra, considerarlo como una *totalidad*.

Que es absoluto significa que no es sólo relativo, pues el hombre es, también y necesariamente, relativo a su antecedencia y a los demás. Quiere decir que es "absuelto" o distinguido del mundo meramente físico, que está por encima de él y que, por tanto, ha de ser tratado en atención a esta su condición *trascendente*, lo cual se puede ejemplificar con el recurso a la noción de *dignidad*.

Si consideramos al ser humano como meramente relativo, como alguien que depende de otros y de una serie de condiciones, y cuyo actuar, a su vez, es también relativo a puras necesidades o a logros pasajeros, no le reconocemos dignidad. Queda en ser un animal con características especiales, alguien que no trasciende, pero esa tesis no responde ni a una buena lógica ni a la experiencia de la conciencia.

A su vez, si pensamos que el hombre es un ser simplemente absoluto –como cierto liberalismo parece creer–, queda aislado en él mismo. Pero un ser aislado no tiene espíritu: sólo hay interioridad cuando hay relación con otro espíritu; sin "exterioridad" no hay "interioridad". Ahora bien, para relacionarme con él no como objeto, sino como ser humano, debo servirle. Y es ahí donde se muestra que se tiene *dignidad*: *ser digno de* significa *"servir a o para" libremente*. El que no se relaciona en esa forma no es digno, no tiene dignidad. El absolutismo individualista es indigno como el servilismo instrumental.

Así pues, es menester considerar al hombre al mismo tiempo como absoluto y como relativo a otros seres espirituales para poderle encontrar *dignidad*. Ni el individualismo absolutista ni el relativismo colectivista lo consiguen. Lo que más falta hoy es dignidad, y lo que el humanismo persigue es, por encima de todo, tomar en serio la dignidad humana. Hablar de ella da más resultados prácticos que tratar de los derechos humanos. Porque, por más vueltas que se le dé, no se sabe nunca por qué debo respetarlos, mientras que, en cambio, es inmediatamente evidente que debo respetar a alguien que tiene dignidad.

Es posible, sin duda, rechazar teóricamente la idea de dignidad aquí expresada, pero la pregunta es si alguien –sobre todo alguien que tiene alguna responsabilidad social o política– se atrevería prácticamente –es decir, abiertamente cara a los interesados– a negarla, pues hacerlo implica de modo automático que la actuación del dirigente no puede tener otro fin que el de instrumentalizar al dirigido. Dicho de otra manera, cualquier actuación al margen del humanismo de la dignidad no puede más que abrir el mecanismo de la *sospecha*, y, como consecuencia, desencadenar un proceso basado en la fuerza y, por tanto, al final, en la dominación del hombre por el hombre.

En segundo lugar, el hombre es un *ser total*. Eso quiere decir que tenemos todos múltiples inclinaciones diversas, posibilidades distintas. Los animales están necesariamente *especializados*: unos vuelan, otros nadan, otros caminan. Unos viven en zonas frías y otros en las cálidas. El hombre puede todo. O mejor: tiene la posibilidad de todo, pero no alcanza más que a unas pocas cosas. Eso significa que aquel que tiene menos, tiene también menos para dar, se cierra más sobre sí mismo y, de esa forma, es menos digno, pues no sirve. Pero, a su vez, el que tiene mucho y no lo da, viene a identificarse *de facto* con el que no tiene nada: es tan indigno como él. En efecto, tan indigno es el que –pudiéndolo evitar– se limita a vivir solitario bajo un puente, como el acaudalado que vive sin interés por nada ni por nadie.

Por nuestro *carácter absoluto* tenemos necesariamente que ver con Dios. Sólo si hay alguien *plena y eternamente absoluto* puedo entender que yo lo sea por nacimiento y, a su vez, sólo si hay lo absoluto puede y "debe" existir lo relativo: no hay absoluto sin relativo, y viceversa. Por eso, sólo si hay ese ser debo tomarme en serio –responsablemente– el considerar a los demás como absolutos. Es decir, sólo si hay sociedad con Dios, hay un fundamento para la sociedad humana.

Por nuestro *carácter total* tenemos necesariamente que ver con el resto de la humanidad pues, efectivamente, sólo se puede hacer real la totalidad con la ayuda de los demás: ellos me completan. Tanto más rica en posibilidades desarrolladas es una sociedad, tanto más dignas son las personas que de esos beneficios se lucran. Aquí la clave está en el intercambio, en el diálogo, y no sólo en la información, pues el diálogo enriquece también interiormente, mientras que la mera información no da más que poder sobre los demás. Y, llegados a este punto, surge una nueva dificultad, pues el discurso parece contradictorio.

Una empresa es lo que se llama, desde el punto de vista social, una *entidad intermedia*. Se encuentra en el espacio de la llamada *bürgerliche Gesellschaft*. Ese tipo de sociedades son, por una parte, relativas, pues buscan sólo cubrir alguna necesidad o deseo humano, y quedan al margen de un planteamiento absoluto. De otro lado, son necesariamente parciales y no totales. El sentido de la empresa es, justamente, desarrollar un sector de las posibilidades humanas. El trabajo *especializado* es la característica de lo empresarial.

Así pues, un empresario podría ver todo el anterior discurso como vacío. Si es que hay un tal carácter absoluto y total en el hombre, no es para nada tarea suya –del empresario– el ocuparse de ello. De eso se ocuparán, en todo caso, la familia y el Estado.

Familia es el lugar en donde a cada uno se le acoge como absoluto. Lo típico de los padres es el amor incondicionado a sus hijos. Sólo si hay quien nos quiera de esa manera nos podemos sentir socialmente "absolutos": *alguien*. Por eso, la familia es por esencia una institución *religiosa*. El *hogar*, ya en la Antigüedad, era visto como un lugar de los dioses, porque en ella se da, como queda dicho, lo *absoluto*.

Si en la familia es donde se ve a alguien de ese modo, es en el "Estado" donde se le contempla con un carácter de *total*. El "Estado" tiene por obligación el atender todas las necesidades de la sociedad y, por ello, de cada individuo. Él organiza, o debe organizar, las cosas de manera que a cada uno le falte lo menos posible para "tener todo". Por ello, los antiguos decían que era en el Estado donde el hombre se perfeccionaba, alcanzaba una cierta plenitud. En la sociedad actual esto es especialmente palpable.

Dicho en otros términos siempre se ha considerado que los "humanistas" eran los verdaderos padres y madres de familia, y los buenos gobernantes. O, si se quiere, la persona, cualquier persona, cuando realiza sus funciones paternales o gobernativas. Pero en la sociedad intermedia, en la vida "socioeconómica", parece que reinan otras leyes. Y, si es así, ¿esas otras leyes serán inhumanas, puesto que esa esfera no es humanística?

Humanismo empresarial

Se puede responder –y ha sido lo más habitual– que no se trata de inhumanas, en el sentido de "antihumanas". Se trata simplemente de que nos encontramos en una esfera "neutra". Parece que en ese tipo de vida no cuenta, lo absoluto o lo total, sino lo relativo y lo parcial. El problema está en que lo relativo y lo parcial no tiene ningún sentido más que en orden a lo absoluto y total. Es decir, que cuando se vive la vida "socioeconómica" sin ordenarla a la familia y a la sociedad en general, o sea, en último término, cuando se vive sin ordenarla a la dignidad humana, entonces se está absolutizando y totalizando la esfera socioeconómica. Por desentenderse de un absoluto se cae en otro. Y eso es lo que, de hecho, sucede con cierta frecuencia. A eso se le ha llamado sociedad burguesa, consumista, capitalista, etc. Es, en buena medida, la sociedad de nuestros días.

Para convertir eso –que es *materialismo*– en *humanismo*, basta ordenar al fin del hombre –a su dignidad– la actividad socioeconómica, la actividad, en concreto, empresarial. El humanismo empresarial, desde este punto de vista, consiste simplemente en poner como último fin de la empresa la dignidad de todos los que con ella se relacionan y, en último extremo, de toda la sociedad.

Es bien claro que ni una empresa, ni una familia, ni una universidad, ni un club, ni una Iglesia, pueden funcionar bien si no tienen una economía saneada. Y cuanto más saneada, mejor. Pero eso es una *condición* para la vida, no un *fin último*. La economía es condición; ha de ser, por tanto, asumida, pues la necesitamos, pero una condición no puede ser nunca un fin último. Convertir la economía en fin es materialismo; es decir, indignidad.

Por eso, un buen empresario, lucha siempre por *dignificar* el trabajo en su Organización. El trabajo se dignifica de muchos modos. En primer lugar, dándole siempre importancia. Después, poniéndole las condiciones espaciotemporales adecuadas. Además, dotándolo de unos honorarios adecuados y sin aceptar diferencias retributivas injustas. Evitando también menospreciar unos trabajos con respecto a otros. Por último, ejercitando el arte fundamental de colocar a cada uno en su sitio.

La ley del mercado es necesaria y válida, desde luego. Pero no puede ser ley suprema. Si se convierte en ello, es inhumana, pues el mercado es cambiante, relativo y parcial. De otro lado, dejar al Estado como único regulador del mercado es un proceder vicioso. Pero no porque el Estado no pueda profanar la pretendidamente sacrosanta libertad individual, sino porque la dignidad del empresario pide que sea él, en primer lugar, quien se cuide de la dignidad de los que trabajan en su ámbito.

El humanismo empresarial pide la extensión y profundización del principio cooperativo entre las personas para defender y promover la dignidad humana. Desde fuera no se puede hacer bien: el Estado lo tendría que *imponer*, pero es *externo*, y puede generar un mal arreglo. Tendría que estar claro, a su vez, que el principio de *competencia*, necesario, está subordinado al de cooperación, y no viceversa. Sólo en la *cooperación los empresarios pueden pensar en el hombre en cuanto a tal; en la pura competencia no pueden pensar más que en el dinero en cuanto tal.*

Por otro lado, la empresa debe estar interesada en que todos los que con ella se relacionan, se acerquen más a esa totalidad, a una plenitud. Ahí es donde tienen sentido, por ejemplo, la regulación de horarios que permitan desarrollar otras actividades; o el fomento de la cultura, que redunda en una mayor socialidad, es decir, humanidad.

Humanismo empresarial significa, por tanto, que la elite dirigente de las empresas sepa contar con cada uno, no como una mera fuerza de trabajo, ni un mero sujeto inalienable de derechos, sino, pura y simplemente, como una persona.

B.2. Responsabilidad social y humanismo empresarial. Libertad, bien común, familia y confianza*

Reflexión preliminar

Al comenzar a tratar la relación entre la responsabilidad social y el humanismo empresarial, es conveniente subrayar que estas reflexiones pueden parecer un poco exageradas y alejadas de la realidad. La teoría es relativamente fácil de formular, pero llevarla a la práctica es un desafío completamente distinto.

Efectivamente, la ciencia —la teoría— procede analíticamente, mientras que la vida es sintética en busca de la unidad. Las síntesis vitales son difíciles, son un enorme reto práctico para cada persona y cada sociedad. Las cosas buenas y verdaderas nunca son fáciles, aunque en la vida hay más cosas buenas que malas. Platón mostró profundamente que el hombre se queja porque anhela la perfección. Tener esto presente es necesario para no caer en el pesimismo característico de muchos analistas honrados.

* (2011). *Gobierno Empresarial.* Santiago de Chile: Universidad de los Andes, pp. 15-36.

Libertad y bien común

Se puede entrar en materia distinguiendo algunos conceptos básicos y revisando cómo se los ha entendido antes y cómo se los entiende hoy en día. Si hubiese que troquelar una fórmula para enfrentar los problemas que se nos presentan en la vida, se podría proponer esta tan sencilla: usar la libertad en pos del bien común. Libertad y bien común pueden parecer contradictorios en una teoría individualista, pero sin duda en la vida humana concreta ambas dimensiones se requieren la una a la otra. Es evidente que la libertad irrestricta no funciona y sólo es libertad si mira al bien común. A su vez, el bien común incluye la libertad verdadera.

De ahí la *responsabilidad*: cada uno ha de responder al llamado del bien común, y cuando lo hace puede ser considerado digno. Y tanto las personas individuales como las instituciones han de cuidar de ese bien precioso que es la *dignidad*. Esta dignidad se refiere, por un lado, a la autonomía relativa de la persona y, por otro, a su capacidad de ocuparse de los problemas de los demás. Quien no se preocupa de los demás, no es una persona digna.

La libertad entendida en forma irrestricta, como también el denominado estatismo o estatalismo, desdeñan la dignidad del ser humano porque no facilitan que la persona se haga cargo de la sociedad en la que vive. Ni el individualismo liberal ni el estatismo socialista respetan la dignidad humana. Para que tal dignidad comparezca hace falta que surja la sociedad civil, aquella que es capaz de hacerse cargo de ella misma.

La base de la verdadera responsabilidad social está precisamente en que nos hagamos cargo de los problemas de los demás. Y esto va mucho más allá de lo que puede plantear una moda empresarial que nos induce a realizar ciertas acciones catalogadas como socialmente responsables, para medir después si lo somos o no. Hemos tenido la moda de la reingeniería, luego la de los intangibles. Hoy está en boga el tema de la responsabilidad social corporativa, que se tipifica y cuantifica, como si la vida humana, la vida en sociedad, se pudiese medir y contener en un modelo. Esto es imposible. En lo propiamente humano, la principal medida es cualitativa, no cuantitativa, porque lo cualilativo afecta y modifica directamente al individuo como persona.

Se puede hacer una breve referencia histórica para tratar de entender cómo hemos llegado a hablar de responsabilidad de la empresa. Porque, ¿cómo es posible que la echáramos de menos?, ¿acaso se nos olvidó ser responsables? El hecho es que, a finales del siglo XVIII, la Revolución fijó como fin principal, la libertad del individuo. A los pocos años, la sorpresa fue general: la sociedad se estaba diluyendo, se escapaba de las manos, desaparecía como tal. Como consecuencia, aparecieron la sociología y el socialismo.

La introducción de la libertad autónoma, individualista, trajo consigo el decaimiento de la vida social. Los pensadores ilustrados decisivos en el cambio político sostenían que era menester acabar con "la sociedad de los padres" y de la familia para centrarse en el individuo. Pero como esto no se puede cambiar de un día para otro, parece ser que en muchos países occidentales se está empezando a alcanzar ahora la definitiva realización práctica de las ideas del siglo XVIII. Asistimos a la sustitución de la familia por el individuo. Esto se da, evidentemente, en los ámbitos económico y político, pero el espíritu individualista se ha trasladado incluso a la familia, lo cual es muy inquietante porque sólo cuando se tiene familia, se aprende a ser responsable. Hoy se construyen familias en donde cada persona come en su propia pieza, se traslada de un lugar a otro en su propio auto y no tiene ninguna conciencia de los lazos de dependencia y cuidado que hacen de la familia el lugar donde se aprende a vivir en sociedad.

Responsabilidad social

Libertad, bien común y familia, entonces, son conceptos básicos para entender el verdadero sentido de la responsabilidad social. Por otra parte, no hay ninguna sociedad que se pueda sostener bien sin una clase media amplia que le dé estabilidad y sin un sentido común, es decir, un sentido compartido. Estas son dos columnas vertebrales de toda organización. Pero también ha habido un cambio en estas dos realidades. Del cambio en el sentido común los grandes responsables son los medios de comunicación que están introduciendo una transformación total. Por ejemplo, hoy se habla en forma completamente normal y aceptada del "matrimonio homosexual". Por su parte, la noción de familia ha cambiado desde los años 60 por la aparición de la píldora anticonceptiva. Antes, tener niños significaba crear vínculos que suponen responsabilidad. Hoy, con la píldora, eso ya no es necesario. Entonces, ¿cómo se podrá aprender ahora a ser responsable, si no se hace a través de la familia?

La nueva filosofía social se centra en dos corrientes: el liberalismo positivo –optimista– y el socialismo –pesimista–. La ideología de la sospecha es profundamente izquierdista, socialista. En cambio, el liberalismo –normalmente asociado a la derecha– es optimista, porque cree que el enriquecimiento individual beneficiará a toda la sociedad (lo cual puede ser verdad, pero la riqueza trae consigo muchas veces, tristeza y aburrimiento) y cree, además, que Dios es una mano invisible que reparte los bienes. No hay duda de que gracias al liberalismo ha habido más riqueza, pero esto no ha traído más felicidad ni ha logrado construir verdadera sociedad.

Tomemos Europa como ejemplo. La gente está muy enriquecida, pero hay muy poca. Antes, estaba llena de niños; ahora, lo único que vemos son ancianos en silla de ruedas. A la familia ya no se la toma en serio y a la persona, que antes era hija de Dios, se la convirtió en ciudadano y luego en consumidor. La dignidad de la vejez, por ejemplo, ha quedado sometida al mercado. En China la economía funciona mejor que nunca, pero los ancianos corren el grave peligro de ser "eutanasiados", pues no habrá nadie que los cuide.

El optimismo liberal y la filosofía de la sospecha socialista son incapaces de construir y cimentar la sociedad futura, ya que no entregan responsabilidad alguna al individuo. O se trata de una libertad ilimitada que permite el funcionamiento presuntamente correcto del mercado —como si la vida social se redujera al mercado— o de un Estado que presuntamente lo soluciona todo, sustituyendo a la familia y al mismo Dios —como si el bien común fuese prerrogativa del Estado—. No por nada se le llama "Estado providencia". El modelo culmen del proceso iniciado por la Revolución es una mezcla de liberalismo con socialismo —o sea, el Estado providencia que inyecta morfina en seres incapaces de la responsabilidad—. Por esto mismo —porque la naturaleza humana siempre se rebela— el modelo ya está en crisis, dando pie a la fuerza de la sociedad civil y a la responsabilidad social corporativa.

Las familias de hoy enfrentan una situación difícil porque, aunque se diga lo contrario, la llamada derecha liberal igual que la izquierda socialista, ha renunciado de facto a la idea de responsabilidad. Muchos políticos, de un lado y otro, afirman hoy que la responsabilidad es muy importante. Pero la verdad es que la única responsabilidad que se predica es la que proviene de la ética consecuencialista, según la cual sólo cabe responsabilidad sobre las consecuencias inmediatas de las acciones, olvidando las miles de repercusiones personales y sociales indirectas que tienen los actos humanos.

Paradójicamente, es esta misma falta de responsabilidad imperante lo que allana el surgimiento de la responsabilidad social corporativa y que se hable de empresa y humanismo o de humanismo empresarial. Con el esquema actual, nuestra sociedad no puede continuar. La vida social, verdaderamente humana, no se sostiene evitando esos vínculos ciertos que, por naturaleza, nos atan unos a otros y nos hacen responsables a los unos de los otros. Si no hay vínculos, no hay confianza posible. Y sin confianza, no hay nada.

Confianza

Confianza es la palabra que puso de moda Francis Fukuyama, aunque mucho antes y cuando nadie se ocupaba de ella, comenzamos a ponerla de relieve en "Empresa y Humanismo", recordando al mundo empresarial que, faltando ésta, no hay negocio posible, pues todos los radicales económicos se basan en ella (el empleo, la inversión, etc.). ¿Por qué se contrata a una persona? Porque se piensa que va a trabajar y lo va a hacer bien. Si se pensara que no es así, no se le contrataría, porque no se confiaría en su trabajo. O, por ejemplo, los ancianos holandeses invirtieron su dinero en Enron. ¿Por qué? Porque les daba confianza. Porque les habían dicho que era la empresa más segura y porque, por si fuera poco, en todas las paredes de Enron estaban colgados los códigos éticos.

Todo el mundo habla ahora de la importancia de la confianza, sabiendo –en teoría– que a economía y la política no funcionan sin ella, pero no se sabe cómo generarla. No es fácil. Hace falta una unidad de vida muy profunda y muy real para generar confianza. Antes, esto se aprendía natural mente a través de las familias. Hoy, hay pocas, y bastantes no son capaces de cumplir ese importante papel para la sociedad.

Vivimos en un mundo en que se firman contratos en la seguridad de que se va n a romper. No se confía en las personas porque hemos estropeado la capacidad de confiar en otro. Por eso nada funciona. Ni todos los papeles del mundo ni las mejores seguridades otorgadas por el Estado pueden sustituir la confianza que se necesita para construir verdadera sociedad. ¿No será que al haber reemplazado la familia por el individuo hemos roto la capacidad misma de confianza? A lo mejor, efectivamente, este es el problema: hemos construido una sociedad en la cual no se dan las bases antropológicas mínimas suficientes para que la gente aprenda a confiar. Tendríamos, entonces, que empezar a pensar poco a poco (porque en sociedad, las cosas no se cambian de golpe) en una reestructuración. Porque no podemos seguir sin los intangibles necesarios para la vida digna.

Seguridad y libertad

Quisiera ahora recordar que, a imitación de la vida misma, cada teoría general quiere ser una síntesis de elementos que, normalmente, coincide con otras en algunos elementos esenciales. Por ejemplo, ciertas formas modernas de interpretar la democracia como liberalismo radical o como socialismo radical pueden no ser teorías adecuadas, pero a la vez usar ciertos principios que son correctos. Hasta en las formas más radicales en que el mundo moderno define la igualdad y la libertad, se pueden encontrar aspectos en los que todos pueden estar de acuerdo. Porque los aspectos fundamentales de la vida siempre son los mismos. El problema es el "modo de cocinarlos".

Un filósofo español del siglo XX escribió que el ser humano es esencialmente cocinero. Me parece que tiene razón, en la medida en que también la tiene Baltasar Gracián, inventor del concepto "hombre en su punto", que después sería recogido por la literatura romántica alemana de Schopenhauer y Goethe, pasando luego al pensamiento universal (lo recoge también Gadamer en Verdad y Método). "Hombre en su punto" es un concepto humanista sacado de la cocina. Y es que, efectivamente, con elementos éticos se puede cocinar un plato maravilloso, algo pasable o algo que es indigerible.

Por ejemplo, se puede estar a favor de la libertad y la aventura (porque la verdadera libertad es siempre innovadora y aventurera), pero sabiendo que se necesita también una dosis de igualdad y seguridad. No hay nadie que no quiera una dosis de aventura y de seguridad al mismo tiempo. Por su parte, la relación entre igualdad y seguridad está en que sólo los "iguales" se entienden entre sí y por ello, se sienten seguros. De hecho, en muchos idiomas indoeuropeos la palabra enemigo y la palabra extranjero tiene la misma raíz lingüística. Con aquel extranjero cuyo idioma no conozco, tomo una posición de sospecha. La izquierda, que insiste en la igualdad, en el fondo está buscando la seguridad.

¿Qué se podría decir a un "socialista radical" aquí? Que la sola seguridad hace de la vida un aburrimiento supremo y que, además, no se ajusta a la realidad, porque la vida requiere un elemento de novedad y de riesgo. Por otra parte, ¿qué se le podría decir a un "liberal radical"? Que presume del riesgo, pero que está más asegurado que nadie.

Merece la pena hacer un buen estudio sobre el dinero que hoy se destina al riesgo y el que se destina a seguridad. Estoy convencido de que algunos grandes economistas liberales se llevarían una sorpresa, porque la parte del riesgo es bastante más pequeña que la parte de la seguridad. Pensemos en algunos gastos: policía general del Estado, policía de nuestra urbanización, policía municipal; por supuesto, tenemos asegurada la empresa, la casa, el coche, la vida y los viajes. Además, buena parte de lo que le pagamos al Estado es también para seguridad: previsión, cesantía, cuidados médicos.

¿Cuánto ahorraríamos si no tuviésemos que gastar en todo esto? Es una cantidad enorme de dinero que podríamos dedicar al crecimiento, a la inversión. ¿Podríamos, entonces, ahorrarnos toda la seguridad? Nunca. Siempre tendremos que gastar en ella.

El problema, como todos los que se presentan en la vida, es la dosificación cualitativa y cuantitativa. Si no hay confianza, el gasto principal es en seguridad.

¿En qué consiste el ser feliz? En vivir la vida como una aventura, pero aventura sin un riesgo excesivo, con seguridad. Si no hay aventura, te aburres y así no se puede vivir. Pero si la aventura es tan arriesgada que uno se juega claramente la vida, entonces aparece la angustia y, en ella, no hay felicidad. Por consiguiente, aquello a lo que aspira todo ser humano es algo muy sencillo en teoría, pero algo más difícil de conseguir en la práctica: establecer una buena armonía y una buena dosificación entre los binomios viaje-aventura y casa-seguridad.

La casa y el viaje

Pienso que al ser humano se le podría definir como un ser que tiene casa y viaja. La casa es la seguridad; el viaje, la aventura. Sólo el que tiene una casa verdadera, viaja de verdad. O, dicho de otro modo: sólo el que tiene una casa verdadera, goza de su viaje. Y sólo el que es capaz de gozar de sus viajes, tiene una casa verdadera. ¿Qué tiene que ver esto con la responsabilidad social empresarial? A mi juicio, mucho.

El turista solitario es, antropológicamente, una figura trágica. Visita todo y no goza verdaderamente de nada. En cambio, cuando el viajero va acompañado de su familia o sus amigos o ha sido invitado por unos amigos, el viaje se convierte en una prolongación de la casa y aprende a gozarlo de una manera muy diferente. Por otra parte, quien cree que no hay más mundo que el propio hábitat, es incapaz de comprender su propia casa como una aventura y paradójicamente, no logra encontrar la seguridad que buscaba en ella. Muchas familias se rompen porque se han creado con el fin de tener la paz, la seguridad y el amor mutuo, pero descuidando la aventura. La familia –la casa–, para subsistir, tiene que ser también una aventura. De lo contrario, le falta un elemento de la vida humana. Pues bien, el viaje verdadero es aquel en el que yo me encuentro como en mi casa y la casa verdadera es aquella que me permite vivir una aventura cotidiana.

Nuestra sociedad adolece de un sentido auténtico de la aventura –el viaje– y de la seguridad –la casa–, dos elementos que en el ser humano se compatibilizan. Nos hastiamos fácilmente de la inestabilidad de los viajes y de la extremada seguridad de la casa, porque no comprendemos adecuadamente los conceptos de libertad y seguridad.

Cabe precisar que –así lo supo ver agudamente Tocqueville– la pasión democrática fundamental es la *seguridad*. Como ya queda apuntado, no solamente los que propician el "Estado providencia" buscan la seguridad, sino también los que se gastan sumas ingentes en asegurar todo lo que tienen. ¿Y por qué la seguridad es la gran pasión de los tiempos democráticos? Pues, porque como dice San Juan Evangelista, "en el amor no hay temor". Si uno tiene fuerza para no estar buscando obsesivamente la seguridad es porque ha nacido y ha sido educado en un ambiente de confianza, en un ambiente de amor. Y esto sólo lo puede dar la familia. Ningún sistema de libertad autónoma o de la presunta responsabilidad a corto plazo, como las entiende el liberalismo radical, ni de la presunta equidad, tal como se entiende en el socialismo radical, puede sustituir esa función.

Familia y formación de dirigentes

Si hoy encontramos jóvenes débiles y vacíos –que después llegan a gobernar mal las empresas y el Estado– es porque algo anda mal en la familia. Como dice el viejo proverbio chino, el fuerte no necesita alardear de serlo. Las personalidades rígidas, duras, o excesivamente silenciosas en su trato con los demás, son –casi sin excepción– personalidades interiormente débiles, que no se atreven a salir a la palestra, porque se crispan. Así, no se puede gobernar bien. Para formar personalidades fuertes, hace falta tener familias verdaderas. Por consiguiente, decir que a una empresa no le interesa el bien de la familia, a mi juicio, es no saber de qué se está hablando.

A la empresa, como a cualquier corporación o institución de la sociedad, le interesa tener gente para continuar, fortalecer y mejorar lo que se está haciendo. Por eso, resulta tan chocante que el consejo de administración de una de las más importantes multinacionales de España haya pedido quitar la palabra "familia" de un proyecto porque sostenían que la familia no tenía nada que ver con la actividad empresarial. Algo parecido pasó tras la formación de un "Foro democrático europeo". Se organizó un Coloquio sobre economía y familia, y hubo presiones de altos niveles políticos para que no se hiciera. El Foro fue a parar, finalmente, a la mesa de algunos presidentes de gobierno europeos, para que se tuviera en cuenta su peligrosidad.

¿Acaso la empresa, las corporaciones, tienen que dedicarse a subvencionar a las familias? No es esa su tarea fundamental. De las familias se tienen que ocupar las familias. Pero la empresa, como el Estado, puede facilitar o dificultar la tarea. No basta con hacer guarderías. Sin duda que éstas son buenas y pueden ser parte de una excelente iniciativa, pero lo mejor es contribuir a que, en el ambiente social, la familia sea respetada, es decir, intervenir –a través de los medios de comunicación, que dependen, en parte, de las empresas– de modo que el sentido común social asuma como algo evidente que la familia es importante. Cuando una empresa hace esfuerzos en esta dirección, está ejerciendo más responsabilidad social corporativa que cuando está poniendo una "sala cuna". Porque ésta es la verdadera responsabilidad social corporativa: generar conciencia respecto de la importancia de la familia y los vínculos sociales; hacer bien lo que se está haciendo y tener un sentido completo de lo que hay que hacer, teniendo claro qué es lo que cada ser humano necesita, y atenderlo en la medida de lo posible. Es decir, mirar al bien común.

Empleo y empleabilidad

Una de las modas organizacionales de hoy es la "empleabilidad". Se dice que debemos aprender a ser flexibles para ser "empleables" porque, como tarde o temprano nos van a echar de la empresa o nos vamos a ir por aburrimiento, debemos aprender como un camaleón a cambiar de empresa. Todos están convencidos de que esto es genial. Pero esto no es claro. Porque si alguien no es empleado sino solamente empleable, difícilmente tomará afecto por aquel lo que hace y, por consiguiente, difícilmente trabajará con gusto y bien. Volvemos aquí a la necesidad de encontrar el punto: una sociedad que restringe excesivamente la movilidad laboral para asegurar los trabajos traba la economía; una sociedad con movilidad laboral absoluta, no fomenta verdaderos vínculos laborales y no puede ser buena porque el ser humano no funciona así, aunque algunos libros al hablar de empleabilidad digan lo contrario.

Hace falta formar a las personas en esta síntesis de seguridad y aventura que nos puede dar un punto adecuado para el desarrollo propio y de la economía. Una persona que ha adquirido fuerza interior en su vida familiar está habilitada para la aventura y será capaz de trasladar ese espíritu al ambiente laboral, aun sabiendo que la empresa no es exactamente lo mismo que una familia.

Como en el Occidente actual la empresa es una institución de éxito y la familia una institución decaída, surgió hace algún tiempo otra moda: estructurar las familias como empresas. A mi padre esto no le gustaba. ¿Cuánto le pagarías a tu hijo por una ayuda esta tarde?

¿Tu mujer será la subdirectora de la casa? Imposible. La familia es la familia, y la empresa, la empresa. Son cosas distintas. Hay, efectivamente, un paralelismo posible, pero viene de la familia a la empresa y no viceversa. Si se acude a la empresa con las bases interiores, espirituales, de una familia, puede construirse una empresa más sólida, más libre, mejor. Sólo sabe construir quien ha aprendido a hacerlo y seríamos muy miopes si pensáramos que alguien sabrá construir una empresa, sólo porque es muy inteligente. Para construir una empresa sólida, se tiene que haber vivido en un ambiente donde uno se impregne de los conocimientos interiores –e integradores– necesarios. Como el principal instrumento educativo es el ambiente, los padres que no consiguen crear un buen ambiente en su familia, no lograrán el objetivo de formarlos humanamente. Es en el ambiente familiar donde se adquiere la confianza que es el cimiento de toda sociedad; y donde se aprende, por ósmosis, cómo se deben hacer bien las cosas.

Internet y el gobierno

El mejor padre de familia, el mejor directivo organizacional y el mejor gobernante político es el que ha sido capaz de crear un ambiente que haga innecesaria una gran cantidad de órdenes e instrucciones. Es, también, quien no aplasta con papeles y sabe establecer relaciones personales con sus colaboradores, más allá de las felicitaciones electrónicas. Hoy en día, internet es el gran medio de difusión de algunas típicas falsedades organizacionales: te felicitan por tu cumpleaños por email, te saludan por email, te despiden por email. Y, como la tecnología va mejorando, eso puede llegar incluso con una foto, vídeo, etc.

En el siglo quinto antes de Cristo se empezó a poner de moda en Grecia la escritura. Quienes habían utilizado siempre el lenguaje hablado para tratar con los demás, se preocuparon mucho. Hoy surge una preocupación parecida porque, aunque los beneficios de la escritura son evidentes, ésta jamás podrá sustituir al lenguaje hablado, al diálogo. Si un libro sirve para algo es porque cuando estás leyendo eres capaz de imaginar al autor y de discutir con él, dándole vida al libro. Si se lee con el solo afán de subrayar y resumir contenidos, no se aprende nada. Por eso, el profesor tampoco puede ser sustituido. Nada hay de mejor en la vida escolar que tener un maestro con quien aprender en cuatro días, lo que un libro no te habría transmitido ni en tres años de lectura.

Si un directivo empresarial piensa que con papeles va a hacer funcionar a su gente, está ciertamente equivocado. Sería tan absurdo como imaginar a un padre que enseña a tomar el tenedor por procedimiento escrito. La misma crisis que hubo siglos atrás entre el diálogo y la escritura, la hay hoy entre el diálogo e internet. La emoción de internet es tal que la gente ya no habla. ¿Es que está mal internet? No. Internet es fantástico. La escritura también lo es. El punto está en entender bien cuáles son los alcances de cada uno y, por consiguiente, para qué se pueden utilizar, entendiendo siempre que a lo más complementarán, pero nunca sustituirán al diálogo directo.

Esto quiere decir que en la empresa es preferible que felicite para el cumpleaños el subdirector general, a quien ves cada semana, y no que lo haga el presidente por internet. Porque todos saben muy bien que el presidente no tiene tiempo para saludar a tres mil personas. El presidente ha felicitado –si lo hace bien– al director general, el cual, a su vez, felicita al subdirector general, el cual, a su vez, felicita a los que trabajan con él. Es una relación personal. Y por eso inspira más confianza. No se excluye que a veces el presidente felicite por internet. Pero es claro que todos saben lo que es tener una sensación de vaciedad producida por la aplicación de presuntas "técnicas interpersonales altamente efectivas".

Ética y estética

Un directivo que se hace cargo de esta realidad, es decir, que se fija más en lo interior trascendiendo lo meramente exterior, puede crear un ambiente que dé mucho mejores resultados en la vida de la empresa.

Cuando una empresa tiene un código ético, no debería publicarlo ni mostrarlo en los tablones informativos, sino guardarlo en el cajón. Cuando un empleado nuevo venga luego de unos meses para decir al director que está muy a gusto y que percibe algo en el ambiente que le encanta, entonces es el momento de sacar el código del cajón y dárselo. Pero no antes, porque estropearían todo el misterio del bien.

Y vuelvo otra vez al punto al que estoy recurriendo continuamente. Es en la familia donde se descubre el sentido del misterio. En ella nada hay *meramente objetivo*. Con frecuencia actuamos objetivamente bien, pero lo que hacemos no tiene ningún misterio. Por lo tanto, dañamos la ética y la estética. Cuántas veces hacemos cosas que, objetivamente, podrán ser muy correctas, pero qué feo lo hacemos y con cuánta falta de misterio. Muchas personas, que incluso parecen buenas desde el punto de vista ético, fracasan en su tarea de gobierno porque no saben encontrar la estética adecuada. Porque no se dan cuenta de que la ética y la estética no se pueden separar. De que esa unidad de la ética y la estética es lo que produce ese toque de misterio sin el cual las cosas humanas parecen y son falsas. Pero la estética no está sólo en los cuadros de las paredes o en los suelos limpios, sino, sobre todo, en la manera de comportarse de las personas en la empresa. Si no se actúa elegantemente, se está destruyendo ese ambiente que es el núcleo desde el cual puede funcionar bien una empresa. Y, como decía Ortega y Gasset, la palabra elegancia proviene de *eligencia*. Elegante es quien sabe elegir lo adecuado en cada ocasión. Este es un arte fundamental para la dirección. Marca un estilo. El estilo es clave en la vida de toda organización social.

De Estados Unidos hemos copiado ahora, por ejemplo, que todo el mundo va con mochila. Es como dar un paso democrático más. La mochila es un instrumento para el desplazamiento meramente individual: es el último símbolo externo de la sociedad individualista. No está bien. La sociedad necesita estabilidad, una cierta fijeza. La mochila es para el monte, no debe elegirse para ir al trabajo. A las empresas, la gente no debería ir con mochila. Porque uno no va a su casa con mochila. Y aunque la empresa no es la propia casa, debería ser una especie de segunda casa.

Humanismo y responsabilidad social

Hay un conjunto enorme de pequeños detalles como estos, que hacen de la vida humana en la casa, en la empresa, en la comunidad, un entramado esencial de intangibles. Tomar en serio el enorme significado de este conjunto de pequeños intangibles, significa darse cuenta de que sin humanismo no puede haber responsabilidad social empresarial.

La responsabilidad social principal de una persona y de una empresa no está en atender o poner salas cuna, en la atención a la ecología, en felicitar por intranet, en ser simpático con el cliente, en ser transparente en las cuentas, etc. Todo eso puede estar muy bien, pero tener responsabilidad social es en primer lugar vivir rectamente, haciéndose cargo de la naturaleza social y no individualista del hombre y siendo consciente de que toda decisión individual, dentro y fuera de la empresa, tiene repercusión en todos los demás. Es responsable socialmente el que se preocupa de construir sociedad a través de sus palabras, sus acciones y los ambientes que con ellas genera. Es responsable socialmente el que se hace cargo de dar sentido real a intangibles como la confianza, la libertad y el bien común, descubriendo su verdadero significado, y tomándoselos en serio.

Hay muchos que hablan sólo de códigos. No sirve. Se necesitan personas que sepan vivirlos desde dentro. "Empresa y Humanismo" nació para ayudar a que todos aquellos que están al frente de los resortes principales de la sociedad –sea en empresas, organizaciones, política, etc.– sean conscientes de que sacar adelante la sociedad es tarea de todos y que, por consiguiente, nadie puede encerrarse sólo en el trabajo que está haciendo, sino que, al realizar su tarea concreta, con la mente puesta en el todo y haciéndola lo mejor posible, están cumpliendo con su primera responsabilidad.

El humanismo ha sido siempre un saber de integración, porque el hombre posee una pluralidad de dimensiones. Por consiguiente, es humanista quien tiene siempre presentes en la conciencia, los enlaces de lo particular con las múltiples instancias propias de la sociedad. Porque sólo así se puede contribuir adecuadamente –individual y organizacionalmente–, al todo social. En otras palabras, para sacar adelante una sociedad, cada uno de nosotros necesita incorporar un humanismo que permita salir de sí mismo para conocer al otro y a lo otro, para comprender las claves de la vida social y para integrar adecuadamente la economía, la política, la ética, la estética, etc.

Los dirigentes, por lo tanto, no se pueden formar sólo con técnicas directivas, de espaldas al humanismo. Un dirigente que no tenga una noción suficiente de lo que significan las diferentes dimensiones de la persona humana y de una verdadera sociedad, no puede ser responsable de lo que está haciendo. Un directivo consciente debe ser humanista, es decir, tiene que ver la integralidad de la sociedad y no puede desentenderse de ella.

Si tenemos una sociedad de gente deseducada, no podremos desarrollar buenas empresas. Nos debiera interesar grandemente que haya buenos colegios, buenas universidades. De lo contrario, las cuentas económicas que vamos a pagar más adelante van a ser muy grandes. Nos debiera interesar, sobre todo —a diferencia de lo que ahora se dice— que la familia sea de hecho la estructura básica de la sociedad porque, de lo contrario, no vamos a conseguir formar personas que sean verdaderamente responsables.

B.3. Humanismo empresarial para la mejora de la sociedad*

Exordio

Deseo, en primer lugar, agradecer el honor que se me hace al concederme la palabra en este acto tan señalado. Es también para mí una gran alegría contemplar los frutos, cada vez mayores en cantidad y en calidad, que va dando esta Universidad de Montevideo, tan joven y tan grandemente prometedora. Mis felicitaciones y cordial enhorabuena, por tanto, a la Universidad y, al mismo tiempo, a los nuevos y primeros graduados, extensiva a sus padres y familiares.

Me vienen ahora a la cabeza las estrofas de una bella canción francesa en la que, al evocar al recién nacido primogénito, se dice: *"Voici un peu plus d'espoir, un peu plus d'amour; c'est le départ d'un nouveau jour"*: "He aquí un poco más de esperanza, un poco más de amor; es el comienzo de un nuevo día".

El día significa aquí un espacio vital cualitativo y es un nuevo espacio vital lo que abre esta promoción primogénita. Pero a todo

* (2002). Revista de Ciencias Empresariales y Economía, nº 1, pp. 7-11. Facultad de Ciencias Empresariales y Economía. Universidad de Montevideo. ISSN 1510-7159.

aquel que el destino colocó en primer lugar, lo cargó también con la responsabilidad de ser espejo en el que los demás se mirarán.

Era también un francés –un conocido moralista galo, Gustave Thibon– el que, al despedimos un día en Madrid, me decía: "He tenido gusto en conocerle, porque usted y yo no tenemos las mismas opiniones, pero participamos de las mismas ideas". Con seguridad los graduados de esta promoción no tienen todas las mismas opiniones, y quizá tampoco estén de acuerdo en diferentes ideas –lo que sería bien posible, dado el clima de libertad que reina en esta institución universitaria–, pero estoy cierto de que sí tienen en común algunas ideas fundamentales y un toque de estilo inconfundible.

Todo ello forma el rico patrimonio con el que salen de estas aulas y es el espejo en el que otros se mirarán: es el espíritu de la Universidad de Montevideo, que se compone de amar el trabajo bien hecho, espíritu de servicio y de solidaridad, honradez social y profesional, amor a la libertad, espíritu amplio y capacidad de comprensión, respeto a la persona y al bien común, fomento de la iniciativa.

Este humanismo impregna y determina un modo de vida y, por ello, también necesariamente la manera de concebir y conducir la actividad profesional. Paso entonces, brevemente, a glosar cómo me parece a mí que se puede comprender una actividad empresarial humanista.

El sentido de la economía

En toda economía moderna, la empresa juega un papel central. La economía se constituye como un conjunto de actividades y relaciones cuyo centro director es, en la llamada economía tradicional, la familia, y en la moderna, la empresa y el individuo. Desde la familia, por ella y para ella, se llevaban a cabo las citadas actividades, pero tras la sustitución de la economía en sentido estricto –orden y modo de vida de la casa–, por la economía política –de toda la sociedad–, las actividades se realizan desde y por las empresas para los individuos.

El desacoplamiento o descentramiento entre economía y familia tiene ventajas y dificultades, al igual que sucede con la conjunción de economía y política. Que la economía –a través de las empresas– se instale "más allá" de las familias, trae varias ventajas conocidas. Entre otras, posibilita una mayor libertad individual y facilita el crecimiento de la riqueza. Pero, al quedar descentrada de la familia, deja a ésta en situación precaria y, con ello, amenaza la formación humana de la población, poniendo en peligro, así, el propio futuro de la economía.

De otro lado, que la economía mire a la sociedad en su conjunto comporta el que necesita la protección del Estado, lo cual en parte es muy seguro, pero reviste al Estado de un poder que amenaza el buen funcionamiento del sistema económico mismo; sobre todo, su libertad.

Así pues, si se me permite hacer una síntesis rápida que necesariamente ha de prescindir de matices, la economía pierde humanidad al desconectarse funcionalmente de la familia y la vuelve a perder al tener que someterse al dirigismo del Estado.

Alguien podría decir ahora que más bien gracias al Estado se ha humanizado la economía, pues él impuso a las empresas seguros sociales, seguridad en el trabajo y en el empleo, etc. Pero es bien claro que el humanizador aquí –y así lo percibe la población– es el Estado mismo y las empresas con frecuencia hicieron mala figura pues hubieron de humillarse ante él y, además, se llevaron la mala fama social.

El Estado se establece como "humanizador social", pero la economía, la "esfera económica" como tal, no cambia. Es el momento histórico, del que aún no se ha salido del todo –más en unos países que en otros–, en el que la figura del empresario se presentaba como sospechosa para determinados sectores de la sociedad.

Con todo, la empresa es un gran invento humano y el empresario una figura de gran importancia para la sociedad; el "empresarismo" es potencialmente un gran humanismo. Voy a intentar mostrar, brevemente, a continuación, por qué lo es en substancia, y puede serlo cada vez más, y por qué no lo ha sido del todo.

En la empresa suceden, al menos, tres cosas importantes:

1) Se especializa el trabajo.

2) Se produce en escala.

3) Se compite en el mercado.

Ellas tres se daban ya en la economía tradicional familiar, pero de un modo muy reducido. También han sido objeto de duras críticas: se ha dicho que la especialización robotiza al trabajador, lo hace unilateral; que la producción masiva hace perder la gracia artesanal; y que la competencia en el mercado nos convierte en luchadores para aplastar al competidor.

Como sin esos tres elementos no hay ni empresa ni economía moderna, la conseccuencia aparentemente inevitable es que ésta es inhumana y queda sólo en manos de espíritus fuertes e implacables. Los más débiles, aquellos a los que no se ha tenido en cuenta, aunque quizás sean mejores, han de buscar un refugio en el Estado. Y, a veces, hasta se vengan a través de él.

Esta situación, como se ha ido viendo cada vez con más claridad, no conviene a nadie. Por ello, en el mundo empresarial se han ido haciendo esfuerzos por "desrobotizar" al trabajador, por ofrecer productos de mayor calidad, diversificados y cuasi-artesanales, y por emprender estrategias cooperativas en el mercado. A su vez, el Estado ha comprendido que no debe avasallar con impuestos y que debe desregular.

Está claro que, aunque no hay perfección absoluta en este mundo y, aunque la evolución actual es prometedora, sin embargo, flota en el ambiente que sigue faltando algo, y ello es: más humanidad, más humanismo.

Humanismo en la empresa

Con las muchas excepciones de rigor, Empresa y Estado han percibido el desajuste y la inconveniencia de actitudes pasadas, pero, con frecuencia, no lo han hecho por un mayor empeño humanista. Es eso lo que enrarece y entristece el ambiente social. Sin embargo, bastaría que las instituciones y organizaciones se convencieran un poco más de la maravilla que tienen entre manos y que, sin duda, en parte realizan, para que todo adquiera los mejores tonos.

Especializar implica necesitar a los otros, con los que, necesariamente, he de conectarme. De ese modo, las empresas realizan la gran labor de cohesionar la sociedad. Producir en escala supone llevar bienes a muchas más personas. Es un gran beneficio social. Competir, entendido positivamente, es una actividad en la que emulamos a los mejores y nos esforzamos por la perfección. Sin emulación no hay mejora humana.

El mundo empresarial, cuya capacidad de iniciativa libre y de realismo adaptativo son unos auténticos regalos para la sociedad, me parece ser cada vez más consciente: 1) de que cada empresa necesita, para su despliegue vital adecuado, un buen sistema de empresas y un buen sistema social; 2) de que ha de producir más y mejor cualitativamente y; 3) de que la competencia ha de regularse desde un espíritu cooperativo de fondo. En conjunto: que ha de interesarse por los otros sectores; ha de mejorar la calidad; no ha de ver al competidor como un enemigo. Todo ello es humanismo empresarial.

Pero hay más: hoy se empieza a desarrollar a fondo la conciencia de que el valor número uno es la persona y que: a) es menester volver a situar en el centro a la familia; ahora no como lugar de producción, sino de educación e intimidad; b) que la empresa es, primariamente, un grupo de personas que trabajan en común; c) que el cliente forma parte de la empresa. Y todo ello es también humanismo empresarial.

¿Por qué todas estas ideas, conocidas por los protagonistas de la empresa desde siempre, no han sido durante años lugar común? La respuesta quizás suene desconcertante, tanto por su tenor como por su brevedad: porque, desde Adam Smith, la economía de modo deliberado ha vuelto la espalda a la idea de perfección social basada en la virtud, para imaginar que los procesos económicos –y, por tanto, también sociales– no la necesitan. Ahora bien, aunque se debe ser realista y, por tanto, consciente de los múltiples defectos de todo lo humano, a pesar de ello y con ello, sin el modelo clásico de perfección nada puede, al final, salir bien.

Ese modelo se resume en dos puntos:

a) Ocuparse de los demás no es un acto añadido de benevolencia o de solidaridad, sino que es una obligación radical y natural del ser humano.

b) La perfección de lo humano, lo humanístico, las humanidades, ha de integrarse, del modo oportuno en cada caso, en la vida de la empresa y en la de los empresarios.

No sé si los graduados de esta promoción compartirán todos los puntos de vista ahora expresados. Pero es seguro, en cambio, que serán muy buenos en su profesión y profundamente humanos. Contribuirán así al engrandecimiento del Uruguay y a la paz, la prosperidad y la felicidad sociales. Este gran país no merece menos.

B.4. La empresa en la sociedad*

Introducción

La empresa es, y se considera cada vez más, un actor de relevancia central en el entramado de la sociedad civil. Como es sabido, hay una amplia discusión científica acerca del significado exacto del concepto de sociedad civil, de su origen histórico y de su vigencia actual.

El equipo de investigación que tiene a su cargo esta línea del Foro lberdrola realizó hace pocos años un estudio interdisciplinar sobre el citado concepto, estudio publicado en 1999 (EUNSA, Pamplona) bajo el título: *Sociedad Civil. La democracia y su destino.*

No hay duda, se tome la posición que se quiera en la señalada discusión, de que la noción de *sociedad civil* ha vuelto a primer plano, y de que se asienta cada vez más. Y tampoco cabe duda de que, tanto en lo que históricamente es la modernidad como en nuestra situación actual, la empresa es pieza básica y elemento que contribuye a delimitar el modo de ser de otras estructuras e instituciones de esa sociedad.

Como no puede ser de otro modo, en el todo social se interrelacionan las diferentes instituciones y estructuras que la componen, de tal forma que una variación en una modifica el modo de vida y, al final, la estructura misma de las demás. Sin un acoplamiento o armonización suficientes, una sociedad no puede existir.

Existe hoy una conciencia creciente de que la empresa es una Organización profundamente societaria. "Hacia dentro", porque es un conjunto de personas —cada vez más con una formación superior— que ha de funcionar en equipo y con espíritu constructivo;

* (2004). Empresa y Sociedad Civil. Madrid: Fundación Iberdrola. Prólogo, pp. 9-18.

"hacia fuera", porque todo país desarrollado actúa en red y la red no es sólo el conjunto de interrelaciones en el campo de los mecanismos productivos y administrativos, sino que incluye todo el ámbito —tan amplio— de lo humano. Una sociedad, por ejemplo, con malas instituciones educativas, no podrá progresar económicamente, como tampoco otra que se desentienda del bienestar de la gente,

La empresa tiene múltiples condicionamientos provenientes de esa necesaria relación con las diversas estructuras de la sociedad. Generalmente se piensa en las relaciones laborales —y entonces tomamos en cuenta los sindicatos— y en las regulaciones estatales —y consideramos las leyes y el sistema impositivo—, pero hay mucho más, o, si se quiere, mucho menos. Menos en el sentido de que cuanto mejor es humanamente una empresa, menos problemas laborales y legales tiene. Más, en el sentido que marca la complejidad de una sociedad desarrollada: relaciones con entes "públicos" locales, regionales, internacionales y "globales", relaciones con los medios de comunicación, con los tribunales, con las organizaciones "*non profit*", etc.

Sobre todo, a la empresa le afecta el problema de la estructura misma de la sociedad moderna. El esquema clásico, válido en los últimos siglos, de Estado-Mercado, está claramente en crisis, y esa crisis incide en las empresas, que "pertenecen al mercado", pero han de "pagar su tributo al Estado". Como es sabido, este último tema es de gran importancia, en particular para empresas que procuran servicios sociales básicos, como la energía.

Directivos de verdad

La mejora de una empresa y de un país sólo es posible si hay una masa crítica de dirigentes verdaderamente responsables. En una sociedad con gran riqueza de dimensiones y de relaciones sólo puede dirigir bien, responsablemente, el que tiene una formación suficiente en lo que concierne a la red de implicaciones múltiples y profundas que configuran nuestra vida.

Según cómo comprendemos los conceptos, así actuamos. Es fundamental entenderlos bien, por tanto. Cómo calibrar, por ejemplo, el significado del capital, del trabajo, del beneficio: hay personas y empresas, que piensan estar enriqueciéndose –y lo hacen a corto plazo– sin ver que se están segando la hierba bajo sus pies, y que no sólo no tienen futuro, sino que van a dañar a toda la sociedad.

En concreto, cada modo de comprensión de esos conceptos incide siempre, y ha incidido de manera dramática en los últimos decenios, en la población y en el modo de ser y de comportarse de las personas, con los correspondientes efectos sobre las empresas. El modo de comprensión se refiere también a las estructuras sociopolíticas: el papel del Estado y de las diferentes instituciones de la sociedad civil. Según se conciba ésta de un modo u otro, así se configurará la vida social en general y, en particular, la de las empresas. Sin directivos con una filosofía adecuada de la empresa y de la sociedad civil, ninguna mejora verdadera es posible.

Es decir, la vida, la "práctica" de una sociedad depende –incluso en sus menores detalles– de la filosofía de fondo que opera en ella.

Una filosofía individualista

Estamos hoy sacando las últimas consecuencias de una filosofía política que ha buscado por encima de todo la promoción de las libertades individuales y la creación de riqueza. Los resultados han sido espectaculares en ambos campos, pero el precio que se ha pagado no sólo es más alto de lo que a primera vista pueda parecer, sino que amenaza con destruir la posibilidad misma de seguir avanzando. El menosprecio de la familia ha generado una sociedad con déficit demográfico, con descenso del nivel educativo, unido al ascenso de las enfermedades psíquicas y los suicidios ya infantiles, y el descuido de la Naturaleza y del volumen de residuos no reciclables. Todo eso es, a la vez, un reto enorme para la sociedad actual, y la demostración de que el modelo económico moderno no podía cumplir a medio y largo plazo sus promesas.

La libertad individual unida a la posibilidad de enriquecimiento mediante el trabajo productivo hace que cada vez más personas se desentiendan de todo lo que no sean esfuerzos "económicos" y luchas competitivas. La competencia en el mercado —algo, de por sí, conveniente en la medida adecuada— se agudiza tanto que resta fuerzas psicológicas y morales para pensar en otra cosa. A esto se une la creciente aceleración de los cambios en el mundo económico: el que se retrasa, está perdido.

La consecuencia es un ambiente progresivo de individualismo, en el que la atención social se desconecta de la vida económica y pasa a ser tarea del Estado. Se rompe así de facto —teóricamente ya se había roto con los fundadores de la economía moderna— la conexión familia-economía-atención social, para dejar paso a las estructuras individuo-empresa-economía e individuo-estado-atención social. El resultado inevitable y cada vez más claro de la nueva situación es el creciente desinterés por la familia y la educación, que se sustituyen por las relaciones sentimentales y la instrucción y preparación profesional.

Estos dos últimos recursos no son capaces, sin embargo, de atender a dos problemas fundamentales: el demográfico y el de formación humana. Ahora bien, de estos dos puntos depende el futuro.

Se están sacando las últimas consecuencias prácticas, y se está haciendo costumbre común, lo que en su sustancia había sido diseñado teóricamente hace más de dos siglos. Pero es ahora, precisamente al vivir esas consecuencias, cuando se ve con toda claridad que el diseño tenía graves fallos. Continuar en esta línea comporta costes económicos y políticos imposibles de absorber. El sistema se autodestruye. Sin un número suficiente de personas, y de personas bien formadas, no hay sistema económico ni político que pueda sobrevivir a medio plazo con un mínimo de calidad. Las pérdidas de todo tipo —económicas, políticas, morales— son cuantiosas.

La empresa moderna ha sido y es la institución estrella —junto al Estado democrático— de la forma social vigente hoy en occidente. Y la empresa también —como no podía ser de otro modo— ha ido desentendiéndose cada vez más de la familia y de la formación ética. Las consecuencias de ello son cada vez más gravosas.

Soluciones

Es necesario buscar soluciones de emergencia, a corto plazo. Encontrar fórmulas para que la mujer pueda compatibilizar vida familiar y empresarial, y para que el hombre también lo consiga. Hay que promover, de otro lado, desde instancias políticas, ayuda familiar para el incremento demográfico, y medidas para prestigiar la enseñanza. Ahora se está proletarizando. Todo ello es necesario y urgente.

Pero además se requiere —si no queremos volver a caer a corto plazo en los mismos problemas— plantearse a fondo de nuevo el sentido de la familia, del sistema educativo, de la empresa y del Estado, de tal manera que se puedan armonizar para la ventaja general de la sociedad y de cada uno de sus miembros. Si no se lleva a cabo ese trabajo, sino sólo el de las soluciones inmediatas, no se podrá entender el papel de cada institución en sí y con respecto a los demás, y volveremos a recaer en los problemas que nos acucian.

Es menester, por tanto, insistir en el desarrollo de una investigación a la vez teórico-conceptual e histórico-empírica sobre la situación actual y sus causas, de manera que se consiga aclarar mejor cuáles son los motivos reales de fondo de lo que sucede, y hacia dónde se debe ir. Ello permitirá orientar adecuadamente las soluciones posibles que se han de proponer.

B.5. Humanismo empresarial y sociedad civil: la solución de futuro*

Introducción

No hay alto sin bajo, absoluto sin relativo, rápido sin lento, ancho sin estrecho, porque no hay positivo sin negativo. No es extraño, por ello, encontrar personas para las que parece no haber apenas problemas en la vida, y otras para las que todo es problema. Aunque abundan más los segundos que los primeros, es indudable que se dan los dos y que muchos otros intentan equilibrar.

Los que parecen no tener problemas son aquellos que carecen de lo que Descartes llamaba un *espíritu atento*. Son gente *dormida*, pues lo primero que se percibe al "despertar" es un mundo con no pocas carencias y fallos: nos equivocamos, no hacemos las cosas bien, y ellos no parecen notarlo.

Aquellos, por el contrario, para los que todo es problema se caracterizan por su objetivismo extremo. Todo les parece problemático porque no se dan cuenta de que el problema son ellos. Y lo son porque no perciben que el propio conocimiento es el que nos enseña tanto el verdadero alcance de las dificultades como el modo de solucionarlas.

Un espíritu no atento comete fallos por descuido, no *sabe estar*, llena su vida de omisiones y lleva a la desesperación a los que le rodean; un espíritu quejoso ve fallos por todas partes, pero no

* (2005). Nuevas Tendencias, nº 58, pp. 30-37. ISSN: 1139-8124.

soluciona ninguno bien, porque le falta verdadera experiencia de los suyos propios: se convierte así en alguien insoportable para los de su alrededor.

Conocimiento y autoconocimiento

Unos y otros tienen en común la falta de conocimiento propio. Es decir, la falta de humanidad. En efecto, lo que distingue al ser humano de los otros seres que pueblan este mundo es que tiene capacidad de autoconocimiento. Eso es, como afirmaban ya los antiguos, *lo divino en el hombre.*

Cualquiera de los animales superiores tiene conocimiento objetivo, y cualquiera de ellos tiene también pasiones. Pero ninguno sabe que eso que percibe es un objeto y que esa pasión que siente por él también es *objetiva* para su conocimiento. Puesto que no conocen las cosas *en cuanto conocidas*, no *saben que saben* y por eso su poder es tan inferior al del ser humano. En efecto, *saber es poder*, el que más sabe de algo tiene más poder en ese campo.

Poder, de otro lado, es una cierta *libertad*, así es que vale la ecuación: saber-poder-libertad. Pues bien, sólo el ser humano puede *ser libre con respecto a sí mismo*, porque puede saber quién es, y —en consecuencia— puede tener también algún poder sobre sí mismo.

Aquí está el fundamento de la ética, tal como lo mostró magistralmente Sócrates ya en el siglo V antes de Cristo. Tenemos poder sobre nuestras acciones y, por tanto, si alguien nos pregunta, *respondemos* de ellas. Son nuestras. Pero no responderemos bien si no comprendemos que esas acciones *nuestras* tienen sentido precisamente *desde nuestro propio ser*. Si no lo conocemos, no seremos capaces de orientarlas de forma adecuada.

Queremos lo que sabemos o conocemos: al ver un objeto atractivo nos inclinamos a él. Pero ¿*sabemos lo que queremos*? Esto es mucho más difícil, pues la voluntad está en el interior y es misteriosa. Por ello, decía Sócrates, con frecuencia vivimos en la tremenda paradoja de querer lo que en realidad no queremos.

La falta de autoconocimiento nos rebaja en nuestra condición: la persona desatenta y la quejosa no pueden, por ello, ser felices. Pero el mayor problema es que dificultan también el que lo sean los demás. Somos seres sociales: no podemos vivir sin que aquello que constituye nuestra vida influya en la de los demás, y, a su vez, no podemos evitar que la de los otros influya en la nuestra. Como afirmaba Louis de Bonald, todo ser humano —lo quiera o no, se dé cuenta o no— está continuamente empeñado en construir o destruir la sociedad.

No hay prueba más palmaria, en nuestros días, de la verdad de esta tesis que la situación de la sociedad occidental: está triste, porque en ella reina progresivamente la actitud individualista, que es contraria a nuestra naturaleza y destructiva, por tanto, de la sociedad. Consecuencia: la infelicidad.

Si el ser humano es el que se puede autoconocer y, a la vez, es un ser social, eso indica que, lo uno y lo otro, van unidos. Tanto mejor nos conocemos, tanto más caemos en la cuenta de que el camino de nuestra vida es el de la sociedad. No hay bien verdadero alguno para la persona que no sea al mismo tiempo *bien común*, y viceversa. El *bien verdadero* es una *verdad buena*, es decir una realidad *comunicable*.

Conocer y ayudar a la persona

Desde aquí se puede entender el alcance de lo que parece una simpleza, a saber, que —en el fondo— todos los problemas que le afectan al hombre son problemas humanos. Sólo se pueden resolver si lo conocemos. No deja de ser sorprendente, por ello, que este saber y los que a él se dedican —que deberían ocupar un lugar central, lo cual no quiere decir que sean más ni menos "importantes" que otros– estén postergados y hasta marginados en la sociedad occidental. Me refiero a saberes como la religión y la filosofía, y a personas como los padres y los educadores.

Los mejores observadores de nuestro mundo insisten cada vez con más frecuencia en que sufrimos una "crisis de valores". ¿De dónde proviene? De que no sabemos *en qué consisten* –nos faltan los saberes que podrían enseñárnoslos– y de que no *cuidamos* suficientemente las instituciones que pueden custodiarlos y fomentarlos.

Si alguien piensa que podremos solucionar nuestros problemas con sistemas y estructuras, con meras medidas y mejoras de orden técnico, o con leyes y disposiciones, confunde el fondo con la superficie. Ambas dimensiones –el fondo y la superficie– son reales, humanas, necesarias; necesitamos técnica, estructuras, leyes. Pero eso no es el fondo: sin el *conocimiento práctico* del hombre y la sociedad, lo único que se logra es *vencer dificultades*, pero nunca *solucionar verdaderos problemas*. Mientras que con el conocimiento profundo se resuelven los problemas, aunque a veces nos sigan acuciando las dificultades que –por lo demás– nunca faltan a nadie en la vida.

Mil veces citada desde la Antigüedad, la frase del poeta latino Horacio: "de qué sirven las leyes sin las buenas costumbres" parece que haya sido olvidada en los últimos siglos por no pocos dirigentes sociales, sean políticos o jefes de corporaciones y empresas, y hasta por los padres de familia.

Las buenas costumbres se enseñan sólo con el buen ejemplo, es decir, con una vida coherente con lo verdadero y lo bueno. Una vida buena implica la interiorización que permite descubrir la verdad de las ideas y los sentimientos. Cuando eso falta, todo es *malamente exterior* y –en mayor o menor medida– falso. Lo falso es lo vacío, y para instalarse necesita *destruir*. Cada vez que un padre manda sin esforzarse en dar ejemplo, cada vez que hace lo mismo el jefe de una corporación, de una empresa, o el político, están destruyendo personas humanas y están destruyendo sociedad.

Gran parte de las modas llegan ahora de los USA. También ha llegado la de los *códigos éticos*. No son pocas las empresas que los cuelgan en despachos y oficinas. Pero no siempre están en el despacho del presidente. Y, además, la ética no se puede resolver con códigos.

Con demasiada frecuencia queremos arreglar nuestras enfermedades personales y sociales mediante el recurso a la medicina sintomática o al recetario fácil. Es propio de la cortedad, de la rudeza y del miedo el procurar *soluciones inmediatas*. Con eso se gana poco. Es preciso ir a la medicina etiológica, ir a las causas, conocer a fondo el mal o la carencia y tener la valentía de poner los medios en orden a arreglarla. La valentía y la humildad.

El papel clave de la confianza

Miedo y arrogancia son enemigos del *aprendizaje*. El ser humano se caracteriza por su capacidad de *atreverse* —"sapere aude"—, a aprender, reconociendo que es un proceso sin *término*. Tiene, eso sí, *finalidad* —crecer como humano—, y se puede conocer el *camino* —el método—. Pero en la sociedad actual, que presume precisamente de llamarse *del conocimiento*, y que se siente segura de sí misma, no encontramos estos aspectos con suficiente claridad.

La prueba está en que, cada vez más, la gente sabe *multa* —muchas cosas—, pero no *multum*, —mucho, con profundidad—; y en que la sociedad se mueve en buena medida sobre la desconfianza. Ahora bien, sobre la desconfianza no se puede construir algo tan profundamente humano y social como es la *civilización*. Estaríamos locos si no tomásemos *cautelas*, porque el error, la ignorancia, el mal, la debilidad existen y existirán en este mundo. Pero una cosa es tomar cautelas y otra montar todo el sistema sobre la desconfianza y el miedo. Eso es muestra de pobreza civilizadora: el ser humano no se siente fuerte *en cuanto humano*, y por eso ni confía ni es capaz de dar confianza.

Sin embargo, si habitamos una tierra es porque "confiamos" en ella; si la economía se pudo desarrollar, en todas sus dimensiones, fue merced a la confianza: se confiaba en el trabajo bien hecho, en que no se iba a robar, en que los ahorros servirían para algo, etc.; si el derecho —el gran regalo civilizador de Roma— se pudo instalar con fuerza fue porque el ciudadano romano confiaba en su bondad y en que se cumpliría; a su vez, los pueblos se forman como unidades políticas porque la gente confía en que en ella encontrarán un grado suficiente de libertad y seguridad.

Así pues, todo el sistema de la vida humana se apoya en la confianza. Pero ésta sólo se puede conceder a las *personas fiables*. La fiabilidad se alcanza cuando se demuestra *buena voluntad y constancia,* todo sumado: *virtud.* Una *buena voluntad* es la que *construye*, la que *añade algo real.* No basta la buena intención para tener buena voluntad: hace falta *aprendizaje.* El saber nos estabiliza, vence nuestra dispersión; y por eso, como expone magistralmente Séneca, el "sabio" es constante y, en consecuencia, *previsible en su buena acción.* Sin ese tipo de previsibilidad, no hay fiabilidad y, sin ésta, no hay vida social posible.

Por tanto, una sociedad civilizada es aquella en que las personas son fiables porque tienen un buen nivel de *saber ético,* de autoconocimiento y acción práctica, pues sin ello no es posible dirigir y ordenar constante y adecuadamente las propias acciones. Es decir, una *sociedad civil* es una *sociedad civilizada*, y ésta es aquélla en la que impera la *responsabilidad.* Como decía el maestro A. d'Ors: "pregunta quien puede y responde el que sabe".

Sociedad civil

Occidente se encamina hoy hacia la pérdida de la *sociedad civil*. Ésta no consiste –como a veces se piensa– en un grupo de población con una variedad de *instituciones intermedias* desarrolladas. Desde luego, una verdadera sociedad civil *las genera*, pero es dudoso que las actuales lo sean en plenitud, pues ellas son siempre –en sí mismas– un elemento que rompe la fórmula y el juego característicos de la sociedad moderna, a saber, la pura estructura *Estado-mercado*, una fórmula que no puede funcionar bien, y que ha mostrado ya históricamente sus carencias.

Sociedad civil es, como queda dicho, la sociedad civilizada, y una sociedad así no puede aceptar el dualismo *Estado-mercado* como estructura fundamental, porque tal dualismo –aparte de estar mal concebido– le quita el protagonismo debido a la persona y a la sociedad.

Estado-mercado es la fórmula originada en el radicalismo liberal, por la cual los *individuos* persiguen su *interés* –según el concepto dieciochesco de *interés neutro*–, y el Estado se ocupa de "lo social". El resultado ha sido históricamente que los creadores de riqueza y sostenedores del Estado tienen mucha menos popularidad que él, convertido en refugio de desventurados. En este aspecto benefactor, el Estado ha querido muchas veces quitar de en medio a la Iglesia –apropiándose de sus instrumentos–, y hasta a Dios mismo, como se deja ver en el "Estado providencia".

Según la ortodoxia democrática, la política y la economía "Estado y mercado" son dos ámbitos distintos, pero dentro de una misma vida, que es siempre *unidad de lo diverso*. Como la fórmula "libertad e igualdad" hace, sin embargo, tan difícil esa unidad, aparece de forma rápida y creciente lo que hoy es lugar común: la *corrupción*. Ella surge –en este caso– por el proceso de relación entre política y economía hecho al margen de la "ortodoxia", pero forzado por la misma naturaleza del sistema.

El modo de intentar enfrentar esta lacra del Estado democrático debería ser precisamente el desarrollo de una sociedad civil verdadera. Cuando las organizaciones y empresas, o sea las instancias presuntamente "económicas" –que nunca son sólo económicas– se hacen cargo de su responsabilidad civil, entonces descargan al Estado de muchos pesos que no sólo no tiene porqué llevar, sino que lo convierten en un competidor injusto de la propia sociedad civil.

Lo primero, entonces, es que el Estado reconozca que no debe tomar a su cargo lo que otras instituciones están ya haciendo. A su vez, ellas han de cumplir sus fines, pero pueden y deben contribuir a crear una estructura, un ambiente y un lenguaje sociales adecuados. La empresa y el empresario tienen un papel en el fortalecimiento de las otras instituciones sociales, sin cuya fortaleza el propio sistema económico está gravemente amenazado: familia, centros educativos, Iglesia son imprescindibles para la solidez y la calidad sociales.

Al mismo tiempo, cada institución debe mostrar su *nobleza*, es decir, –como escribía Louis de Bonald– ha de ocuparse *de sí misma y de las demás*. Debe mirar a las otras instituciones de la sociedad, y no mirarse sólo a sí misma. No tiene sentido que la empresa y los otros tipos de organizaciones –si es que aún se puede distinguir entre empresa y organización–, se miren sólo a sí mismos. Necesitan la familia, la escuela, la Iglesia, etc. Luego tienen que mostrar interés real en favorecer su desarrollo.

El ser humano es multidisciplinar, y así la sociedad. Por ello, no *especializarse* implica renunciar al desarrollo, a la potenciación, tanto como no *buscar la unidad* implica dejar de lado la humanidad. Como un individuo no madura ni se desarrolla humanamente sin una cierta formación completa –"integral"–, lo mismo pasa con la sociedad. Y mucho más cuanto más avanzada es ésta: la complejidad requiere unidad, sin la cual la esquizofrenia es inevitable.

Eugenio d'Ors decía que la filosofía no sustituye a ningún otro saber, ni a ninguna actividad, pero que no hay "nada sin filosofía": hay que saber "elevar la anécdota a categoría", añadía. También san Josemaría decía algo análogo: la religión no suprime ni la economía, ni el derecho, ni nada, más bien todo lo contrario. Pero "nada sin religión", no existe algo noble que sea meramente *profano*.

Ni un *Estado omnipotente*, ni una pura *sociedad liberal del contrato* pueden solucionar de verdad los problemas que nos acucian. Al revés, los agudizan. Y tampoco un "Estado providencia", al que le resulta al final imposible mantener su sistema. El único camino, a pesar de sus dificultades, es el del despliegue progresivo de una sociedad civil, en la que la *iniciativa*, la *responsabilidad*, la *confianza* y la *visión* sean realidades poderosas. Es fácil desconfiar de las posibilidades del ser humano —eso es lo que hacen en el fondo liberalismo y socialismo—, pero la consecuencia es la anulación progresiva de dicho ser humano.

No hay alternativa al riesgo de una *libertad responsable*. Es decir, no hay alternativa a una sociedad de seres humanos *humanamente formados*. Ahora bien, humanamente formados significa también, aunque no sea en gran medida, humanísticamente *formados*, pues sin la perfección de la verdad, la bondad y la belleza —justo lo que atienden y fomentan los saberes humanísticos—, no *cumpliremos* nuestra humanidad.

B.6. Bases para entender el humanismo empresarial y la figura del empresario*

Ocio y negocio

Hace cuatro años, en 1986, la Universidad de Navarra puso en marcha un Seminario Permanente que se ocupa de Empresa y Humanismo. Una idea que en un comienzo parecía a muchos descabellada, ahora tiene un buen número de seguidores como lo ilustran sus actividades y sus abundantes publicaciones.

Como ha señalado el señor Rector, la expresión "Empresa y Humanismo" parece contradictoria. Ya en época romana era clásica la contraposición entre "otium" y "negotium". El negocio era la negación del ocio, y quienes se dedicaban a él buscaban lo utilitario y rentable, mientras que quienes tenían todo lo necesario para vivir y llevar una vida agradable, podían dedicarse al ocio. Pero como no se concebía estar sin hacer nada, el ocio consistía en el cultivo de las Humanidades.

No es de extrañar entonces que a lo largo de los siglos las Humanidades fuesen vistas por tantas gentes iletradas como actividades ornamentales, aptas para entretener, "decorar" o incluso presumir. Quien estaba dotado de una formación humanística normalmente no tenía que trabajar. Sólo un grupo, relativamente pequeño, de "excelsos", podía permitirse ese lujo.

Hasta hace unas pocas generaciones, a pesar de que la civilización industrial y la "filosofía del trabajo" ya hubieran arraigado, y sin tener que remontarnos muy atrás —la época de nuestros abuelos a lo más—, no era extraño oír frases como: "Hemos tenido una fuerte crisis económica, pero gracias a Dios, la hemos podido sol-

---

* (1990). Empresa y Humanismo. Cuadernos Extensibles, nº 1. Santiago de Chile: Universidad de los Andes. Prólogo, pp. 5-13.

ventar bien sin tener que trabajar". El tener que dedicarse mucho a los negocios era visto como algo impropio y, de dudoso gusto; en cambio el que de verdad tenía dinero, si quería se podía dedicar a las Humanidades, más para gozar de ellas que para producirlas. El "productor" de humanismo era más bien pobre y acudía a la subvención del rico aficionado.

Es sorprendente el mantenimiento de actitudes y costumbres en un mundo que había comenzado a cambiar de manera progresivamente acelerada desde hacía varios siglos. Una atención fuerte a lo material, por crisis de fe, una apertura de mundos nuevos en nuestro planeta, un Universo entero tan "terrenal" como la Tierra, y una ciencia que se va conectando cada vez más no sólo con lo material, sino con la praxis técnica. La riqueza agropecuaria va dejando paso a la comercial e industrial. Todo sumado, se arrincona lo contemplativo para dejar paso a lo utilitario.

El gran cambio, el salto decisivo, se dio en la ciencia moderna a principios del siglo XVII. En contraposición con el saber teórico antiguo que no tenía resultados transformativos, la ciencia moderna se configura como un saber teórico para la práctica. Un saber que nos "haga dueños y poseedores de la naturaleza", según la célebre expresión de Descartes.

El triunfo del trabajo y la burguesía

El éxito de la ciencia moderna ha marcado todo el estilo de la modernidad y se considera una conquista irrenunciable de nuestros tiempos la convicción de que la teoría y la práctica deben ir unidas. "Pensar como un hombre de acción y actuar como un hombre de pensamiento" es la síntesis que se pretende. Teoría y práctica se distinguen, pero no pueden separarse. En todo caso la modernidad está marcada por un claro sesgo anticontemplativo. Es buena sólo la teoría que sirve para la práctica, y ya que quienes se dedican a lo contemplativo, a saber, los humanistas, no se orientan a una actividad transformadora, su mundo es, cuando menos, de segunda categoría.

Ese afecto anticontemplativo, propio del estilo moderno, hace eclosión de forma ostentosa durante el período revolucionario: se cierran los conventos, se obliga a casarse a los clérigos, y todos deben profesar una filosofía del trabajo útil, servir para algo. Los contemplativos y humanistas del tipo que sean, no se integran bien dentro de la sociedad, o, a lo más, desarrollan una vida marginal y periférica.

La guillotina, por la que son pasados aristócratas y clérigos, se puede considerar como el símbolo mismo de la que debe pasar por la actitud humanista. El espíritu humanístico en su aspecto más fuerte, contemplativo: rezar, dedicarse a actividades religiosas o de mero cuidado "noble-estético", es considerado aristocrático y realizado a costa del trabajo de los demás.

La filosofía del trabajo, concebida como opuesta a la "humanística" implica también el triunfo —como se ha puesto de manifiesto tantas veces— de la burguesía. Es un lugar común que, en la sociedad industrial, a partir, sobre todo, del siglo XIX, se pretende que exista una clase única: la burguesa. Desaparecen los tres estamentos clásicos: no hay aristocracia, clero y pueblo, sino solamente pueblo, en forma de burguesía.

Ahora se trata de transformar activamente la naturaleza y organizar bien el trabajo. Varios autores despliegan una filosofía acerca de él; quizás la más famosa sea la de Carlos Marx, si bien la idea de racionalización del trabajo, propia de Max Weber, tiene también una honda influencia en la posteridad. La empresa moderna ha incorporado la idea de racionalización: ser moderno es racionalizar el trabajo, organizarlo de una manera técnica y útil.

Todo el siglo XIX y una parte del siglo XX están bajo la égida de aquellos que piensan de esta manera y si describimos la historia de las empresas, aunque sea a costa de cierta simplificación, nos encontramos con que las primeras de gran tamaño, sobre todo las de carácter industrial, tienen que labrarse un espacio dentro de una sociedad organizada por esa aristocracia que declina. Se había vivido en una sociedad agraria, agropecuaria, en la que el lenguaje y las formas sociales estaban acuñadas por la clase noble y cultivada.

El empresario empieza a ingresar en esa alta sociedad por medio de su colaboración con el poder de la realeza o mediante matrimonios con familias aristocráticas. En cualquier caso, la cuña de los pioneros hizo posible una sociedad industrial y comercial que propició el debilitamiento de la estructura estamental, en la que los aristócratas y el clero tenían las posiciones clave.

Con la Revolución, la aristocracia es ya oficialmente abolida, y el clero pierde bienes y poder, cuando no, además, la vida. Después, tanto una clase como la otra se rehacen en parte, aunque con dificultades. El proceso tiene otros matices en América, en la británica por la ausencia de nobles y de católicos, y en la española por la fuerza de la Iglesia católica.

Sin embargo, una sociedad, por muy igualitaria que presuma ser, no puede carecer de paradigmas, y entonces la misma sociedad empresarial va a ver surgir en ella las funciones detentadas por la antigua aristocracia y el antiguo clero, como veremos. Por el momento, se puede comenzar con una referencia a primera etapa de la historia industrial, que fue dura. Abusivos horarios de trabajo, explotación de mano de obra barata —mujeres y niños—, etc. Los efectos sociales fueron tremendos y tanto la novelística como la historiografía los han retratado con tintes oscuros. Las clases sociales inferiores se encontraban con frecuencia en la miseria e indefensión. La sociedad estamental había dado paso a la sociedad de clases.

En un segundo momento las empresas se han adueñado mejor de la situación, y tienen un cierto dominio sobre la sociedad, pero aún no han estabilizado suficientemente su posición. Es la etapa en la que la competencia gana relevancia; cada empresa tiene que competir, pero la sociedad está más estabilizada y a la empresa le interesa más atender y preocuparse por las personas. Puede ser por motivos de mera eficacia empresarial, pero empieza a ser un factor de más peso.

Un ejemplo característico es el taylorismo. Se atiende a los trabajadores, pero para sacarles más provecho. Posteriormente proliferan nuevas formas de gestión, organizacionales y sistémicas, con mayor atención a los "recursos humanos", junto a "servicios de personal", y tienden a multiplicarse las iniciativas en esta dirección.

La empresa se va ocupando progresivamente de la calidad de su proyecto y de la atención a sus personas, tanto porque la competencia es fuerte y en aumento como por el peligroso crecimiento de un ambiente de rechazo social. El mercado es grande y empieza a emparejarse en tamaño con la misma sociedad. Hay que saber integrarse en él para no ser marginado.

Ahora la empresa podría dar un paso más. Tanto el sistema económico como la situación social le empujan a moderar el juego competitivo, para aumentar el cooperativo. Pero este paso se ha dado con mucha timidez. Más que cooperar, se crean consorcios dominados por el más fuerte, o se abren monopolios encubiertos; y se atiende mejor a las personas, pero no se las integra verdaderamente en el núcleo empresarial.

Aquí es un lugar común poner a las empresas japonesas y al mundo económico japonés como un ejemplo de los resultados magníficos que da la cooperación, por encima de una competencia desmedida. Y no es extraño por muchos motivos. En concreto, desde el punto de vista humano, cuando el fin primario de la empresa es –como dicen los libros de economía– el "beneficio", su instrumento principal suele ser la competición; mientras que cuando la cooperación es lo primario, entonces es posible por primera vez poner el bien del hombre por encima del beneficio material.

Es lástima que en Japón falte el elemento cristiano, tan decisivo en el humanismo y que daría un toque aún mejor a su posición, pero lo duro es que están por encima del Occidente, presuntamente impregnado aún de cristianismo. Con todo, uno de los rasgos más esperanzadores de la economía mundial hoy es el crecimiento del sentido cooperativo, que no es otra cosa que la aparición de un sentido humanista de la vida económica. Cada vez más la empresa es concebida también como un instrumento de organización social; y esto requiere que el directivo que no se limite a lo meramente económico. Y ello con buenas razones.

La apertura a lo social

En primer lugar, la empresa es el lugar donde la mayor parte de la población pasa buena parte de su jornada, lo que tiene efectos antropológicos evidentes. En segundo lugar, como es obvio, se necesita de la empresa para el sustento. Después, y éste es un punto cada vez más importante, nuestras relaciones sociales dependen en buena medida de ella.

Se ha visto que si no se va físicamente a la empresa —como lo han pretendido quienes sostienen que se puede trabajar en la casa por medio de un ordenador conectado a las oficinas centrales— se echan en falta las relaciones humanas, decisivas para el desarrollo de la persona y el buen ambiente y funcionamiento empresariales.

El problema es grave, si consideramos que la disolución de los modos tradicionales de integración social, el retroceso de la familia y el auge desmesurado de una visión individualista —puede que aquí suceda en mayor medida que en Europa— conducen a que la empresa sea el espacio destacado que queda para la integración social.

Al respecto, se puede añadir que el influjo de la empresa se hace sentir en las técnicas comerciales y publicitarias utilizadas para hacer llegar sus productos, en las cuales moviliza valores y estímulos de fuerte incidencia cultural. En fin, nuestra vida en general está continuamente afectada por las empresas, también por efectos no deseados, marginales, o ecológicos que alteran o modifican nuestra vida. Toda gira en torno a la empresa.

Ahora se discute –por ejemplo, en Alemania– si se suprime o no el domingo como día fijo festivo. Una sociedad que empieza a perder las raíces identitarias que dan sentido al domingo, va dejando paso a criterios economicistas para los cuales no hay diferencia entre los días, pues el criterio no es la fiesta en común, sino el trabajo y el descanso. No hay fiesta sino vacación. Todavía en el siglo XIX Proudhon –autor nada católico– pudo sostener que, a pesar de todo, el domingo era necesario por ser el día en que no había amos y siervos, al no haber trabajo.

Las tareas del nuevo empresario

Puesto que se da un profundo influjo de la empresa en la vida humana, no es extraño que en la sociedad empresarial reaparezcan los rasgos característicos de toda sociedad, ya presentes en épocas pasadas. El empresario –sobre todo el gran empresario– es el nuevo aristócrata que cumple las mismas funciones de la rancia nobleza. En Europa es patente, en USA cada vez más –y también en Chile–. La única diferencia está en que la aristocracia antigua estaba volcada sobre y hacia el pasado, mientras la nueva lo está hacia el futuro.

La aristocracia antigua constituyó un sistema social que mantenía la primacía de la *herencia*: los títulos y los bienes se heredaban, y eso formaba parte de la estructura básica de todo un mundo cultural. Para integrarse en la nueva aristocracia, por el contrario, hay que ser innovador, tener capacidad creativa, pues quien no la posea queda atrás, descolgado, obsoleto, en una clase obsesionada por el futuro.

La clase empresarial, siendo ahora la nueva aristocracia, va asumiendo los roles –de gobierno y estéticos– que le son propios. En el directivo, de gobierno, oscila entre repetir las virtudes de la antigua en lo referente a la atención a los súbditos, o los vicios, con menosprecio de ellos. No ha sido infrecuente lo segundo, pero en modo alguno un hecho generalizado.

En lo referente a la estética, el cambio se puede ver en varias grandes ciudades, por ejemplo, en Madrid. El eje Paseo del Prado-Recoletos-Castellana –arteria central de la ciudad– estaba, hasta pasada la mitad del siglo XX, llena de palacetes de la vieja aristocracia. Quien pasea ahora por ella encuentra, a derecha e izquierda, bancos, compañías, "holdings", una eléctrica, la otra industrial, etc.: son los nuevos palacios y, como antes, ahora son también las mejores casas.

Y ¿dónde se podían ver antiguamente los cuadros de Velázquez, de Rembrandt o de Goya? Aparte de en los museos, en los palacios de la rancia nobleza. ¿Quién compra ahora el mejor arte? Los bancos y las grandes empresas; y están cumpliendo una función estética, en Europa en los USA o en Japón, a donde han ido a parar precisamente los últimos Van Gogh.

De otra parte, existe hoy una abundante literatura en torno a la *excelencia,* concepto que tiene connotaciones estéticas y directivas. En ella leemos que las empresas de más éxito, las que más dinero han obtenido, son las que han sabido invertir en las personas, lo cual es sin duda un gran modo de proceder. Con todo, la pregunta a veces es si se hace por el bien del trabajador o para dar buena imagen y mejorar el rendimiento de la empresa.

Hay ahora una panoplia de términos de significación poco clara. "Excelencia", que suena a arrogancia; bastaría con "aspirar a la perfección". "Personal" o "recursos humanos" de una empresa, como si fuera un recurso distinto del de la otra mitad –la más importante– que es la "material" y financiera; sería suficiente con "personas". "Empleados", que indica situación servil, aunque no jurídicamente, sería sustituible por "miembros de la empresa".

Puede organizarse con la mejor de las intenciones una "dirección de personal" o "dirección de recursos humanos", pero de las personas debe ocuparse sobre todo el presidente de la empresa, puesto que es lo más decisivo de su tarea: la empresa *no tiene* personas, sino que *es* sus personas. Luego viene todo lo demás: producción, marketing, etc. Un "subdirector de asuntos personales" le puede ayudar.

Y hace falta añadir que, en realidad, las personas no son sólo los llamados "empleados", sino todas las del arco de los llamados "stakeholders": los que trabajan directamente en ella, los clientes, los proveedores, etc.

Pero además hoy el directivo empresarial tiene que ocuparse de problemas ecológicos. Todo sumado, lo quiera o no, se está convirtiendo en un competidor del típico político estatalista. Está claro que al aumentar el influjo de la empresa disminuye el del Estado y viceversa: a más Estado menos empresa. Entre empresa y Estado se da una relación dialéctica, y el énfasis en uno trae la disminución del otro. En Europa, y no sólo en ella, tanto el estatalismo como el juego de los partidos ha reforzado la figura del empresario, en la misma medida en que crecía el desprestigio y la falta de credibilidad de los políticos, hoy en los índices más bajos de aceptación social.

El papel fundamental del empresario en la sociedad

Por ello, entre otras razones, los empresarios han empezado a tomar conciencia de jugar un papel protagonista también en la sociedad política. El tradicional esquema tripartito, empresarios-sindicatos-estado, ha quedado en buena medida obsoleto y está destinado a ser profundamente retocado. Es un hecho que el papel que jugaban los sindicatos está progresivamente perdiendo fuerza. En la medida en que las personas son tratadas en la empresa como tales, el peso de la organización sindical se hace menor, por no decir que se torna superfluo.

Cuando una empresa va siendo mejor, su propia gente se pone de parte del empresario, y no del sindicato. Este fortalecimiento interior de la Organización hace que la empresa tenga una fuerza moral más fuerte frente al Estado y le lleva a intentar impedir que el juego de las ideologías políticas manipule su propia vida.

Las ideologías pueden ser vistas como algo útil sólo por quienes no han asumido la tarea y la responsabilidad de sacar adelante una empresa de la que se beneficia la sociedad, en la que han puesto todo, y en donde el riesgo es cierto. Cuando se tienen empeños y riesgos empresariales, las agudezas y disquisiciones ideológicas de nada sirven. La fuerza, el ímpetu y la dinámica empresarial deja irremisiblemente atrás los esquemas anticuados de organización política y cultural.

El empresario debe asumir entonces esta función que ya tiene y que no se le puede quitar: contribuir a organizar la sociedad; y, para ello, tiene que saber cómo se hace, es decir, ha de tener un conocimiento más profundo del hombre –de la persona humana– y, naturalmente, de la sociedad.

Ahora bien, ese conocimiento se lo proporcionan los conocimientos humanísticos. Como dice el profesor Alejandro Llano, "cuando no se concede importancia a los saberes humanísticos, la cultura se astilla y se dispersa. Falta unidad. Los hombres encerrados en conocimientos superespecializados ya no se entienden entre sí".

Al respecto, es indudable que, tanto una sociología como una psicología empíricas, son de mucha utilidad, pero carecen de valor último si no conocemos el sentido según el cual es posible aplicar los datos que ellas me ofrecen. Se ha de tener un conocimiento universal y jerarquizado, una especie de conceptografía fundamental *filosófica* acerca de lo que es la persona humana y la sociedad. Este saber permitirá situarse en el mundo de los *subsistemas sociales*, uno –y sólo uno– de los cuales es la Economía, que no puede autonomizarse y funcionar separada del resto de dichos subsistemas.

Asimismo, es de mucho interés tomar en cuenta una teoría general de los subsistemas sociales –hábitat/economía/derecho/política/ética/religión–, pero, pese a su utilidad, no puede otorgar todo lo que es imprescindible en el pensamiento humanístico, por ejemplo, la formación historiográfica y el criterio prudencial. Hay, además, un déficit de formación humanística también en lo que se refiere a la lengua. Es necesario recordar que no hay sociedad humana si no hay comunicación, y la comunicación depende del dominio de la lengua, instrumento fundamental que hoy se da por sabido, y por eso se habla tan mal.

Utilizar palabras que significan todo y a la vez nada, que movilizan sentimientos de delimitación ambigua e imprecisa, indica que se busca manipular más que organizar una verdadera relación social. Hacer justicia a las cosas y a la complejidad de lo real, exige un manejo adecuado del lenguaje si se quiere que exista fineza en el trato y una organización social adecuada.

Junto a esa fineza, tan necesaria en el trato humano, se ha de añadir el buen gusto y la estética en lo material. Es un hecho que las personas trabajan a disgusto si la estética de la empresa no es digna ni adecuada.

En resumen, toda una vida del espíritu y una organización humana dependen en buena medida de que la aristocracia empresarial sea capaz de tomar conciencia del papel formidable que le toca jugar, en servicio de la sociedad. Para llevarlo bien a cabo, es imperioso que conozca y viva un humanismo práctico capaz de iluminar su gestión, que redundará en beneficio de las muchas personas que, directa o indirectamente, dependen de él.

B.7. El futuro del humanismo empresarial*

Vanguardismo y Humanidad frente a Clasicismo y Humanismo

No es fácil saber cuál puede ser el futuro de algo que hoy aún parece a muchos tan "etéreo" como es el "humanismo empresarial". Nadie sabe siquiera con cierta exactitud cuál va a ser el futuro de la empresa, aunque sí sabemos que la "Zukunftsforschung" –la "Investigación de Futuro" que los alemanes trabajaron y que posteriormente ha continuado en todo el mundo– es una disciplina cuya seriedad científica es problemática y que, por ahora al menos, no ofrece resultados de suficiente fiabilidad. Sí sirve para generar noticias atrayentes, y en ese sentido su utilidad se refleja en el creciente uso de ella.

Entre otros, un ejemplo muy patente se da en el ámbito de la educación. Las leyes generales de educación se hacen con base en pronósticos, estudiados sociológicamente, sobre cuáles van a ser las necesidades de los años futuros, algo que no resulta fácil de acertar en su detalle. El problema no es tanto una cierta atención al futuro, que en alguna medida ha de existir para el buen juicio prudencial, cuanto el tipo de planteamiento científico sobre él, y el carácter a la vez abstracto de sus puntos de vista. Como se puede

* (1990). Seminario Permanente Empresa y Humanismo. Servicio de Documentación, nº 6, pp. 77-84.

apreciar, el fracaso de esas leyes se expresa ya simplemente en la brevedad de tiempo en que son sustituidas por la siguiente.

La consecuencia es que tratar del futuro de un "Humanismo empresarial", siendo así que –como queda dicho, pocos sabrían describirlo con una cierta perfección– resulta una tarea ardua. Los heraldos de la idea necesitan tener una buena dosis de optimismo, con la confianza de que en los próximos años se irá poco a poco imponiendo. Y, si esto sucede, tendrá que ser a costa del sacrificio de una de las categorías sociológicas y políticas hoy vigentes, a saber, el *vanguardismo*. Él es una pieza que dificulta el desarrollo adecuado del Humanismo: el vanguardista no es un humanista.

¿Cómo describir la figura del humanista? Primero con referencia a lo que *no es*. Si encontramos alguna persona que tiene la suerte de tener eso que los franceses llaman "esprit", chispeante y con arte para descubrir la manera acertada y aguda de *decir*, no lo consideramos un humanista, sólo por ello. De la misma manera, si se presenta un erudito, pensaremos que, en efecto, sabe "muchas cosas", pero no es por ello un humanista. Y si alguien se topa con otra figura característica hoy de quienes buscan triunfo rápido, a saber, la de un "revolucionario", nadie se imagina que se trate de un humanista.

Desde 1789, la figura del triunfador popular ha sido con frecuencia la del revolucionario, a pesar de que la sociedad se ha hecho en diversos aspectos conservadora, cosa que sucede en toda sociedad enriquecida. En consecuencia, la palabra *revolucionario* empieza a dar miedo y se sustituye por la de *innovador*, que identifica a un hombre que "rompe con la situación", pero de modo positivo y pacífico.

No es lo mismo, como es claro, la innovación que la revolución. La primera se ha introducido en los medios empresariales, que son muy distintos de los políticos; puesto que, en política, sigue valiendo una cierta revolución. La revolución se hace en nombre de la Humanidad, no del Humanismo. Nadie se imagina un humanista como un revolucionario, pero sí puede serlo un innovador; sólo hace falta que lo quiera, para lo cual ha de aprenderlo. Un viejo escritor contrarrevolucionario apostrofa: "antiguamente teníamos moral; ahora con la revolución tenemos moralidad".

En política moderna, en efecto, se *predica* la moralidad, lo que no quiere decir que los predicadores vivan la moral o la ética en concreto. Hay que añadir este último matiz, porque, si bien la separación entre ética y moral es bien dudosa, hoy es de uso frecuente, sobre todo por quienes están alejados de la religión, que prefieren llamarse "éticos".

La negatividad nuclear de la que está impregnada le da a la Revolución su tan característico tono abstracto. Cuando se habla en nombre de la "Humanidad" y se pretende con ello indicar a todos, lo que se hace en realidad es abstraer: ese "todos" es un abstracto. Ese grano de negatividad permite a su vez poner todo en movimiento. Un abstracto tiene que ser alcanzado, pero nunca se alcanza. De ahí que la *Revolución* haya de ser un proceso sin término. De eso mismo está lleno el espíritu del *Progreso*, que es entendido como indefinido, como cambio continuo. Es necesario seguir hacia adelante, y como decía un conocido personaje: "Lo bueno es la heterodoxia, que es lo cambiante". Lo *clásico*, por el contrario, donde está el Humanismo, se caracteriza por su concepto central: la *medida*.

El moderno vive en el espíritu revolucionario, y se goza en él, porque, aunque teóricamente la Revolución haya logrado en parte su objetivo fundamental de derribar el orden clásico, no se puede decir, que haya concluido. No puede terminar, porque ella, en sí misma, es movimiento. Ha concluido su trabajo destructivo básico, pero se perpetúa como espíritu de movimiento en la *vanguardia*, típica de la modernidad. Los heraldos de ella son aquellos que gozan del espíritu "*genial*" –concepto romántico de lo que se sale de todo orden previsto–, que son capaces de *intuir* la dirección del cambio. Y entonces piden la sumisión a sus ideas que, presuntamente, dirigen la historia. Quien no se somete, queda marginado.

Al respecto, es necesario referirse a la diferencia entre moda y vanguardia, dos realidades que pueden confundirse con facilidad. La moda es profundamente humana y las modas cambian. El cambio es característico de la moda, uno de sus rasgos esenciales. Pero en ella el cambio mira a la presentación externa de la vida, mientras que el vanguardismo busca descubrir la dirección que, en cada momento, tiene la historia.

Son dos cosas distintas: la moda forma parte del "Humanismo". Jamás ha habido una época sin moda; por el contrario, la vanguardia se hace en nombre de la "Humanidad". Muchas modas cambian sin ser –antes ni después– "vanguardistas", y menos aún "progresistas". El vanguardismo, sin embargo, pretende que la vanguardia va mano a mano con el progreso, lo que es consecuente con su planteamiento filosófico. El carácter abstracto y móvil del progreso, va a la par con la disposición móvil y destructiva de la revolución.

En este punto, puede ser útil mencionar la diferencia entre *genialidad* e *inspiración*. Una y otra no son sinónimas. La diferencia estriba en que el "genio" considera que el descubrimiento del porvenir surge de forma oscura, de lo oculto, de lo telúrico; mientras que la inspiración es un don luminoso que se recibe, es suscitado desde arriba por el amor creador que "rapta". Inspiración es concepto clásico; genialidad, moderno.

Por eso, el vanguardista es aquél que avanza destructivamente, a costa de los demás, "despejando el camino" para el progreso, mientras que el creativo quiere abrir camino por amor a los otros y a la realidad. El creador no deja en la retrotienda histórica a todos los demás, como hace por el contrario el vanguardista.

¿Cuál es la diferencia de fondo entre el inspirado creador y el genial vanguardista? La encontramos en un punto esencial, clave del Humanismo, a saber, el concepto de *Alma*. Según el pensamiento clásico-cristiano, el alma es un principio energético de *unidad*. En relación con el tema aquí tratado, una persona —en particular si tiene responsabilidades directivas— se puede y debe ocupar de muchas cosas, pero siempre desde una unidad que organiza el orden de prioridades, y que es el *bien común*. Eso es ser "*humanista*".

De ahí que, por ejemplo, una persona que sólo se ocupa del "beneficio" en su empresa, no pueda ser "humana" y la consideramos —más allá de las apariencias— como degradada. En ese nivel está lo que Ortega y Gasset llamaba "la barbarie de la técnica". Por eso, también, la figura del revolucionario puro es la de un desalmado, a quien no le importa hacer funcionar la guillotina si es en nombre de la Humanidad y su Progreso. Así se hizo en la Revolución, y en nuestros días, ya sin guillotina física, se usa la social.

El abandono del espíritu revolucionario

El concepto de alma es de integración, y de concreción. Lo integrado es concreto, y lo concreto es lo que consideramos real. El Humanismo es un realismo del alma, de la unidad de las diferentes dimensiones humanas. A su vez, lo más característico de la modernidad, el abstraccionismo, es permanente falta de concreción, y espíritu de ruptura.

Las soluciones de "centro" nunca pueden unir del todo, dado el papel que aún juega en ellas la negatividad, imposibilitando la síntesis perfecta. Con todo, es interesante observar que, ya desde hace tiempo, se ha buscado en el "centro" la salvación, al comprobarse que la negatividad interna del abstraccionismo revolucionario produce unas escisiones que imposibilitan el normal funcionamiento de la sociedad. Es decir, se intenta pasar de la "Humanidad" a un cierto "Humanismo", y ése es el momento "conservador" en el que nos encontramos.

Todo el movimiento, tanto empresarial como político, ha ido hacia el Humanismo, alejándose de la humanidad revolucionaria. Se ha decantado hacia el centro en busca de la síntesis de las diferentes dimensiones humanas, para integrarlas de alguna manera. En la política, con mucha frecuencia la victoria la otorgan los votos centristas, y por eso la izquierda moderada –que necesita los votos de la radical– se ha inventado que existe la "ultraderecha" y en cambio no la "ultraizquierda", lo que le da una ventaja táctica en los procesos electorales. En la empresa el proceso es más auténtico, y se desarrollan intentos tanto de "liderazgo humano" como de organizaciones más "horizontales". Sin embargo, a pesar de las buenas intenciones y también de algunas buenas realizaciones, todo eso no es aún Humanismo en sentido propio, sobre todo el político.

Aquí la pregunta es si hoy en día se podría intentar la puesta en práctica de un verdadero Humanismo. El Humanismo clásico tiene una gran carga *contemplativa*, con inclinación por lo intelectual, lo ético y lo artístico. En una época imposible de pensar sin el *trabajo*, como es la moderna y actual, el Humanismo ha de descubrir el modo de reconfigurarse.

Se trata de integrar –esa es la tarea– el mundo del trabajo, que antes quedaba fuera del Humanismo, dentro de él. Pero, para ello, hay que meter el alma en el trabajo y, desde el punto de vista filosófico, preguntarse en primer lugar si es posible una síntesis entre la filosofía griega –fundamentalmente "contemplativa"– y una filosofía del trabajo moderna y –desde el punto de vista del estilo– "germánica". La tarea, en último análisis, es un problema de bien difícil solución.

La filosofía de la escuela ateniense, recogida por el cristianismo medieval, conduce a la tesis de que el máximo bien personal –la felicidad– se encuentra en la contemplación de la divinidad, lo que implica una "continuidad" entre filosofía y religión. En sentido contrario se presentan las tesis de la modernidad –lejos de la contemplación–, que habla de un Dios en el puro mundo de las ideas o, en último extremo, a sostener –como escribe Nietzsche– que "el trabajo ateíza".

El problema que surge de aquí es el siguiente: si el trabajo "ateíza", la base última contemplativa se tambalea. El espíritu contemplativo, al estar imbuido de un *amor* verdadero, contiene rasgos fundamentales de la vida humana, como son la capacidad de *"recogimiento"* y de *"elevación sobre el tiempo"*. Son ellos los que le marcan la persona como "ser que tiene *casa*", la cual es por eso *"el lugar al que se vuelve"*. Todo eso se pierde en un pensamiento del mero futuro, o del presente enfocado sólo a él, como es también una desmedida filosofía del trabajo.

Un nuevo humanismo

La *modernidad* ha desplegado una filosofía del trabajo a costa de quedarse sin "hábitat", sin casa. El trabajo es progreso, es avance, pero la casa es el lugar al que se vuelve, al que siempre podemos retornar. Se trata de nuestras raíces y, por ello, en la medida en que no consigamos integrar el trabajo en la casa –el hogar– y en la felicidad que lleva consigo, no podremos hacer un Humanismo verdadero que, a tenor de las nuevas realidades, sea capaz sin embargo de "llenar" a la persona en los años futuros.

Este Humanismo futuro implica un alma nueva, más amplia, en la que raíces y religión, es decir, la permanencia de la voluntad, se sinteticen con el trabajo. En este sentido, la ambigüedad del Humanismo socialista está en que quiere tener alma sin dejar de ser revolucionario; desea ser humanista –quiere conceder una felicidad a los pertenecientes al "colectivo" social– sin perder la vitola de la revolución. Y de todo ello resulta una mística emocional "solidaria", unida –en el mejor de los casos– a una economía en el fondo aún capitalista y a un esteticismo de la cultura; en resumen, una síntesis inadecuada que no puede funcionar.

Pero, de otro lado, desde una posición meramente "capitalista", la empresa busca sólo o primariamente el beneficio material, y no es posible que pueda albergar algún tipo de Humanismo y, por tanto, tampoco el empresarial. La empresa sería simplemente un lugar de paso, y el trabajo que en ella se realiza podría aspirar a dar beneficios materiales, e incluso en algunos casos a producir gozo, pero no a *perfeccionar* al ser humano. La empresa, así, sería algo intermediario, en el sentido más radical del término, algo que se utiliza en servicio de otros fines, y en esas condiciones no puede ser la "casa" de sus miembros, como tampoco el "colectivo" socialista lo es. Se pondrían las ilusiones y la mayor parte del tiempo y el esfuerzo en algo que, en último término, no puede llenar la vida.

Ciertamente, no es lo mismo la familia que la empresa. Pero en los últimos años se ha señalado, en numerosas ocasiones, la conveniencia de concebir las diversas Instituciones, e incluso a la propia familia, al modo de una empresa moderna, para mejorar su rendimiento. Y, sin embargo, más bien debería suceder lo contrario: construir la empresa "en cierto modo" como una familia. Lo óptimo de una empresa es que sus miembros puedan decir que allí se sienten "como en casa". Si no es así, están desarraigados en un lugar central de sus vidas y nadie trabaja bien de esa manera.

Porque, además, ni siquiera basta con que una cosa sea jurídicamente mía para que la pueda considerar como mi casa. Y menos aún por la mera participación en los beneficios o en el accionariado; ha habido empresas en las que el trabajador ha participado de ello y no se ha sentido más en su casa que en otras en las que no participaba. La razón es que el dinero –si bien tan importante– no es la clave última, sino que lo es la *confianza*: sólo ella "genera" casa.

La confianza está a un nivel superior al "gusto". Puede gustar un trabajo y una empresa –todo lo cual está muy bien–, pero eso todavía no es amor, pues está sometido a variación y le falta carácter de fin en sí. Sólo si conseguimos elevar el trabajo –acción en el tiempo– a eternidad, aparece la confianza. La filosofía clásica afirma, sin duda con razón, que el amor y la verdad son eternos. El amor al trabajo y a la empresa de la que se forma parte les concede por primera vez un "valor final". Así se puede construir hacia el futuro un Humanismo en el cual el trabajo ya no sea un puro instrumento, sino un cierto fin.

Nunca se ha hablado tanto en el mundo occidental de trabajo como en la modernidad; pero el trabajo, tanto para el socialismo democrático como para el capitalismo, es medial, no tiene carácter final. Es decir, es un puro instrumento, no ha sido integrado en la unidad de un alma, a pesar de que se han hecho esfuerzos externos de humanización: la medicina del trabajo, trabajar menos horas, vacaciones, la música en el trabajo, etc. Con todo eso *facilitamos* el trabajo, pero sólo cuando se *ama* aparecen dos rasgos fundamentales: se anhela *conservar* lo querido e *innovar* a partir de ello.

Esa debería ser la base del Humanismo futuro, imprescindible si queremos tener una sociedad mejor. Si el trabajo es un puro instrumento para alcanzar fines individuales, es imposible que exista un verdadero espíritu empresarial, pues no se lucha por la empresa, sino por conseguir el propio beneficio. Si el trabajo, a su vez, es un puro medio de socialización, siempre cabe preguntarse por qué hay que socializar de una manera determinada o por qué hay que socializar en general; y aquí aparecen distinciones típicas de la modernidad.

Dificultades para el nuevo humanismo

Se trata de la *lógica moderna del individuo y del todo,* que ha marcado un presunto pensamiento humanista de los últimos siglos. Por una parte, se quiere el beneficio, se quiere "vivir bien" y, por otra, luchamos por la Humanidad. La Humanidad es el todo en general; entonces, ¿cómo combinar la individualidad puramente individual con la totalidad puramente total?

Una solución es la típicamente socialista: subordinar al individuo e integrarlo en la totalidad, aunque sin sacarlo de su individualidad. Eso se hace mediante la aplicación de una lógica dialéctica, útil al respecto; mientras que, para integrar una totalidad en un individuo, se usa una lógica operativa: la tecnocracia, el positivismo "capitalista". Ni un método ni el otro han podido establecer una síntesis adecuada, y ello se debe a una razón muy simple: tanto el individuo como la totalidad son dos abstracciones, puesto que el ser humano no es nunca un "puro individuo", como tampoco la "Humanidad como tal" existe. La síntesis de dos abstracciones no puede dar resultados concretos; sin embargo, se sigue intentando, tanto al nivel cognoscitivo como al volitivo. Los dos niveles muestran temas y problemas centrales de la empresa y de la política actuales.

En el *plano cognoscitivo* el problema es que la *información* es poder. Por ello, todos exigen estar informados de todo y, si no se hace, aparece la sospecha de una manipulación de los "ignorantes" por parte de los "expertos" mediáticos. Pero si, por el contrario, se informa de todo a todos, la libertad individual está amenazada. Si hemos de contar con todos, y ese "todos" quiere ser concreto sin amenazar la libertad individual, el problema es prácticamente irresoluble.

Esto es patente en política desde el comienzo mismo de la democracia moderna. La participación universal se predica desde la Revolución, e implica que todo político ha de hacer la voluntad del soberano, que no es él mismo, sino el pueblo. Pero cuando el político se pone a gobernar en concreto, se enfrenta, como es normal, con muchas dificultades e imprevistos que no puede obviar a la hora de tomar decisiones. Aparece entonces, no pocas veces, una diferencia entre lo que prometió en su discurso y lo que hace cuando gobierna.

De resultas, las encuestas reflejan de modo unánime que la gran mayoría de la población desconfía de los políticos, porque piensa que le engañan. Y el desprestigio de los partidos no es menor, como es lógico. Pero, en el plano individual, esos políticos no siempre son "engañadores" o "malas personas". El problema no está sólo en ellos, sino también en el "pueblo" —en la gente—, que sigue sin acabar de comprender y aceptar que buena parte de la culpa está en las bases mismas del sistema. Nadie se atreve a abandonar el principio de primacía de la soberanía popular y, por consiguiente, de la información y la participación universales.

Realismo empresarial ante la política moderna

La empresa se integró rápidamente en el sistema democrático, sobre todo en los regímenes derechistas o de centro moderado, pero fue capaz de desengancharse de él en un punto fundamental: el modo de organizar el gobierno. En general, cada empresa pertenecía a alguien que gobernaba a su gusto en ella. El sufragio universal quedó fuera del privatismo empresarial. El resultado fue, entre otras cosas, la aparición de un sindicalismo cada vez más fuerte y reivindicativo.

Para gobernar, el dinero mostró su poder y su habilidad al conseguir con frecuencia "capear" el vendaval sindicalista. Supo manejar sus influencias políticas, mejorar las condiciones de trabajo y atraer con "regalos" a los propios dirigentes sindicalistas e izquierdistas. No faltó tampoco su apoyo a dictadores, lo cual no siempre está mal, como el lenguaje político de nuestros días hace, por el contrario, creer. En efecto, no es lo mismo la tiranía –régimen de suyo injusto y perverso– que la dictadura, la cual, por definición, es un régimen transitorio establecido en orden a devolver paz y orden a una sociedad seriamente dañada. La tiranía es siempre mala, la dictadura puede ser buena o mala, según cómo se realice. Sin duda, a veces se apoyó a dictaduras bien orientadas.

El siguiente punto está en el *plano ético*: cómo lograr que cada uno quiera el bien de todos y, en particular, los que gobiernan; éste es aún más difícil de resolver que el del plano cognoscitivo, simplemente porque es fácil predicar "hacer el bien general"; pero, cuando alguien tiene que hacerlo, debe poseer una voluntad "universal y concreta", o sea, dirigida correctamente al "bien común". Esa voluntad es lo máximo, y se puede considerar como "santa". Implica superar la posible unilateralidad del interés individual.

Si no conseguimos instalar esa voluntad, aun con las normales deficiencias humanas, en los puestos de gobierno, el sueño de un futuro "Humanismo", en política y en empresa, quedará en puro sueño. Como es lógico, eso supone, en primer término, que la formación ocupe un lugar principal. En el plano político, apenas se ha conseguido. Las Facultades de Ciencias Políticas no son Escuelas de Gobierno, y los Partidos no educan tanto en el gobierno en sí como en las astucias necesarias para triunfar en el sistema democrático actual. El déficit en la formación de políticos es un problema de la mayor gravedad en nuestros días.

En el mundo empresarial, un hecho relevante fue la creación de la Escuela de Negocios de Wharton, en los USA de los años 1880. A ella siguieron otras, en particular Harvard, que se convirtió en el principal punto de referencia. Es interesante estudiar cómo esta Escuela, nacida desde perspectivas de estudios de "divinities", se fue convirtiendo en un puro instrumento "capitalista". Cuando estalló la crisis económica de 2007, hubo de organizar rápidamente un auténtico "cambio de traje" para presentarse como un centro humanista.

Lo cierto es que de humanista no tenía nada y, en seguimiento de su modelo, tampoco muchas otras en todo el mundo. Todavía hoy, las mejores imparten unas materias de ética, como si estudiarla pudiera librar al alumno del peso de todo lo aprendido en las materias fundamentales, que ciertamente no está pensado del modo más humanista. Son muchos los que se han formado en esos centros y pocos los que han resultado ser empresarios humanistas; y lo mismo cuando han entrado en política.

Las consecuencias se perciben por doquier, pero un ejemplo muy claro son los países latinoamericanos. Muchos de sus dirigentes empresariales y políticos se han formado en grandes Escuelas de Negocios estadounidenses, y las elecciones las van ganando —cada vez más— los populistas.

La aportación de "Empresa y Humanismo"

El Instituto "Empresa y Humanismo" no ha tenido una relación sencilla en el trato con alguna de esas organizaciones. Y ello porque formar dirigentes humanistas —y más si se pretende que estén también en política y en diversas instituciones— implica diseñar un currículum pensado al efecto. Hace falta, en primer lugar, introducir una antropología y una filosofía política imprescindibles como base para entender el significado y el modo de gobernar. También, incluir una educación historiográfica, pues sin una buena base y sentido histórico no se puede ni captar la identidad de la propia Organización ni llevar a cabo el juicio prudencial. Del mismo modo, la comunicación es una clave relevante en toda relación humana, y hay un saber antiguo –hoy recuperado progresivamente– que no puede faltar: la educación retórica.

Nos encontramos así con que un currículum humanista ha de añadir, a las materias específicas propias, las siguientes: antropología, filosofía política, ética, fundamentos y principios de historia, y retórica. No se puede olvidar, además, que la estrategia (y su subordinada, la táctica) básica en el currículum actual, tiene su origen en estudios militares de tipo humanista –y no es extraño, pues ella intenta enseñar cómo enfrentarse con una "situación universal", y de lo universal concreto se ocupa la filosofía práctica–.

Si el humanismo ha tenido durante muchos siglos un tono sobre todo "contemplativo", un mundo del trabajo no ha de acabar con él, pues eso sería una grave pérdida para la persona y para toda la sociedad, sino que lo ha de integrar, ha de "ampliar el alma". La cultura del trabajo carece de una finalidad válida y, por tanto, se contradice: sin "fin final" trabajamos para enriquecernos y entonces dejar de trabajar. Ningún vanguardismo puede evitarlo: el trabajo así considerado es puro instrumento.

La Universidad de Navarra, de la que "Empresa y Humanismo" es un Instituto, tiene como fundador a San Josemaría Escrivá, cuya doctrina se centra precisamente en la "santificación del trabajo". Lo que él vio es que si el amor verdadero –muy claramente cuando amor de Dios– se pone en cualquier acción, la eleva a "fin final", la humaniza plenamente. Por eso le gustaba citar la frase de Jesucristo: "Mi Padre trabaja siempre y yo también". Y, puesto que todo amor humano llega al máximo si Dios está por medio, amar el trabajo con amor de Dios, de la propia Organización de su gente y del bien común, es lo máximo. Si por falta de fe o por razones circunstanciales, no se ve posible o no se quiere adoptar esa actitud, habrá de buscarse algo análogo: buscar un amor sin base en Dios, o con fe, pero entendido como un castigo. En cualquier caso, la necesidad de unir trabajo con fin final aparece como ineludible para un humanismo actual y, en particular, un "humanismo empresarial". Lo que se ama, se estudia: estudiar cómo es un mundo humanista, para humanizar la propia Organización.

El núcleo empresarial

C.1. Construir la unidad en las organizaciones empresariales*

Las raíces profundas de la crisis

La crisis en la que nos encontramos es sentida por muchos, particularmente los que se dedican a la economía, la política y la sociología, pero también se vive en los ámbitos de la religión, la ética y el derecho, la antropología y la ecología, y es siempre experimentada como una crisis de magnitud sin precedentes, hasta el punto de que no se habla de *"crisis de"*, sino simplemente de *"la crisis"*.

El saber actual se mueve entre los campos de la superespecialización y la divulgación, y se ha perdido en gran medida el pensar humanista, que es un modo de enfrentar los problemas de forma universal, fundamental y simbólica. Sin esta forma de acercamiento metodológico es imposible hacerse cargo de la realidad. Hoy día, en el mejor de los casos, se toman las denominadas *ciencias*

---

* (2012). EDYDE-Foro Empresarial de la Región de Murcia. Murcia, 18 de octubre.

humanas como sustituto del humanismo, pero ese recurso no puede de ningún modo solucionar el problema.

Las raíces profundas de la crisis están, como es bien sabido, una vez más, en la unilateralidad del pensamiento moderno. Según él, hay que primar el futuro sobre el pasado, el tiempo sobre el espacio, el cambio sobre la estabilidad, el individuo sobre la familia, la libertad sobre la obediencia, la igualdad sobre la jerarquía, la emotividad sobre la racionalidad práctica, la desmesura sobre la medida, la espontaneidad sobre el orden, la opinión sobre la verdad, los resultados sobre los principios, la pura creatividad sobre la naturaleza dada, el trabajo sobre la contemplación.

Todos los elementos que subraya la modernidad tienen una parte de verdad, pero al no incluir la armoniosa complementariedad de ellos con sus "contrarios", la modernidad dibuja una imagen de la persona y la sociedad que acaba casi con la anulación de ambas. El ser humano está constituido de modo armonioso, es decir, con una pluralidad de elementos y funciones diversas que forman una unidad en la persona, aunque se trata de una armonía no perfecta, que debe ser completada a lo largo del tiempo de la propia vida, en el dramatismo de la historia.

Para Platón, la falsedad aparece cuando se saca una pieza de su lugar y cuando se la absolutiza. Eso es lo que ha realizado, y continúa realizando cada vez con más empeño, la llamada "modernidad", la cual ofrece –como queda dicho– una visión unilateral, y por tanto distorsionada, de la realidad. Lo contrario de eso es, precisamente, la visión integrada, armónica, y es ella la que es preciso impulsar para dar soluciones de fondo –y no meramente coyunturales, como sucede ahora– a la crisis.

Se pueden mencionar algunos puntos clave:

a. Hay crisis porque la familia, lugar de educación, de intimidad y de la medida económica, se debilita bajo el peso del individualismo ambiental y político.

b. Hay crisis porque con el menosprecio del pasado y de la herencia, se pierde el sentido de la responsabilidad y de la justicia.

c. Hay crisis porque todo lo apostamos a un futuro que estamos siempre lejos de dominar.

d. Hay crisis porque la ingeniería personal y social, sin respeto a la naturaleza dada, ha vuelto loca a la humanidad.

e. Hay crisis porque hoy reinan la emotividad, la opinión y la desmesura, y ese reinado es incompatible con la presencia de criterios claros que orienten la existencia.

Es posible que *la crisis* se alivie, al menos en parte, dentro de algunos años. De otro lado, ha habido siempre crisis en el mundo y no será fácil que deje de haberlas. El punto está en que la presente crisis no es superficial, sino de gran profundidad antropológica y no se va a poder solucionar en serio con medidas meramente técnicas. La amenaza es que, si no se aborda en serio, puede incluso extenderse e intensificarse más.

El problema de la unidad

Hay crisis cuando existe una ruptura sin liquidación de ninguno de los extremos en presencia. El "mundo moderno" no ha podido lograr la desaparición del alma clásica y, además, ella misma experimenta una ruptura interior. De resultas, vive en una crisis que le hace perder la base misma sobre la que se construye tanto la felicidad individual como la constitución de una sociedad: la paz.

La paz es un anhelo profundo del alma humana. La "paz de los muertos" –por eliminación del extremo contrario–, o la basada en la indiferencia, de suyo no generan felicidad. Sólo una unidad verdadera la hace real. Sin embargo, enfrentamientos, luchas, disensiones, guerras son realidades tan antiguas como la humanidad, y que ella no ha conseguido erradicar. En nuestra época tampoco y sin muchas variaciones positivas –salvo en los últimos años en lo referente a las guerras entre naciones–, lo que no deja de ser una paradoja, dado que oficialmente nos encontramos desde hace más de dos siglos en el camino seguro del progreso y del "pacifismo" político.

No es tan extraño: progresar se entiende como abrirse paso hacia novedades y, por ello, se comprende como *cambio*. Pero lo ya constituido se resiste a desaparecer por completo. Existe una cierta inercia de la historia, personal y social. Así pues, el mundo moderno descubrió que si quería el *progreso* había de anular la historia y aceptar, por el contrario, el *conflicto,* que abra el paso al cambio. Y, en efecto, el conflicto fue acogido por el pensamiento de los últimos siglos como algo profundamente implicado en el progreso. El avance *dialéctico,* no deja que lo anterior siga existiendo, o lo deja, pero transformado, sin ser ya lo que era.

El éxito individual y social del nuevo pensamiento es innegable: los conflictos se han multiplicado de tal manera que han pasado a ser un elemento que se da por descontado en nuestra vida cotidiana. Se puede hacer un repaso:

a. Conflictos territoriales.

b. Conflictos personales.

c. Conflictos generacionales.

d. Conflictos matrimoniales.

e. Conflictos empresariales –hacia dentro y en el mercado–.

f. Conflictos macroeconómicos.

g. Conflictos jurídicos.

h. Conflictos políticos.

i. Conflictos ideológicos.

j. Conflictos religiosos.

Vivimos en una sociedad enormemente conflictiva, que se caracteriza, sin embargo, por el deseo de mostrar que, a pesar de todo, la vida actual *en conjunto* no sólo es bastante feliz, sino, efectivamente, mejor que nunca. El *ambiente social*, que crean los medios y los políticos, cumple la función de dormidera de la humanidad que Carlos Marx imputaba a la religión.

Es posible que algún clero mal orientado haya podido en ocasiones utilizar la religión al modo que Marx la pensaba, como una superestructura que cumplía la función de tranquilizar con promesas del otro mundo a los que sufrían en éste. Pero ciertamente esa no es la religión, sino que ella —muy claramente la cristiana— ni rechaza el avance, ni niega la realidad del conflicto; lo que hace es pedir un desarrollo respetuoso con la naturaleza y ofrecer medios para solucionar de verdad los conflictos.

En la situación presente, el esfuerzo deliberado por quitar papel social y público a la religión cristiana trae consigo —entre otras cosas— la necesidad de que alguien lleve a cabo el discurso pacificador, sin el que la vida social es imposible. El problema, bien conocido, es que, al faltar la religión como *estrato superior,* la política y los medios de comunicación se quedan sin lugar en el que apoyar su *legitimidad* para cumplir la función tranquilizadora que han de asumir. Ellos, además, no pueden darse a sí mismos esa legitimidad.

Se puede decir: hacen lo que pueden, en el plano general; los científicos y los expertos se ocuparán luego de resolver los conflictos concretos. Y, en efecto, hoy tenemos infinidad de *expertos* en resolución de conflictos. En el plano individual íntimo, los psiquiatras; en el matrimonial los expertos en "relaciones de pareja"; en el corporativo, los consultores empresariales; en el mercado, los muñidores de acuerdos; en los tribunales, los abogados que saben cómo pagar a la parte dañada para acabar el pleito; en el político, los "hombres puente", que consiguen acuerdos puntuales con otros partidos.

Más difícil resultan, por la propia naturaleza de las cosas, los acuerdos éticos y religiosos, pero también se buscan. Se busca una ética básica universalmente válida, fuera del sistema clásico de virtudes, pero no sale. En religión, también se plantea, pero el "compromiso doctrinal" es incompatible con la naturaleza misma de ella.

Todos estos *niveles expertos*, sin duda relevantes, se apoyan en estudios psicológicos, sociológicos, técnicos. Pero se necesita también un conocimiento más profundo del origen de las disensiones y qué tipos de aprendizajes hacen falta para conseguir vencer esa inclinación a la conflictividad que parece congénita al ser humano.

A pesar de lo que algunos piensan, no es un dogma probado que la conflictividad como tal sea un método para el *progreso*, cuyo concepto, por lo demás, no responde a lo que con simpleza piensa la mayoría. Múltiples experiencias muestran, por el contrario, que cuando se consigue la armonía, la potenciación de las actividades es mayor, más duradera y más felicitaria. La clave está, pues, en sustituir la dialéctica del conflicto no solamente por arreglos útiles, pero puntuales, llevados a cabo por *expertos*, sino por una *filosofía* y un *ambiente* que sean capaces de generar armonía.

¿Cómo es posible que haya tantas personalidades dañadas? ¿Nadie les hizo vivir lo que es armonía? ¿Cómo son posibles tantas uniones matrimoniales rotas? ¿Nadie les explicó a los cónyuges lo que es el matrimonio? ¿Cómo son posibles tantos conflictos empresariales y económicos? ¿Nadie les ha enseñado qué es y qué sentido tiene una empresa? ¿Cómo son posibles tantas luchas políticas partidistas, frecuentemente en el nivel del infantilismo? ¿Saben de verdad lo que es la política y qué sentido tiene dedicarse a ella?

No es posible aceptar una cultura que genere tanta desgracia. Es menester poner en marcha una cultura y una sociedad que se orienten hacia la unidad, para lo cual no basta la imprescindible teoría, sino que es preciso mostrar en la práctica cómo es posible *en concreto educar* en ella. Ninguna sociedad puede suprimir del todo las tendencias al conflicto, pero ha de preparar a las personas para vencerlo: para *vencer al conflicto* y no a la *parte contraria del conflicto,* a la que más bien se ha de intentar salvar.

El primer factor educativo es el *ambiente.* Crear un ambiente de armonía es imprescindible si queremos un avance verdadero. No aprovechar el conflicto para un presunto "progreso" que avanza al destruir lo "antiguo", ni limitarse a ir solucionando puntual y momentáneamente conflictos, sino suscitar la verdad social de la *unidad armoniosa.*

La unidad en las organizaciones empresariales

La unidad se logra siempre mediante la aplicación de una *energía interior* que da una *forma* determinada a una realidad, No se puede conseguir por el mero *poder* —él es, como todo poder, siempre "exterior"— que sólo puede lograr apariencia de unidad, ni tampoco por medio de una energía interior a la que le falte la idea formante, la forma profunda que ella quiere imprimir.

Eso quiere decir que la base material —física— de una empresa, su economía, su derecho, y sus reglas de organización no bastan para estructurarla, si falta la "energía formante" que les da vida. Todos esos elementos citados son imprescindibles, pero son *condiciones* para el funcionamiento, no el *alma y vida* de una institución.

Sólo la vida transmite vida, y si los directivos no la tienen, no hay que esperar que surja de la nada, por medidas técnicas, disciplinarias o puramente estructurales. La vida aquí significa que el directivo incorpora a su cabeza y a su corazón lo que es la empresa y como quiere hacerla vivir y crecer.

La empresa es un instrumento mediante el cual se consigue un capital necesario para la vida de sus miembros y de la empresa misma, pero eso es lo necesario, no lo fundamental. Lo fundamental es que la empresa es una institución de personas que trabajan unidas en orden a generar algo que desean hacer lo mejor posible, para ofrecerlo al bien común. Si cualquier "stakeholder" sospecha que la empresa sólo se interesa por su bien propio y particular, la va a dejar.

Si no se cumple lo necesario –las condiciones económicas saneadas– la empresa no puede continuar, como tampoco ninguna otra institución, pero si no se cumple lo fundamental, la empresa es un instrumento viciado, que no puede satisfacer de verdad a sus "stakeholders" ni al bien común.

El directivo ha de incorporar seriamente tanto la dimensión *necesaria* como la *fundamental* de la empresa y procurar combinarlas adecuadamente. Si lo hace, será capaz de generar una unidad armónica que es de un valor incalculable. Ese valor extraordinario no puede estar solo en su cabeza, ni tampoco solo en su entusiasmo emocional, ni en unas medidas técnicas diversas, sino en ese símbolo profundo de la vida que es el *corazón inteligente*. Es lo que ha de conseguir.

Parece una exigencia inalcanzable, y lo es en su total acabamiento, que no pertenece a este mundo. Pero sólo el intento de avanzar en esa línea logrará una mejora real y sólida. Ni la utilización de los conflictos, ni cualesquiera arreglos puntuales bastan para lo que la dignidad del ser humano pide. Y para lo que la inmensa crisis actual demanda.

C.2. La Gestión del conocimiento, clave del futuro empresarial*

Encuadramiento histórico del tema

La economía actual exige ser *competente* y *competitivo*. Lo primero es lo fundamental, ya que sin conocer de verdad aquello

* (2000). *Nuevas Tendencias*, nº 41, pp. 16-19. ISSN: 1139-8124.

que constituye nuestro trabajo, no se puede lograr nada; pero la competitividad, el sentido "agónico", de "juego", implica también un saber.

La empresa actual requiere un saber acrecentado, y ello en dos sentidos: cada vez más, se ofrecen en el mercado productos o servicios que presuponen una alta formación profesional e intelectual de quienes los realizan; de otra parte, la competencia en el mercado global requiere mucha información y los criterios para saber usarla. O sea, pide mucha preparación.

La clave de la economía es el trabajo inteligente del ser humano. Durante siglos, el acento estaba puesto en el esfuerzo del trabajo. El empresario tenía que saber gestionar el trabajo, organizar las estructuras y a los trabajadores. Éste fue, sobre todo, el reto de la sociedad industrial.

El obrero tenía que poseer unos pocos conocimientos y ser obediente a la organización y planificación que se le daba desde arriba. Había también *incentivos y controles*, o sea, según la pedagogía clásica, *premios y castigos*, que son una forma secundaria de educación cuando falta lo fundamental: convicción, implicación, amor.

El crecimiento imparable del saber en todos los campos y del saber que sabe cómo aplicarse, ha liquidado definitivamente el menosprecio que tenían los "hombres productivos" respecto a los "estudiosos improductivos". Hoy el saber no es un adorno, sino una necesidad.

En una empresa, ahora y de forma progresiva, lo que se gestiona es conocimiento y se dice que hemos pasado de una sociedad del trabajo –industrial y comercial– a una sociedad del conocimiento, "postindustrial", lo que no es cierto del todo, porque siempre están presentes las dos cosas: lo humano es el trabajo inteligente. Con todo, cada vez es más claro que una fuente primordial de la riqueza económica –y no sólo de la riqueza interior de la persona– es el conocimiento. Un trabajo con escaso conocimiento incorporado ya no sirve.

El medio general para lograr resultados, según se pensaba tradicionalmente, era combinar lo mejor posible aquello que se consideraba separado, o sea, el trabajo y el capital. Ahora se ha visto que el medio general es el hombre que trabaja con alto nivel cognoscitivo, puesto que hemos "descubierto" tanto la profundidad personal del trabajo como que el capital por excelencia es el saber.

El saber como capital fundamental

En los últimos años se han multiplicado los acercamientos progresivos a esta tesis de fondo. Como piedras miliares, se pueden citar, de un lado y con respecto al trabajo, la encíclica *Laborem exercens* y, de otro, las nuevas concepciones del capital: Capital humano (Becker); Capital intelectual (Stewart); Capital cultural (Sowell); Capital social (Fukuyama); Capital moral (Sison).

Asistimos a la ruptura de todos los esquemas clásicos relativos a la empresa y la economía. Lo decisivo ya no es distribuir bienes escasos –pues el potencial productivo ahora es infinito– sino dar empleo, o sea, utilizar la inteligencia para facilitar el sitio adecuado a cada persona.

Además, y como queda dicho, el enfrentamiento trabajo-capital se basaba en una concepción superficial del uno y el otro. Trabajo y capital son ahora dos dimensiones profundamente relacionadas en cada sujeto. Esto se comprueba también hoy en la contabilidad, en el valor contable. Los viejos sistemas están en quiebra. Las empresas no valen en bolsa por el material y el dinero que de hecho tienen, sino por lo que la gente espera de la inteligencia creadora de sus miembros. En este punto se está yendo incluso demasiado lejos.

El conocimiento ha crecido enormemente y ha pasado a ser imprescindible para la empresa, no sólo desde el punto de vista del contenido de lo que se hace, sino también desde otros dos puntos de vista: cuantitativo, que se refiere a la informática; y cualitativo, que tiene relación con la creatividad y la innovación.

Un empresario gestiona fundamentalmente estas dos últimas cosas, pues la primera la presupone. Con respecto a internet, el punto principal no es que todos se manejen perfectamente en la informática y naveguen, sino que tengan criterios para usar esa masa informativa. Este punto es crucial. Con respecto a la innovación, la clave está en enseñar a aprender. Es lo más difícil y lo más importante. Ahí hace falta enseñar el método socrático: ironía y amor al saber.

Otro tema relevante, derivado de la nueva situación, es que cambia completamente la figura del trabajador. Una persona con grandes conocimientos y formación no se deja encasillar en unos rígidos esquemas planificados de una parte y, de otra, es consciente de que él, con su conocimiento, es la clave de la empresa. Por tanto, no puede ser un mero "empleado".

Aparece, pues, la necesidad ineludible de la *participación* en la empresa. Es menester instrumentar formas de participación. Ya no es el tiempo de los "trusts" de empresarios y de los sindicatos defensivos. Ya no es el tiempo de la *representación* en la empresa, sino de la *participación*. Y en ella juega también un papel primordial el cliente.

Se acerca una sociedad nueva que podría ser mucho más humana, pero también más compleja. En su gestación puede haber mucha dureza y mucho fracaso si no existe la decisión de aplicar a fondo el conocimiento para comprender lo más sencillo: que nada está bien hecho si no mira al bien común.

C.3. Lo nuevo y la innovación en la empresa*

Introducción: ¿Qué significa nuevo?

Novedad es un concepto y una realidad muy atractivos, y aunque las personas se dividen entre quienes gustan más de la novedad o de lo acostumbrado, a todo el mundo le interesa la novedad en algún sentido. Un alimento "pasado" sienta mal; un instrumento herrumbroso funciona mal; un libro viejo, cuando hay otro nuevo que trata de lo mismo, pero mucho más actualizado, se desecha; etc.

Al acercarnos a su estudio, encontramos que se trata de un concepto de gran riqueza, y por tanto con muchos matices. Es curioso que no se haya puesto mucho interés en examinarlos. Los estudios acerca de la "novedad" se refieren sobre todo al mundo del arte. Al mundo empresarial le gusta la variante "innovación", mientras que el del comercio y el de los medios de comunicación usan más el de "novedades", pero *innovación* es el gran término de moda.

Lo nuevo como aparición y sorpresa

En primer lugar, para comenzar con una referencia "metafísica", nuevo es lo que antes no era. En ese sentido, significa la aparición absoluta de un ser. También se puede entender como lo que antes no estaba. Ortega y Gasset, aludiendo a la riqueza metafísica de la lengua castellana, señala que *estar* es un verbo que no existe en algunos idiomas, y significa "ser en un cierto lugar o modo".

* XXI Encuentro Internacional de Profesores de Política de la Empresa. Instituto Internacional San Telmo. Sevilla, 11-12 de noviembre de 2019. Ponencia.

Lo que antes no estaba es, por tanto, una aparición relativa. Tanto en un caso como en otro, el resultado en la persona que lo experimenta es la sorpresa. La vivencia de la sorpresa, si es ante algo bueno y agradable, suscita la admiración. Sorpresa y admiración son actitudes naturales de respuesta ante lo verdadera y profundamente nuevo.

Lo nuevo como lo vital

Pero lo nuevo se puede entender también por su contraposición con lo viejo, y por eso se puede aplicar a la repristinación de algo que ya era y estaba, pero se había avejentado o estaba a punto, de avejentarse. En este sentido el concepto de nuevo se refiere a la vida temporal, pues tanto en una vida eterna como en una hipotética inercia total, no hay vejez posible. Esa vida temporal tiene siempre un inicio absoluto –primera novedad, "ser nuevo"–, seguida de un momento de plenitud, o juventud –segunda novedad "estar nuevo"–, para acabar después en la vejez, por pérdida de energía vital, y finalmente en la muerte.

El ser humano, gracias a su libertad, puede intentar el retraso del envejecimiento, tanto propio como del mundo entorno. Para referirse a ello se suele usar en general el término renovar, pero a su vez la renovación puede darse de diversos modos.

Si se trata de una renovación más superficial, solemos decir que algo "ha quedado como nuevo", simplemente renovado; si es, por el contrario, profunda, cuyo efecto es darle al sujeto unas virtualidades que antes no tenía, pero sin cambiarlo, hablamos de transformación. Como es claro, los procesos de transformación son más hondos que los de mera renovación, pero tanto unos como otros pueden ser llevados a cabo con mayor o menor seriedad.

Lo nuevo como renovación

La renovación más superficial consiste en la limpieza, reparación y mejora del instrumentario, del tipo que sea. Más seria es la que implica cambiar unos instrumentos viejos por otros iguales o semejantes, aunque mejores. La renovación es un proceso inevitable, dadas las huellas que el paso del tiempo deja marcadas tanto en las personas como en las cosas.

Lo nuevo como transformación

En la Antigüedad fue un gran descubrimiento la aplicación del fuego para la transformación de los metales. Transformación es la aparición de una forma nueva sin que desaparezca la base sobre la que surge. Se trata de un fenómeno inesperado e impresionante. La filosofía antigua, y en particular el neoplatonismo de inspiración cristiana, recoge esa idea uniéndola con otra, muy extendida entonces, según la cual el fuego es un elemento divino. Y en la tradición cristiana el "fuego divino" es el Espíritu Santo, identificado con el amor de Dios, que tiene la capacidad de "transformar el alma". Vemos que ese simbolismo aparece de modo real, por ejemplo, en las "lenguas de fuego" del día de Pentecostés.

A partir de ahí, con más claridad que antes, la tradición de Occidente ve al amor verdadero siempre como el elemento transformador por excelencia. Él otorga una nueva vida, sin destruir la anterior, pero llevándola "más allá". La paradoja de ese "más allá" consiste en que, gracias a él, gracias a salir "fuera de ti", logras encontrarte a ti mismo. Eso es lo que habitualmente recibe el nombre de locura amorosa.

Todo el que se empeña de verdad –*vitam impendere vero*, que recordaba también Ortega y Gasset– en realizar algo, es porque le ha "entrado" la locura. Y, como ningún ser humano puede vivir bien sin un cierto estar "fuera de sí", todo el arte de vivir consiste en "enloquecerse" estudiando a la vez hacia dónde y cómo hacerlo. Si aciertas eres un "loco en sus cabales", formas parte del escogido grupo de los "locos razonables", que son los grandes transformadores; en caso contrario, si apenas eres loco, tu vida es un aburrimiento, por quedar fuera del ámbito de lo nuevo; y si eres un mal loco, fracasas.

Lo nuevo y el tiempo

Otro sentido de lo nuevo lo encontramos en relación con los momentos del tiempo: pasado, presente y futuro. Aquí lo nuevo es lo mismo que lo presente, pues ni el pasado ni el futuro –uno por defecto y otro por exceso– pueden calificarse de nuevos. Sin embargo, en esto aparece una cierta dificultad: a veces parece que lo presente está "avejentado", o que es incluso un cierto "muerto en vida"; otras veces, nos topamos con un presente que parece ya "estar siendo" el futuro, lo que es el ideal de todo "futurista".

Esta dificultad está originada por el carácter peculiar del presente. No hay presente, no puede existir, sin presencia. El presente se da y existe en la atención. En la dispersión estoy "fuera de mí", "enloquecido" en el mal sentido de la expresión, mientras que "fijamos la atención" cuando somos "raptados" "arrebatados" por algo que, aunque sea mínimamente, suscita nuestro afecto; y si el amor es vida en el más alto grado, un auténtico presente no puede estar "avejentado" ni ser "futurista". El verdadero presente lo que hace es integrar en él el pasado y el futuro, lo cual es posible precisamente porque es un "más allá del tiempo en el tiempo", es "eterno". Cuando se pone el corazón desaparece la sensación de "paso del tiempo", mientras que en caso contrario el tiempo pesa terriblemente en el puro pasar del tiempo, que es el aburrimiento:

un permanente pasado que pesa. En él no hay presente alguno, sino dispersión y vacío.

El presente meramente temporal, por su parte, es un "punto" que divide pasado y futuro, y es la decisión. De ahí que la clave del buen gobierno está en la relación bien hecha entre el sabio "presente eterno" –tu saber de la verdad y el bien– y la sabiduría de calibrar el momento oportuno, el famoso "tiempo cualitativo" griego –el "kairós"–, el justo presente temporal, para ponerlos en práctica.

Un concepto fundamental en la relación nuevo-tiempo es también el de tradición. Como diversos autores han puesto de manifiesto –por ejemplo, Eugenio d'Ors–, tradición no significa un "arrastre y mantenimiento del pasado", porque entonces la "traditio" entregaría un muerto en vida. Tradición significa que una realidad tiene riqueza, vida, interior tan grande, que le es posible conservar renovando, y transformarse si es necesario en el momento adecuado.

Lo nuevo y la "creatividad"

Otro aspecto de la novedad es lo que se suele llamar creatividad. Se aplica a la dimensión del saber relativa al futuro, precisamente porque se trata de saber "crear" lo que todavía no está ni es. Desde antiguo, pero sobre todo desde tiempos modernos, la división básica está aquí entre las "artes mecánicas" y las "bellas artes". Tanto unas como otras necesitan de un saber "técnico", y de una base material como condición sobre la cual "crear". La diferencia está en que las mecánicas buscan como fin la utilidad, y las bellas la expresión del "puro espíritu" y el gozo contemplativo. Ambos aspectos son humanos y se relacionan. El producto técnico útil puede también ser bello; y objeto bello puede también ser útil, por ejemplo, en la decoración.

En la medida en que por "crear" se entiende habitualmente el "sacar de la nada", el artista –de las "Bellas Artes"– se considera el creativo por excelencia, dado que, aunque para él los materiales y las técnicas son imprescindibles, pone todo su énfasis en producir algo cuyo valor de novedad sea la clave y que logre el estupor de quienes lo contemplan. De ahí la figura moderna, creación principal del Romanticismo, que es el "genio": el artista ha de ser "genial".

Lo nuevo y la innovación

Los que ahora son conocidos generalmente como "técnicos", los "ingenieros", tienen quizás tanta o más "creatividad" que el puro artista, pero el tener que depender más de lo material y obedecer más a la metodología científico-técnica, unido a que la finalidad de su trabajo productivo es explícitamente utilitaria, les hace más "modestos" en lo relativo a la apropiación de la figura de "genio".

Con todo, el mundo de la ingeniería es sus diversas formas utiliza cada vez más la idea y la expresión "creatividad". Pero la palabra que ha pasado a ocupar el centro de la moda ha sido aquí, como es sabido, la de *innovación*. El innovador es un creativo, aunque no un "genio", porque ha de atenerse a lo factible y viable. Pero no es menos, sino "más que un genio", porque en el concepto de innovación se sintetiza lo novedoso y sorprendente, con lo factible, viable y útil.

Ese concepto es hoy central en el mundo de la empresa. En una sociedad en la que el mercado juega papel nuclear, y donde la competencia es cada vez más fuerte, la innovación se ha convertido en el alma empresarial, en su recurso por excelencia.

La degeneración de lo nuevo

Todos los elementos y factores principales de nuestro mundo actual, impregnado de la cultura "moderna" apuntan a dar el papel principal al futuro y, por tanto, a la creatividad y la innovación. Es la llamada "filosofía del progreso", en la que el Progreso es ya un dios. A él, como a Moloch, se inmolan todas las vidas que haga falta.

Al respecto, es patente la exageración futurista del mundo, moderno, pero aparte y además de ello, un problema serio es que con la creatividad se puede engañar mucho más que con el uso del pasado, que es necesario, puesto que ya está dado.

El engaño en las Bellas Artes aparece por doquier, en obras que podrán ser técnicamente buenas, e incluso con una cierta inspiración, pero que no significan ni dicen nada, y son alimento para los capaces de dejarse engañar por ellos –que no son pocos–. En las Artes Mecánicas, en el mundo de la Innovación, esto sucede menos, porque si la utilidad no es real, se descubre pronto. Con todo, como es bien sabido, también hay muchas "innovaciones" en las que se esconde una no pequeña cantidad de engaño.

La máxima capacidad –hoy hecha real– de engaño, se da en el arte retórica, en los medios de comunicación. En nuestros días, la mayoría de las "noticias" no cuentan algo pasado como en realidad fue, sino que son fabricadas para generar respuestas que interesa provocar. El periódico o la radio y la TV no están interesados por lo que pasó –¿por qué habrían de estarlo si ya pasó?–, sino en las reacciones que su relato va a generar.

La unidad de lo nuevo en la empresa

No es lo mismo viejo que antiguo, como no es lo mismo ocurrencia que innovación: lo primero en ambos casos no tiene la fuerza de la vida, mientras que lo segundo la tiene. Sólo innova de verdad quien integra el pasado con el presente y el futuro, igual que lo "antiguo" es un pasado que permanece siempre en presencia y que sigue abriendo sugerencias de futuro.

Innovar no es ser ocurrente y genial, sino que implica prudencia, sabiduría técnica y sabiduría política, además de dejarle un "hueco" a la chispa genial. El empresario innovador no es un "genio ocurrente", sino un "humanista práctico".

Ese "humanista práctico" sabe que entregarse a la pura innovación sin cuidar que su empresa tenga a la vez la solidez que confiere una rica tradición, supone –a medio y largo plazo– la pérdida de la propia empresa. Es imposible vivir de la mera innovación.

Como buena madre o buen padre de familia sabrá calibrar cuando ha de renovar y cómo y cuándo es el momento de transformar. Sabrá que engañar conduce al desastre; sabrá que su empresa funcionará bien cuando se consiga que todos los "stakeholders" se sientan en ella "como en su casa", con confianza, y que eso implica por parte del empresario poner un amor atento a renovar, transformar e innovar.

Es un error pensar que cada una de esas funciones de lo nuevo existen por separado, y mayor aún considerar que lo único nuevo es la innovación. Un verdadero empresario no puede cometerlo.

C.4. Matemática y Humanística en la empresa*

El bienestar como obligación moral

Vivir, para el ser humano, es un continuo ejercicio de cubrir necesidades y de intentar cumplir deseos de lo que no es estricta-

* (2017). Conferencia en el Foro Empresa, Humanismo y Tecnología. Comunidad Valenciana. Valencia. 13 de noviembre. https://www.fehtcv.es/2017/11/13/matematica-y-humanistica-en-la-empresa/

mente necesario para la supervivencia "biológica". Si no encontramos alimento, bebida, vestido, refugio, no podemos sobrevivir. Y si no somos capaces de añadir a todo eso el toque superior –la belleza, la perfección, la ampliación del saber, el poder, el placer– entonces "sobrevivimos", pero no con una existencia verdaderamente humana.

En la medida en que nos sea más difícil adquirir los medios para la mera supervivencia, nos quedarán menos fuerzas para desarrollar de modo plenamente humano nuestra vida. Por eso, en una sociedad –como la del mundo actual– con abundancia de posibilidades, cada uno se esfuerza en incorporar capacidades que le faculten para una vida llena.

Se puede decir que ese esfuerzo responde también a la *naturaleza humana*, que se presenta aquí –Millán-Puelles lo muestra brillantemente– como *obligación moral*, dado que nuestra naturaleza nos pide también aprender y fortalecer la riqueza de la virtud. Es decir, el punto está en que para el ser humano es tan natural la necesidad material como la superabundancia espiritual.

Esa extraordinaria *naturalidad* "conjunta" inclina –siempre que sea posible– a unir gustos, disposiciones y virtudes en la tarea de alcanzar una "vida feliz". Si es posible cubrir las necesidades, vivir la virtud y pasarlo bien en todo lo que se hace, se asegura el camino "óptimo" para alcanzar esa meta. Y eso significa que buscamos formar parte de cualquier sociedad, empresa, organización que sea un lugar adecuado para conseguirlo: es el *lugar ideal* para cada persona.

La empresa entre el humanismo y la matemática

En particular, la sociedad que llamamos empresa podemos contemplarla al menos bajo tres aspectos:

1.   Lugar en el que se realiza algo profesionalmente.

*Profesió*n no es un sinónimo, como con frecuencia se usa, de *empleo*. Significa el ejercicio de un trabajo *serio*, tanto por la *formación* requerida como por los *objetivos* buscados, que aportan algo a la sociedad. El auténtico profesional *enriquece* su vida enriqueciendo la de los demás. Goza con lo que hace y sirve con ello. Al gozar sirve y al servir goza.

2.   Lugar de convivencia y encuentro

Convivencia y encuentro con todos los *stakeholders*. Es una expansión comunicativa, en la que crece la *seguridad*, a través del crecimiento de la confianza. *Seguridad* es *paz y libertad*.

3.   Lugar a través del cual se consiguen beneficios monetarios.

Los *Beneficios monetarios* son necesarios en la *sociedad comercial*, en la cual se aumentan la calidad y cantidad de los bienes gracias a la división del trabajo, la producción en escala, el intercambio y la moneda.

En principio, el 1 y el 2 son temas *medibles cualitativamente*; sobre todo "humanísticos". El 3 es también tema humano, pero *medible cuantitativamente*, y, por tanto, con peso "matemático".

En primer lugar, se puede subrayar que en los tres casos hay *medida*. ¿Por qué se mide *cuantitativamente* el *intercambio*? Porque sólo se puede hacer con una *medida universal fija*, y esto no sabemos hacerlo cualitativamente. *Medir* es *comparar con una unidad*, y la unidad más *abstracta-universal* es el *número*. Con todo, el tema no es simple.

Los números

Hay diversos tipos de *números,* por ejemplo:

a) Las *ideas*: cada *idea* es una *unidad fija universal*, y, en ese sentido, un número.

b) Los *números simbólicos*: son las ideas en cuanto referidas a realidades *materiales o "históricas"*. Estos son los números *pitagóricos*, p.ej., el matrimonio es el 5: 2+3 –femenino+masculino–; la perfección –el 7–, etc.

c) Los números cuantitativos. Son los propios de la *matemática*. Dentro de ella hay, a su vez, una detallada clasificación de sus tipos de números. Ellos no tienen carácter *ontológico*, sino meramente *abstracto*. En este sentido, la matemática es la forma abstracta de describir el "mecanismo de relación" entre lo *uno y lo múltiple*.

Lo uno y lo múltiple y su relación –que es el *arcano* de la realidad– se da en los minerales, en las formas de vida, en el pensamiento: la matemática "se atreve" a expresar todo eso *en abstracto*. La *relación de lo uno y lo múltiple* es la *medida misma*. Medir es decir cómo se relaciona lo uno con la multiplicidad y la multiplicidad con lo uno.

La matemática es abstracta y por ello capta la relación uno y múltiple en *cuanto cantidades*, y no en su *modo formal*, que es en cada caso concreto el que genera lo que llamamos *contenido*. La matemática no sabe de contenidos pero, al tratar cantidades, se radica en la estructura de la realidad material, que es espaciotemporal. La cercanía entre matemática y física no ha hecho más que aumentar en los siglos recientes, algo dejado de lado en la tradición aristotélica, pero prevista en Platón.

Tanto el *Uno puro* como las *estructuras formales* carecen en sí mismas de posible *repetición*. El concepto, tan usado, de *repetición,* implica la posibilidad de una igualdad absoluta, que no se puede dar en el mundo material. Sin embargo, la abstracción se une a la costumbre, y se acepta que el tiempo físico es repetitivo, lo cual implica que es infinito, como las series numéricas. Se pueden repetir los números matemáticos y se puede *operar* con ellos. La operación es movimiento, pero termina siempre en una estructura formal –un "espacio" inteligible–. El *tiempo*, como el *movimiento*, como el *deseo sensible*, son, como las *series numéricas repetitivas, infinitos*.

Matemática, moneda y virtud

En tanto en cuanto la *moneda* es "matemática", es también objeto de un posible *deseo repetitivo infinito*. Ese deseo infinito se basa en una honda miseria: es la *necesidad del pobre* –"besoin", "Bedürfnis"–, puesto que consiste en la *experiencia de la falta de saciedad*. Desde ese punto de vista el "rico en la abundancia" y el "pobre en la miseria" se igualan, pues ambos están *insatisfechos*. La diferencia está sólo en que la insatisfacción del rico es menos dolorosa.

Por el contrario, la *virtud de la pobreza* es la *verdad de la economía*, pues enseña a utilizar los bienes de tal modo que nos satisfagan. Gracias a la virtud, sabemos usar bien el dinero, que es la capacidad de *valorar para intercambiar. Pobreza y riqueza* en ese sentido no dependen de la *cantidad material de bienes poseídos*, sino que son una *actitud del espíritu*. La pobreza es el "punto medio" virtuoso entre el *dispendio* y la *miseria*. La "riqueza" meramente material es pobreza, pues tener bienes que no sirven para nuestro verdadero fin nos está haciendo gastar sin necesidad, nos da preocupaciones inútiles, nos quita tiempo y, en resumen, nos rebaja la vida, al restarnos felicidad. La "miseria", por su parte, es un *escándalo*, del que puede ser culpable uno mismo o los demás. En principio, hay que vivir según pide la naturaleza y el buen juicio, y estamos obligados a intentar responder a sus requerimientos, teniendo bienestar en la sobriedad. En el evangelio se ve cómo Jesús y sus discípulos eran pobres, pero de ningún modo estaban en la miseria.

El tener más moneda no puede satisfacer, porque la moneda es un instrumento y ningún *instrumento* puede "llenar", "satisfacer": no es un fin adecuado, no puede ser un "fin final". En realidad, quien convierte la acumulación de moneda en un fin es un loco. Otra cosa es el *dinero*, que, como queda dicho, es un *medio natural interior* para *valorar e intercambiar*. Hay tres pilares en la economía: los *bienes*, el *dinero* y la *moneda*. El *dinero es valor*, y el valor es *valoración*, depende siempre de la *relación de algo con el bien*, siendo el bien la *perfección de la existencia*. Esta relación se expresa *concretamente* en el *dinero*, y *abstractamente* en la *moneda*.

En el *intercambio*, el dinero es la *capacidad de establecer* una *proporción valorativa*. El gran problema es que esto, que es cualitativo, queda *supuesto* cuantitativamente en la moneda, con la cual se puede *operar*. Pero, sobre todo, la moneda *está por* —según la "suppositio" lógica— una valoración que, sin embargo, pasa —a través de la moneda— a manos de otros. Las *crisis* financieras provienen de la falta de identidad entre moneda y dinero. Según la mencionada lógica, la moneda *supone* el dinero, pero no lo *significa*.

En este aspecto, la *finalidad* de la *contabilidad* y su *espíritu* son muy distintos a los de las *finanzas*. La contabilidad refleja el *espíritu de pobreza*. Luca Picioli, fundador de la contabilidad moderna, era un franciscano. Lo que busca la contabilidad es la *verdad de la situación económica*. Por eso también ha de ser matemática, pero no sólo, es decir, ha de tener comentarios al margen de los números.

Por el contrario, la finanza refleja hoy el *espíritu de riqueza*: crecimiento infinito de medios instrumentales. "Juega" con la moneda desentendiéndose incluso a veces del *dinero real,* aunque la honradez de un Banco está en no ser "especulativo", es decir, en no perder nunca de vista la diferencia entre dinero y moneda.

De modo análogo, en el caso de la *empresa*, un buen empresario es el que tiene una idea correcta del *dinero*, que le interesa más que la moneda. Dicho en otros términos: sabe que lo relevante es *generar valor*, y que ese valor sea lo más *apreciado —precio—* posible en justicia. Pero si no ofrece algo digno de ser *valorado en verdad* como bueno, el resultado será —si tiene suerte— que se quedará con moneda, pero acabará perdiendo el dinero, porque los demás procurarán no seguir en tratos con él.

Un problema de nuestros días es ese: que muchos prefieren la moneda al dinero bueno. Es decir, que la "matemática" pura ha arrumbado a la "humanística". En lugar de ver el "sentido reverencial del dinero" —según la conocida expresión de Ramiro de Maeztu—, es decir, su aspecto "humanístico", lo que estamos haciendo, por el contrario, es "matematizar" lo *profesional* y lo *convivencial* a través de "evaluaciones" numéricas. Ahora todo son puntuaciones, porcentajes y "rankings". Todo ello con la preocupación fundamental de que los números monetarios crezcan.

La "evaluación matemática" se emplea de antiguo, y puede ser un instrumento auxiliar interesante y útil. Pero no puede, o no debe, convertirse —como sucede, sin embargo, hoy— en pieza central. Lo central es generar lo que ayuda al vivir, personal y socialmente. Una cosa es el dinero, otra la moneda, otra las riquezas. No tiene sentido servir a la riqueza, pues es servir a la insatisfacción; tampoco tiene sentido servir a la moneda, que desaparece como el humo; ni servir al dinero, porque es un medio de valoración.

Me parece que, en cambio, sí tiene sentido *generar valor* verdadero o, dicho de otra manera, lo que puede ser valorado según verdad, porque realmente sirve al bien personal y común. Tiene sentido también el *aprender a valorar* según verdad. Y también contribuir a que los demás aprendan a valorar con verdad, mediante el apoyo a las columnas de la sociedad; familia, centros de enseñanza, iglesia.

Al que intenta eso de modo habitual le irá también bien monetariamente, pero no se puede nunca estar seguro. No hay ética sin riesgo de perder. Hacer el bien no concede completa seguridad de éxito en esta vida. Pero menos seguridad todavía concede el hacer las cosas mal. Aunque las matemáticas parezcan cuadrar, la vida al final no cuadra.

C.5. El balance humano del comercio*

El comercio y su expansión en el mundo moderno

Una de las claves fundamentales de la economía y de la vida modernas es el comercio. Sin su desarrollo no tienen sentido el aumento en escala de la producción ni la mayor división del trabajo. El lugar central que hoy ocupa el dinero y la finanza en la vida de los pueblos, tampoco se explicaría.

El comercio, por su propia esencia, tiende a mover a las gentes, a sacarlas de su mayor o menor encapsulamiento, para abrirlas a otros seres humanos, a otros pueblos, a diferentes realidades. Ese encerramiento facilitó en el pasado la potenciación de la vida familiar, y la identificación material de la economía como una función de la familia. Se hacía economía en la casa: ella era el centro de generación de los bienes para el bienestar. El predominio del sector agropecuario y la debilidad del sistema de comunicaciones propiciaba la consolidación de este tipo de estructura. Una estructura que permitía, gracias a su fijeza, una educación sólida y una

* (2005). *El balance humano del comercio.* Guatemala de la Asunción: Centro de Investigaciones Humanismo y Empresa. Prólogo, pp. XIII-XV.

fuerte cohesión social; un mundo lleno de vínculos y de confianza acostumbrada.

Cuando, de modo definitivo, en el siglo XVIII se pone en marcha el gran plan de elevar el comercio a elemento fundamental de la vida de los pueblos, no escapaba a la consideración de las mentes más claras que ello no se podía hacer sin que cambiasen las costumbres, el modo de vida, de las gentes. Es decir, sin que los cambios incidieran en el comportamiento, en la ética, de los individuos. Por eso, los grandes pensadores ilustrados, particularmente en la Ilustración francesa y quizás más aún en la escocesa —que desarrolla ideas anunciadas ya por los escritores galos— se preocupan por diseñar una imagen de la sociedad comercial que la haga éticamente justificable.

Ellos insisten en el enriquecimiento que tal tipo de sociedad traería consigo. No se trataba sólo ni principalmente de un mayor enriquecimiento en bienes materiales, sino en los más específicamente humanos. Uno de ellos era la ampliación de horizontes culturales: el diálogo con otros pueblos saca de la estrechez tan dañina para el espíritu. Otro, la mejora en el trato: la negociación enseña a comprender que hay caracteres e intereses muy diversos, y empuja a adaptarse a ellos. Y, como consecuencia, los Ilustrados se prometían el gran beneficio de la paz: un camino que produce tantos lazos enriquecedores e interesantes para todos los ciudadanos había de ser con seguridad una vía regia para evitar los deseos de enfrentamientos y guerras. El nuevo lema sería: "A la paz por el crecimiento del comercio y la industria".

Los últimos siglos han mostrado a la vez la razón y la sinrazón de las tesis ilustradas. Ha habido, sí, una multiplicación de los bienes materiales, un desarrollo de las comunicaciones, un intercambio cultural, un deseo acrecentado de paz y de entendimiento. Pero —para sorpresa de los que saben qué y a qué se está jugando desde hace tres siglos, y cuáles son las bases de las que partimos y hacia dónde se quiere ir– han surgido demasiadas disfunciones.

Las deficiencias del sistema moderno

La paz no ha llegado; antes bien, ha habido más guerras que nunca y el mercado mismo es un campo de batalla cada vez mayor. Ha crecido la erudición –saber muchas cosas–, pero ha descendido la sabiduría y –con ello– la moral. Sobre todo: la explosión comercial, financiera y de las comunicaciones amenaza con romper la familia. Ahora bien, sin familia bien establecida la economía no tiene ni base, ni futuro, ni sentido.

Sin una familia sólida no se renueva suficientemente la población, ni hay población educada en los valores morales –algo bien difícil de lograr fuera de una buena familia–, sin los cuales desaparece la *confianza*. Pero ella es una base decisiva de toda la economía, la política y de todo el sistema social. ¿Para qué trabajar, ahorrar, invertir, si se desconfía de poder mantener los logros obtenidos?

La economía ha avanzado alegremente dando por supuesto que sus presupuestos antropológicos funcionarían por sí mismos. Que el interés, el deseo de placer y de bienestar actuarían automática y constantemente como motor de una economía pacífica y expansiva. Lo que se ha encontrado, por el contrario, es una población disminuida –ahora empieza a disminuir también en el llamado "tercer mundo"–, un crecimiento exponencial de la corrupción, de la falta de confianza, una bolsa de población no productiva –jubilados y marginados– impresionante, una contracción nacionalista inesperada, etc.

No se puede jugar con la naturaleza. Si ahora se atiende cada vez más al llamado "medioambiente" es porque –por fin, después de tanto tiempo– la economía se ha dado cuenta de que estaba destruyendo alegremente las bases físicas de su sustentación. Es ya la hora de que tome definitivamente en serio que está destruyendo también las bases sociales, antropológicas, de su supervivencia y desarrollo.

Necesidad del humanismo

Es necesario, imprescindible, entrar por nuevas vías. Comprender que el sistema actual se apoya en elementos de valor, como son la libertad, la atención social o la innovación, pero que con demasiada frecuencia los entiende mal. Además, y por culpa de ese malentendimiento, corroe instituciones básicas, como son la familia, la correcta cohesión social y la confianza personal e institucional. Bases, todo hay que decirlo, difíciles de realizar sin la vigencia seria de la religión. Ella —en particular la cristiana— da el sentido de la inmensa dignidad del ser humano y de cada persona. Sin tener esto en cuenta, se pierde el motor más poderoso del desarrollo, que es —a la vez— el fin de él: la persona misma.

Apenas se puede creer que la economía haya tardado tanto en darse cuenta de que todo se juega en la persona humana y, por tanto, en su formación y en su cuidado. Analizar el actual Tratado de Libre Comercio desde una filosofía humanista, como pretende este proyecto de la Universidad del Istmo, puede ayudar a orientar el Tratado adecuadamente desde el principio, y supone un ofrecimiento de colaboración y un aporte para quienes quieran trabajar el tema con seriedad y buena voluntad.

Para que las nuevas puertas que se abren den un resultado fructífero, hace falta una nueva filosofía de fondo y un grupo de personas nobles que la encarnen.

D

El empresario

D.1. Antropología y ética de la iniciativa emprendedora*

Introducción

Una sociedad bien ordenada posee normalmente un equilibrio suficiente entre los diferentes sectores que la configuran. Hay un número adecuado de juristas, de científicos, de comerciantes, de políticos, de artistas, etc. Pero la categoría de emprendedores no debería contarse como uno de esos sectores.

En una buena sociedad, emprendedores deberían ser todos, cada uno a su manera. Pues no es exactamente lo mismo ser emprendedor que empresario. Existen emprendedores que no son empresarios y empresarios que no son emprendedores. El concepto de emprendedor es de orden moral, el de empresario de orden institucional. Y cada uno de ellos tiene diversos matices.

Emprendedor, por ejemplo, no es lo mismo que competidor, de manera que hay personas que tienen facilidad para lo uno y no

---

* Melé, D. (Coord.) (1999). *Consideraciones éticas sobre la iniciativa emprendedora y la empresa familiar*. Pamplona: EUNSA: pp. 33-44.

para lo otro. Se puede hacer una gran empresa y fracasar por no saber competir adecuadamente. O se puede vencer en el mercado con una mala empresa.

A su vez, empresario, institucionalmente, se es de muchas maneras. Muchos presidentes son prudentes directivos, pero el verdadero emprendedor es su staff. Otras veces el empresario es un genio en el recorte del gasto, pero le puede faltar visión de futuro, etc. Lo relevante aquí es que –más allá de las condiciones personales de cada uno– en cada empresa hay muchas personas que ocupan puestos, incluso de importancia grande, cuya función no es la de ser punta de lanza del "emprendimiento".

Ser empresario u "hombre de empresa" coloca en un ámbito profesional y social; ser emprendedor, en un ámbito moral. Desde el punto de vista antropológico y ético, ser emprendedor es tener espíritu de empresa, pero es fácil encontrar en ellas muchas personas que tienen escaso espíritu emprendedor. Y, a su vez, no son pocas las personas con espíritu emprendedor que no trabajan en ninguna organización llamada empresa.

Emprendedor es la persona que se hace cargo responsablemente de una tarea con trascendencia social, y busca, de ese modo, contribuir al crecimiento y mejora de la vida humana. Hace falta espíritu emprendedor para crear una familia, para sacar adelante un club deportivo, una actividad del municipio, o de ayuda al mundo necesitado, etc. Pero también para potenciar y perfeccionar la función –cualquiera que sea– que a uno le compete realizar en la empresa u organización en la que trabaja. El espíritu emprendedor es profundamente humano y todos –en la medida adecuada a cada uno– deberían participar en él para perfeccionarse a sí mismos y a la sociedad. Decía Nietzsche que cada acto de respirar es un esfuerzo de poner la vida en marcha. Cada mañana, cada tarde, vivir es volver a comenzar, vivir es emprender.

¿Cuáles son las bases antropológicas que explican la existencia de ese espíritu, y cuáles son los medios éticos que se pueden emplear para su perfeccionamiento?

Inicio, mediación y término

La vida está trenzada de acciones, actividades de un ser inteligente que se propone alcanzar algo que aún no tiene. Incluso cuando, en plena vida relajada y perezosa, sin problema económico alguno, alguien se dedica simplemente a "gozar de la vida", tiene que romper su inercia cada mañana para ir a divertirse, y ha de elegir los medios en orden a ello: divertirse cuesta algún esfuerzo, pero hay que ponerlo. Y, de otra parte, no se puede vivir –ni el mayor individualista podría– sin contar mínimamente con el mundo y con la sociedad circundantes. Así pues, vivir supone emprender cada día, cada mañana, cada minuto, siempre en relación con lo otro y con los otros.

¿Cuáles son los momentos del emprender? Para responder a esta pregunta es preciso empezar por distinguir en toda acción la existencia de un inicio, una mediación y un término.

a) *El inicio emprendedor*

Iniciar es romper la quietud o la inercia, salir de un cierto cero. Ello exige el máximo de fuerza desplegada en un instante, o sea, en lo referente al tema, un entusiasmo o deseo vehemente. En este inicio se conjuga la fuerza para vencer la dificultad con el deseo de alcanzar lo que no se tiene. La dificultad y la finalidad atraen e invitan. Al percibir la atracción, que es la invitación, cada uno se pregunta a sí mismo si debe probar, si le interesa o conviene seguir la "tentación" o no; de ese modo, empieza también a encontrarse a sí mismo.

El primer momento consiste, pues, en desear y entusiasmarse, lo que es esencial para determinar el éxito. Como muestran las encuestas, del número de empresas que se crean cada año en USA, por poner el ejemplo de un país emprendedor por excelencia, no quedan ni el 20% al cabo de dos o tres años. A los diez años, son muchas menos las que continúan. Este dato es también observable en la familia. En Suecia, por ejemplo, uno de cada cuatro matrimonios no dura más de dos o tres años: es una "empresa" que no se ha mantenido.

Hay una profunda idea filosófica, bellamente desarrollada por Nicolas Grimaldi, según la cual "aquello que no continúa, es que nunca empezó". Quiere decir con ello que hay muchos comienzos aparentes, que son fulgores, pero no un verdadero principio, porque no contaron con la vida, con la fuerza de un entusiasmo auténtico. Él es preciso para poder sacar adelante cualquier acción. En otros términos: hace falta tener fe verdadera en lo que se empieza, para que pueda continuarse luego.

Muchas veces se inicia una tarea "jugueteando un poco", se quiere probar fortuna, pero en realidad, no había voluntad firme alguna. Si de verdad la hay, entonces, y sólo entonces, eso seguirá. El primer momento, pues, de la acción empresarial es un deseo entusiasta y una voluntad que cree. Hay que tener, en síntesis, un gran deseo, porque él es invencible y llega siempre al final. Y ese gran deseo concreto es siempre la respuesta a una invitación.

El acto de invitar tiene una gran profundidad y es muy bello. Se trata de una iniciativa que es una pregunta en solicitud de respuesta. Emprender es siempre una respuesta a algo o a alguien que nos invita. La invitación, dicho en términos castizos, es una "tentación". Hay un texto, preciso y precioso, de San Agustín, que dice lo siguiente: "Nadie se conoce a sí mismo, si no es tentado". O sea: nadie se conoce a sí mismo si no es invitado a algo. La invitación *me* despierta el deseo y ese "me" significa el primer encuentro con la propia personalidad. Al conocer algo o alguien que le –"me"– me interesa, aparece el "me" y se abre el camino del autoconocimiento. Comienza así a "humanizarse", porque el "animal humano" se distingue de los demás vivientes de la tierra precisamente en eso: poder llegar a autoconocerse. Y, puesto que no hay invitación sin invitante, eso quiere decir también, que eso no es posible sin el carácter "social" de la persona.

Como se ha señalado antes, para emprender hay que tener fuerza y entusiasmo. Hace falta fuerza, porque el comenzar a emprender es propio de caracteres fuertes. Mientras los caracteres menos enérgicos piden un trabajo, los fuertes quieren crearlo: es típico de un carácter fuerte el empezar, y el querer ser él quien haga la empresa. Pero, de otro lado, nadie puede ser ni verdadero, ni buen empresario por su pura fuerza, con la que pretende crear y vencer. El que lucha hasta el final para sacar adelante una empresa lo hace para responder a una invitación de algo que le atrae y de alguien con quien o para quien trabaja. Sólo si tiene un gran deseo, una verdadera pasión, hace algo que va a durar: toda verdadera empresa está hecha para durar.

Podría hacerse un análisis microscópico de cómo aquel que sólo cree en su propia fuerza para la empresa se equivoca siempre y actúa injustamente con las personas que le ayudan a sacarla adelante. Ya en el mismo inicio del emprender se capta la implicación societaria de lo que se va a hacer. Todo el que emprende ha de conjugar, lo quiera o no, el por, con, para, los demás. Por consiguiente, lo que le queda por decidir, es el modo de esa conjugación.

b) *Condiciones y mediaciones emprendedoras*

Toda acción debe ser continuada, lo cual se realiza siempre con ciertas condiciones y con ciertas mediaciones. No es lo mismo condicionar que mediar.

La *condición* no es una causa, sino aquello que permite, que hace posible una acción. Es como el catalizador en un proceso químico, sin cuya presencia no se obtendría reacción alguna, aunque no intervenga directamente en ella. Las condiciones de toda acción emprendedora son de diversos tipos.

De un lado, hemos de disponer de *espacio*. El espacio es un concepto análogo: hay un espacio físico, un espacio psíquico, un espacio comercial, un espacio político. Hay espacios muy diversos, pero, si faltan, no podemos hacer nada. Por ejemplo, una empresa puede no salir adelante porque no tiene un espacio físico donde poder instalarse. Pero no basta con el espacio físico: se necesita un espacio psíquico en la sociedad, que para una empresa es quizá lo más importante. Hace falta también un espacio político: si la situación política no lo permite, entonces tampoco se puede salir adelante.

De otro lado, se requiere *tiempo*. Muchas empresas quedan ahogadas porque no se les concede el tiempo preciso para que puedan desarrollarse. Otras se ahogan ellas mismas porque, aun teniendo tiempo, carecen del "tempo" musical adecuado: no tienen un director que sepa marcar el ritmo. Eso pasa con mucha frecuencia. Un directivo empresarial no es, en este sentido, más que un director de orquesta y, si no tiene sentido musical, fracasará más tarde o más temprano. Se nota pronto que aquello suena mal, que chirría.

También se requiere una *base material y humana*, y además bien ensambladas. No se pueden alcanzar los fines propuestos en la acción emprendedora si faltan los materiales adecuados, las personas adecuadas y la claridad y seriedad en los fines y objetivos que se persiguen. Es decir, se requiere un cierto capital material y humano, y el "alma", que es la energía uniformante, la *idea de fondo*.

Hacen falta, por último, unas *reglas*, aunque sean mínimas. Una condición principal –ya aludida–, con la que se pueden obtener todas, y sin la cual todas las demás no bastan, es que haya un "espacio social", una "constitución social" y un "ambiente social" favorables a la actividad emprendedora. Tan negativo es, a este respecto que en la sociedad reine el burocratismo, como el ordenancismo, como el estatalismo o como el "financiarismo", interesado sólo por la especulación con el dinero.

Por su parte, la *mediación* emprendedora por excelencia es el *trabajo inteligente* del ser humano. Sin él, no hay mediación alguna. Con él vencemos las dificultades, somos inventivos, creamos sociedad. Cuesta trabajo luchar, inventar, crear sociedad. Pero alcanzamos los fines que nos hemos propuesto no sólo a condición de vencer, sino por medio de la victoria; no sólo a condición de inventar, sino por medio de la invención; no sólo a condición de crear sociedad, sino por medio de la creación de ella.

Por medio del trabajo inteligente sacamos adelante la acción emprendedora. No bastan, por separado, el trabajo y la inteligencia. Llevar a cabo un trabajo inteligente es lo mismo que gobernar la propia acción. El que verdaderamente actúa de esa forma, conduce las cosas hacia su mejor fin posible.

La condición permite, pero la mediación enriquece, logra añadir. Con la mera condición no hay valor añadido. Todo valor añadido real proviene del trabajo inteligente; valor para el que lo realiza y para los que se benefician de él. Especular con el dinero y la moneda puede generar valor aparente para el conjunto de la economía, pero ninguno al final, sobre todo para los que sufren dicha especulación.

Marx tiene cierta razón al afirmar que todo valor añadido real viene del trabajo, pero no atiende suficientemente otros aspectos de la realidad económica, entre ellos la importancia del deseo. No cabe duda, por ejemplo, de que el comercio se basa sobre la antropología del deseo, del precio, pues *el precio es el aprecio*, y el aprecio tiene que ver con el deseo. La antropología capitalista, por contra, tiene muy en cuenta el deseo, y aunque deficiente desde el punto de vista humanista, es superior a la marxista. El valor proviene del trabajo inteligente, el cual surge del deseo y lo incrementa.

c) *El término de emprender*

En tercer lugar, tras pasar por la mediación, si todo ha ido suficientemente bien, se alcanzan los objetivos. Es el momento del término, aparentemente el momento más fácil y, tal vez por ello, el más difícil. Si el primer momento requería sobre todo entusiasmo y el segundo trabajo, en este no resultan tan imprescindibles ni lo uno ni lo otro, y por eso se puede perder todo en el puro *disfrute*. Se ha perdido capacidad de ilusionarse, y hay cansancio del trabajo. Pero la vida sigue, y ahí está el peligro.

Desde la antigüedad es tópica la descripción de la psicología del viejo como la de un egoísta: todo su esfuerzo último está puesto en gozar y en conservar lo que consiguió. Sin embargo, eso es más difícil de lo que piensa en el plano personal, y un error en la empresa. Ella no puede permitirse el lujo de "dormirse en los laureles".

Toda actividad de emprender es como la vida humana: tiene una niñez ingenua, una juventud madura y una vejez sensata. Sin ingenuidad no se empieza, sin juventud y madurez en justa armonía no se continúa, y sin vejez no se termina. Sin el *disfrutar* final le faltaría algo a la acción, pero resulta imprescindible no descansar excesivamente, no disfrutar demasiado. En caso contrario, la empresa se viene abajo. La *desmesura* en el entusiasmo, en el trabajo o en el disfrute se pagan muy caros en la empresa.

Poder, gobierno y propiedad

El elemento fundamental de cada uno de los momentos descritos es, respectivamente, poder, gobierno y posesión:

- Lo característico del *inicio* es el *poder*. Si no hay poder, cuya esencia es tener *energía, disponer de bienes e instrumentos y una idea como fin*, no se puede emprender nada.

- La *mediación* se realiza en el *gobierno*. Tenemos que saber orientar y manejar el poder, de tal manera que no se frustre. El trabajo inteligente gobierna la acción, para conducirla a los fines propuestos.

- Lo que caracteriza al *término* es que en él –más allá de la mera propiedad jurídica inicial– se llega a adquirir una verdadera *posesión*. Al final, se posee. Cuando se ejerce un poder a través de un trabajo inteligente, entonces, y sólo entonces, es cuando realmente se llega a hacer propia una realidad, en el gozo final. Conoces y amas –haces tuyo– aquello que "has dado a luz".

Al iniciar la acción emprendedora, se *tenían* cosas, empleadas luego con entusiasmo, pero sólo a través del tiempo y el trabajo se empiezan a *incorporar* verdaderamente a la propia vida. Ahora no solamente se tiene un *título de propiedad*, sino que hay *posesión real*. El título garantiza la disponibilidad de algo, pero sin amor no hay verdadera posesión.

Se trata de tres dimensiones: poder-gobierno-propiedad/posesión. Siguiendo el famoso principio pitagórico fundamental, debemos *distinguir sin separar*. Poder-gobierno-propiedad/posesión son dimensiones distintas, pero inseparables. Y esto es una clave en la vida de toda empresa.

Además, la falta de completa identidad entre propiedad y posesión pone en la empresa muchos problemas, que pueden ser pequeños, pero significativos. El que tiene una propiedad sin tener gran interés en poseerla, la presta con facilidad, puesto que no sabe o no quiere usarla. Muchas veces el propietario no es más que un prestamista de lo que, en el fondo, no aprecia.

El ser humano demuestra su superioridad sobre el mero pasar del tiempo en la medida en que es capaz de armonizar y sintetizar lo que en él es puro transcurrir de pasado a futuro. En lo que se refiere al tema que aquí nos ocupa, esto significa que un buen gobierno conserva y potencia el poder inicial –mientras que uno malo lo pierde–, y que una buena propiedad sólo se mantiene a medio y largo plazo, con un buen gobierno. A su vez, un mal sentido de la propiedad y una falta de auténtica posesión dificultan gobernar bien, y la consecuencia es que al final se pierde la propiedad y, con ello, el poder. Y una mala comprensión o un mal uso del poder, genera normalmente mal gobierno y acaban, al final, incluso con la pérdida de la propiedad.

En el mes de febrero de 1998 se hizo público en España el Informe Olivencia sobre los Consejos de Administración, informe excelente y lleno de cosas interesantes. Pero no se insistía en que el problema de todo Consejo de Administración radica en armonizar el poder, con el gobierno y con la propiedad, cosa, por lo demás, frecuentemente difícil. Hay Consejos de Administración en los que el poder está en la propiedad, otros en el gobierno, y otros ni en lo uno ni en lo otro.

Como queda dicho, en la acción emprendedora, lo primero es el poder, lo segundo el gobierno y después la propiedad/posesión, pero en las empresas de un cierto tamaño, y sobre todo en las más grandes, estas dimensiones van con frecuencia en direcciones distintas, se encaman en personas diferentes y la armonización resulta difícil. Sin embargo, la clave está en lograrla.

Deberes y virtudes del emprendedor

El ser humano es ético porque tiene la capacidad, ya aludida, de sintetizar el tiempo: es capaz de poner en presente el pasado y el futuro. Ello le permite una cierta "posesión" de esas dimensiones, lo que le hace responsable de su uso.

Una relación *necesaria y libre con el pasado* se llama *deber, obligación*, y es la primera base de la ética. El ser humano ha de responder a algo que le es dado –necesario en ese sentido–, pero es libre de hacerlo o no. Una relación *necesaria y libre con el futuro* se llama *virtud*, y es la segunda base de la ética. La persona ha de "perfeccionar" su capacidad de acción –mediante el aprendizaje de la virtud– si quiere alcanzar un determinado futuro.

Con estos presupuestos se puede decir, en primer lugar, que tener poder es un hecho en todo ser humano, pero es una obligación el usarlo y usarlo bien. En la medida en que una persona intenta "escabullirse" del poder, debilita su proceso de humanización y daña a los demás. Las falsas humildades son tan malas como la arrogancia. Tomás de Aquino dice que las sociedades se rompen por la falsa prudencia del sabio o la prepotencia del poderoso, pero hay que añadir también: por la pereza. Si alguien no trabaja y no se esfuerza, entonces vive sin vivir, deshace su tiempo sin aprovecharlo y comete, en resumen, el pecado de lesa economía: no usar la propia vida. Por consiguiente, lo primero que hace falta es poner esfuerzo, ejercitar el propio poder, y eso es un deber, que se perfecciona con la virtud de la *fortaleza*.

Es un deber también trabajar inteligentemente. Ello supone que se han de poner los medios para desarrollar el saber. Y lo primero aquí –como sostiene Sócrates– es descubrir la propia ignorancia, lo que se logra al *tropezarse* cada uno con sus límites, y "*caer* entonces en la cuenta". La creencia de saber, por el contrario, impide el conocimiento del *límite*, que es el primer momento del método, y confunde la mente.

La humildad socrática abre también el paso al segundo momento: anhelar lo no sabido, dejar que él me hable. Ese es el espíritu de la *verdad*: no querer imponer el propio juicio, sino aceptar la realidad como es. Esa actitud me concede el aprendizaje, que es la virtud.

En concreto, el gobierno, en cuanto trabajo inteligente, es un deber que se perfecciona con la *virtud* de la *prudencia*. La prudencia es al mismo tiempo, una virtud intelectual y moral, y es una clave fundamental para todo buen gobierno. Él ayuda al mantenimiento y potenciación del poder, o, dicho de otro modo, la prudencia refuerza a la fortaleza. Ella se presenta entonces bajo la figura de la constancia, paciencia y deportividad en el trabajo directivo.

Por último, la propiedad/posesión es también un deber. Desconocer esto llevó al desastre al mundo soviético: quien no es propietario y poseedor no se interesa por lo que usa. Sólo el que tiene algo y lo quiere, procura mantenerlo y cuidarlo. Y sólo el que sabe que en este mundo las cosas nos pertenecen, pero nunca del todo, y que, a su vez, el espíritu humano no se identifica nunca plenamente con ellas –pues está por encima de ellas–, puede mantenerlas bien.

Marx desconoce que el verdadero propietario/poseedor es siempre, al tiempo, *interesado y desprendido*. La virtud que guía el uso de la propiedad/posesión es la *templanza*, la cual supone, a su vez, prudencia en el gobierno y fortaleza en el poder. La templanza nos enseña a tener y usar las cosas del modo adecuado. Es una grandísima y difícil virtud.

Quien consiga usar adecuadamente su poder, ser reconocido porque trabaja y gobierna bien, y obtener gozo en la propiedad/posesión correcta, ése es una persona libre, ya que un tipo de libertad la da el poder, otra el gobierno y otra la propiedad. Si se consigue armonizarlas, entonces se alcanza un alto grado de libertad y de felicidad, porque las tres virtudes juntas son el apoyo imprescindible para desarrollar una vida según *justicia*, es decir, una vida perfecta.

La sociedad rinde tributo aparente a muchas actitudes y acciones vacías y hasta ridículas. Pero tributo real sólo se da al poder ingenuo, entusiasta y valiente; al trabajo y gobierno bien hecho, prudente, constante; a la propiedad cuidadosa y desprendida. Esas formas de poder, gobierno y propiedad merecen el *honor*, que se define como el reconocimiento social a la acción virtuosa, aunque no siempre se tenga buena *imagen*, así como frecuentemente la buena imagen no merece honor alguno. Imagen y honor no coinciden de modo necesario ni sucede muchas veces.

Lo que cada sujeto obtiene psicológicamente es: la sensación entusiasta de dominio en el poder, la paz del reconocimiento en el trabajo y gobierno, y el placer satisfecho en la propiedad/posesión. Todo ello junto, le hace sentirse libre. Desde el punto de vista ético, el error posible aquí consiste en la autorreferencialidad y en la absolutización. Obsesionarse con el gozo obtura y frustra el gozo. Absolutizar el poder, el gobierno o la propiedad hace que ellos pierdan su sentido personal y social.

Emprender es, pues, una tendencia natural y una obligación moral. La tarea de emprender se encuadra en la *épica* de la vida. Y, como toda épica, es difícil. Avanzar, conquistar para el mejoramiento general no es fácil. Lo fácil es conquistar para la propia ventaja mediante la destrucción o sometimiento de los demás. Exige más esfuerzo intentar un incremento de la economía y de las otras dimensiones de la cultura que redunde –con los reajustes necesarios– en bien de todos.

Ahora los estudios estratégicos ocupan un lugar prominente en la vida empresarial. La estrategia es un arte militar. Nuestra sociedad es políticamente pacifista y ha desplazado el belicismo a la economía. Puesto que estamos dispuestos a combatir sólo por aquello que verdaderamente nos interesa, el caballero romántico luchaba por su dama, el cruzado por su religión y el patriota por su pueblo; hoy, si exceptuamos el fanatismo nacionalista, en Occidente no quedan apenas más guerras que las del golfo, o sea, económicas.

El mercado, cuya antropología dialógica es de tanta belleza, es en nuestros días frecuentemente un puro teatro de operaciones "bélicas" sin armas de fuego. Hay aquí una cierta confusión del carácter épico del emprender con la actitud belicosa; la actitud militar o guerrera, cuando responde a una causa justa, es épica, pero luchar por la pura ventaja es belicismo.

Analogía entre familia y empresa

Para construir una familia hace falta mucho espíritu emprendedor, y desprendimiento económico; quizá por ello hoy se crean pocas familias. A su vez, para que haya una buena empresa, ésta debería tener un cierto espíritu familiar. Una empresa no es una familia, pero es mejor si tiene un cierto espíritu familiar.

A este respecto, hay que distinguir, por un lado, entre lo antropológico y lo ético, siendo lo ético lo que perfecciona lo antropológico; y, por otro, entre lo institucional y lo antropológico-ético. Pues bien, en analogía con la familia, la tarea de emprender, en una empresa institucional, no debería ser *primariamente* competitiva −contra otros en el mercado− sino más bien esencialmente constructiva y creativa. Una empresa se debería parecer en este sentido a una buena familia, cuyo sentido fundamental es creativo.

Como las buenas familias, las buenas empresas quieren también durar, desean mantener la vida de algo querido, y, de otro lado, quieren crecer, arrastradas por el gusto a ello. A su vez, los rasgos definitorios de una familia −la presencia de una cierta intimidad, de una cierta educación y de una economía común– se han de repetir, salvadas las diferencias, en una empresa que verdaderamente merezca tal nombre.

Por eso, la experiencia de alguien que está formando con el espíritu adecuado una familia, es un buen aprendizaje para la vida empresarial –si sabe hacer las adaptaciones precisas–, y la experiencia de una buena acción empresarial encierra también lecciones para la vida familiar.

La familia como institución está hecha por emprendedores y una buena empresa como institución está hecha por gente que sabe lo que es la familia. Si alguien es capaz de construir una familia, tendrá también el corazón para dirigir una empresa, entre otras cosas porque esa empresa le interesa para la familia. Hay una conexión íntima entre el buen hacer familiar y el buen hacer empresarial. El buen padre de familia construirá una buena empresa porque ella es una especie de continuidad de su experiencia y porque además le puede ser muy útil para el futuro familiar. Todo ello aumenta su ilusión y su fe en ambos emprendimientos.

Históricamente se ha mostrado que a veces quienes parecían buenos padres de familia, hicieron empresas paternalistas: no eran buenos padres. Otras veces, quienes parecían magníficos empresarios, intentaron montar la familia con un esquema empresarial: no eran buenos empresarios. En ambos casos falta una recta comprensión de lo que significa el bien común. El bien común como finalidad determina la acción buena, propia de toda persona noble.

En la familia, el bien común se realiza mediante la aceptación *incondicional* de cada uno de sus miembros. En ella, se es acogido como *ser humano*. En la empresa, sin embargo, no se puede llegar tan lejos, pues existe la *condición* ineludible de *servir para ella*. Haciendo uso de la distinción kantiana entre principios absolutos e hipotéticos, los primeros se aplican directamente en la familia, pero sólo indirectamente en la empresa. En ella será bueno sólo aquello que sea adecuado a la finalidad de la institución, pero eso requiere también que la finalidad sea buena, lo que implica asumir determinadas formas de actuación.

Por ejemplo, una persona que no es útil a una empresa no tiene sentido en ella, pero, si ya está, no puede ser despedida de cualquier manera. Aquí entran los principios absolutos: su aplicación en la empresa ha de ser real y efectiva. La persona humana es lo primero y no puede ser tratada de cualquier modo. Además, toda buena empresa pertenece –en sentido moral– a todos los que la sacan adelante.

El empresario tiene que integrar adecuadamente su empresa dentro del todo social, porque sólo así está contribuyendo al bien común de la empresa y de la sociedad. Aquí se cumple también que "quien mejor gobierna es quien mejor sabe obedecer". Al bien común, en este caso.

D.2. El emprendedor y las virtudes*

Introducción

Antes de tratar de ética empresarial, primero debemos descartar la idea genérica que tienen la mayor parte de los autores de libros de economía, y no pocos sobre temas empresariales, según la cual el *beneficio,* entendido en términos monetarios, es el fin principal de la denominada actividad económica o emprendedora.

El hecho de colocar los estudios empresariales en el ámbito "económico" –entendido como esfera del beneficio–, más que en el sociológico, político o humanístico se debe a la inversión mo-

* (2012). Sevilla: Fundación San Telmo. https://www.centroeic.org/casi-llero_virtual/descargas/default.aspx?id=23

derna, en el pensamiento y en la estructura social. Tradicionalmente la empresa estaba en función de la familia –origen incluso de la palabra *economía*, como es bien sabido–, que era la base de todo bien común y, a su vez, la finanza servía a la empresa.

El pensamiento y la estructura social individualista ha vuelto todo del revés: la empresa es esclava de la finanza, y la familia se disuelve en favor de la empresa. Los loables esfuerzos por compatibilizar empresa y familia no han conseguido resolver el problema de fondo. Antes, y visto de un modo algo idealizado, las familias montaban empresas con varios fines, pero uno principal: la consolidación material de la propia familia. A su vez, cuando la empresa tenía algún problema, acudía a un préstamo bancario. Hoy día, la empresa depende de la finanza, y la familia se ha roto para que marido y mujer puedan dedicar muchas horas a la empresa.

Lo que hay detrás de todo esto es la colocación en primer plano de la riqueza. En la familia, la educación es punto nuclear, y no hay nada que deseduque tanto como el espíritu de riqueza. La pobreza de espíritu no se refiere a la cantidad de bienes, sino a la sobriedad en su uso: lo justo, lo bien ajustado, es lo verdadero, ni más ni menos. Entender esto y saber practicarlo es posible sólo a través de la *virtud*. En la economía tradicional la orientación viene marcada por esa pobreza. Por el contrario, en la economía moderna, la finalidad es la riqueza. Eso repetía el maestro Álvaro d'Ors: la ciencia económica tradicional era un saber de la pobreza; la moderna lo es de la riqueza.

Tomado en general, y para cualquier comprensión del tema, se presentan dos niveles posibles en la "actividad económica": 1. La búsqueda de supervivencia material; 2. El incremento cuantitativo de la riqueza material

En el primero se persigue la base mínima que coloque por encima de la condición de "miseria". Como virtud, la pobreza tiene un sentido, pero la *miseria* significa no alcanzar de modo razonable y digno la supervivencia material. La pobreza puede ser virtud, la miseria es un escándalo personal y social, que se ha de procurar evitar a toda costa. Santo Tomás de Aquino dice incluso que se necesita un nivel suficiente de *bienestar económico* para ejercitar la virtud.

Por esta última razón, Millán-Puelles mantiene que la búsqueda del *bienestar* es una obligación ética, lo que exige *aprender la virtud* para poder cumplirla. Las personas que se hallan en la miseria pueden ser virtuosas sólo con una ayuda especial de Dios. En el evangelio se ve con claridad que Jesús y sus apóstoles no necesitaban ayuda especial, porque eran pobres, pero en absoluto míseros.

Distinciones básicas

Con respecto al punto segundo –el nivel del incremento cuantitativo– es oportuno para despejar dificultades, también lingüísticas, aludir a algunas distinciones básicas.

    a) Componentes fundamentales de la economía: *bienes, trabajo, dinero –o sea, la valoración–* y *moneda.*

    b) No es lo mismo *propiedad* que *posesión.*

    c) *Pobreza* y *Riqueza*, materiales y espirituales.

    d) Los tipos de *bienes* y la *ética.*

    e) No es lo mismo *común* que *público.*

    f) *Virtud* ética y *obligación* legal.

a) *Componentes fundamentales de la economía*

Por *bien* se entiende –tanto en ética como en economía– todo aquello que *añade* algo *real* a su poseedor. Por ejemplo, una finca que produce es un bien; una que está siempre a pérdidas sólo lo es en sentido genérico. Conocer una técnica es un bien. Y un acto bueno es también un "bien", pues enriquece mi ser, al mejorar la virtud y al abrir el paso a la comunicación con otras personas.

Para que un bien lo sea plenamente requiere otro añadido, en este caso interior a quien lo posee: al menos un mínimo de *trabajo inteligente*. Sin él, tendríamos lo que en la filosofía aristotélica se llamaba un bien en potencia, que necesita ser pasado a acto, a realidad real completa. Una finca sin usar, por ejemplo, necesita al menos el trabajo de la vigilancia.

Por *dinero* se entiende lo que puede ser objeto de *valoración e intercambio*. Pueden tenerse bienes que, por diversas razones, no sean *valorados* o lo sean, pero sin ser objeto de intercambio posible. Muchos inventos que más tarde han producido grandes rendimientos, no le dieron nada a su creador, porque no fueron valorados mientras vivía. No eran más que *dinero potencial*. O, al revés, hay bienes –llamados "sagrados"– que no son objeto de intercambio. Una persona ética, por ejemplo, no haría una mala acción por mucho que le pagasen. Nadie –de no ser un monstruo– vende a su madre: es sagrada.

Moneda es un signo externo cuantitativo usado para el intercambio. En principio, toda moneda exige ser *pública* y estar *garantizada* por quien puede hacerlo. En nuestros días, en último término, el Estado. Estas características no están, por ejemplo, en las criptomonedas, lo que está haciendo tan difícil su desarrollo.

b) *Propiedad y posesión*

No es lo mismo la *propiedad* que la *posesión*. La propiedad es la tenencia jurídica y políticamente garantizada de un bien. La posesión consiste en un acto espiritual, mediante el que "hacemos verdaderamente propia" una propiedad. Sólo cuando se quiere algo de verdad, se posee. En ese sentido, es posible tener propiedad y posesión a la vez; o sólo propiedad, si no nos interesa ni usamos esa propiedad; o sólo posesión si, por ejemplo, sentimos muy "nuestro" un paisaje.

La familia es el lugar básico en el que este tema es más relevante. La forma de *propiedad/ posesión* fundamental es la que se da entre los cónyuges y entre ellos y sus hijos. Es evidente que no se trata de una *propiedad material* en el sentido de tener un objeto, como si el marido, la mujer y los hijos fueran una *cosa* que se tiene. Sin embargo, se trata de una *posesión* muy radical, mucho más que la de *objetos* materiales, dada por la naturaleza, a la que se debe *responder*. La autoridad civil reconoce esa posesión "como si fuera" una propiedad, siempre que no sea objeto de intercambio. Ella es, además, la base primera que legitima una propiedad.

Históricamente, la mayoría de los hijos "ilegítimos" nacieron en el ambiente social de los muy ricos o los muy pobres. Sus padres, o en menor frecuencia sus madres, no tenían sentido de *responsabilidad* hacia ellos. Por eso, la píldora anticonceptiva ha debilitado fuertemente la *clase media*, clase por excelencia –y no sin motivos– de la responsabilidad. En términos generales, sólo los "ricos" y los "miserables" –tanto en lo material como en el espíritu, y por razones contrarias– podían desentenderse de los hijos.

Lo que llamamos *sociedad humana* puede definirse como un sistema de *diálogo y de propiedad/posesión*. El término *diálogo* no se refiere aquí a una simple conversación, en el sentido superficial en el que se suele entender; ni con el término *propiedad* a una propiedad meramente legal o jurídica. La clave está en que la persona es verdaderamente humana sólo si es capaz de *comunicarse de modo racional* y de *tener* o *poseer* adecuadamente. Ambas cosas son difíciles. Cuanto más *profundo* es el uso del intelecto y de la voluntad para comunicarse y poseer, más humano se es, pero la *superficialidad* está muy extendida en la vida social. Y el superficial es un pobre que no lo sabe: no posee nada *en serio*.

c) *Pobreza y riqueza, materiales y espirituales*

No hay que olvidar que "riqueza" y "pobreza" son primariamente –como queda dicho– actitudes del espíritu. "Tener mucho" o "tener poco" materialmente, no es lo mismo que ser rico o pobre. Sucede, sin embargo, que tanto la persona rica en bienes y moneda como la pobre en ellos comparten un concepto erróneo de *propiedad/posesión,* y por ello utilizan cualquier recurso disponible en orden a acumular más riqueza material o para conseguir aquello que no tienen. Por supuesto que, si son inteligentes y las circunstancias lo permiten, ambos escogerán los medios más aceptables socialmente.

La moneda es esencialmente un *recurso* y no tiene sentido convertirlo en una finalidad última. La confusión entre *recurso* y *finalidad* ha estado presente en el origen de múltiples problemas. No es posible desarrollar unos criterios de actuación sólidos si no se tiene en la mente una finalidad *determinada,* razonable y honesta. El *deseo* de *acumular riqueza* es *indeterminado e infinito*; además, acumular infinitamente es un propósito irrealizable por definición. Esta idea explica un hecho muy conocido: aquellas personas que buscan la riqueza material como fin nunca tienen bastante; se sienten *insatisfechas,* es decir, son en realidad *pobres.*

Existe algo en común entre el "miserable" y el "rico": ambos trabajan y piensan sobre todo en sí mismos. El "miserable" se comporta de esta forma como consecuencia de su necesidad; el "rico" como consecuencia de un deseo insaciable. Es interesante observar cómo ambos poseen un *comportamiento muy similar,* que se basa en la *ausencia de responsabilidad.*

No *responden* a la naturaleza ni *atienden* al *bien común.* Si, al final, los toman en cuenta, se trata para ellos sólo de un inconveniente que han de solucionar de una forma u otra. La historia nos muestra la paradoja de que personajes muy inmorales pueden encontrarse tanto entre el grupo de los más ricos como en el de los más pobres, y que unos y otros poseen, sorprendentemente, actitudes muy semejantes.

d) *Los tipos de bienes y la ética*

Como ya apuntado, *bien* es todo aquello que añade algo real a su poseedor. Añadir algo es posible tanto en el ámbito exterior como en el interior, según sea la forma de propiedad/posesión. Existen al menos tres: material, intelectual y ética. Se puede ser propietario de objetos materiales, sin tener interés por ellos; aprender "de memoria", sin afición al saber; portarse bien por mera necesidad. En los tres casos se está en la pura exterioridad, en la superficie. Por decirlo así, se es simple propietario. Aquí es donde cabe colocar también los "bienes particulares", que sólo pueden llamarse así en sentido amplio, pues todo *bien real* es *compartido o compartible*: es, en sentido propio, *común*.

Todavía se ha de mencionar aquí también el "bien común social", el más usado hoy en el lenguaje. Se refiere a lo que Millán-Puelles caracterizó como "justicia social", una tercera forma de justicia junto a la conmutativa y la distributiva, cuya realización se pide en general a todo el que tiene algún poder y, en particular, los poderes políticos y económicos. Este bien sólo es verdaderamente común si los que intentan realizarlo lo hacen con intención ética. En caso contrario —no poco habitual—, se ha de calificar entre los bienes "exteriores" o impropios, pues no generan verdadera comunidad.

Sólo cuando se entra en el ámbito interior se da la comunión, la aparición de lo verdaderamente común, que identifica al poseedor con lo poseído. El bien de *dos que son uno* —se identifican en eso común— sin dejar de ser el uno y el otro, existe como *amor verdadero*. Un amor verdadero que puede existir porque también la *verdad es común*, y se define en concreto como la unidad-identidad de cognoscente y conocido.

Ese "milagro" de lo común es la base de toda acción ética. El *comportamiento ético* es posible únicamente cuando se pone amor a la persona y aprendizaje en el trato, es decir, cuando se tienen virtudes. La ética consiste en la actuación humana correcta o perfecta, y el ser humano se define por la capacidad que tiene de enriquecerse interiormente –y enriquecer a los demás– a través de *la comunicación y la posesión*.

La expresión máxima de la comunicación –la *verdad*– y la expresión máxima de la posesión –el *bien*– se dan en los seres espirituales. La paradoja de este tipo de relaciones es que sólo es posible comunicar verdaderamente si no se *impone* la propia opinión, sino que se *acepta* la *realidad*; y sólo se *tiene* realmente amor y amistad –la forma de posesión más profunda– cuando se renuncia a instrumentalizar a los demás para conseguir las propias metas: es decir, *posesión mediante abstención*.

Este es el único tipo de comportamiento *auténticamente humano* y que, por lo tanto, es *ético* en el sentido estricto de la palabra; lo que significa también que las posesiones materiales y las intelectuales sólo son plenamente *humanas* si en su base está esa actitud ética.

Nacemos con la *capacidad* de actuar humanamente; sin embargo, los seres humanos no tenemos *instintos* en sentido estricto. Debemos aprender, es decir, adquirir "más" humanidad. Hablando en un sentido ético, llamamos *virtud* a lo que añadimos a nuestra naturaleza; mediante la virtud somos capaces de ser plenamente humanos. La virtud es un *hábito* que transforma nuestra individualidad cerrada en *universalidad*. Únicamente mediante las virtudes intelectuales y éticas es capaz el ser humano de *concebir y adquirir* algo tan sencillo, profundo y difícil como es *el sentido común* y de *realizar* el *bien común*.

e) *Lo común y lo público*

Es conveniente subrayar también que *común* no es lo mismo que *público*. Lo verdaderamente *común* es una realidad a través de la cual se comunican las personas y, por consiguiente, no es *disponible*. No se puede romper una verdadera comunidad: es algo *sagrado*. La verdad y el amor y la amistad son *indisponibles*, son *sagrados*.

Lo que llamamos público es, por el contrario, algo que sí es *disponible*. Debería respetarse, y si no se hace, se estaría actuando de forma *indirecta* contra la sacralidad de lo *común*. Pero algo es público, hablando con propiedad, en referencia a su *uso,* y sólo en cuanto metáfora jurídica se puede utilizar como sinónimo de *común*. De hecho, el concepto genérico de "poseer algo" forma parte tanto de una persona jurídica como de una física, pero la "persona jurídica" nunca es pública más que sobre el papel: pertenece *de hecho* en cada ocasión a las diferentes personas físicas que ejercen el poder real en la organización o en la entidad correspondientes.

Por ejemplo, existen los denominados "organismos públicos" que *en realidad* pertenecen a partidos políticos y sus servicios son a veces dudosamente públicos. Por el contrario, existen muchas "organizaciones privadas" que ofrecen servicios para cualquier tipo de público.

f) *Virtud ética y obligación legal*

Lo importante aquí es que únicamente las personas que creen en la realidad de lo común pueden respetar seriamente aquello que es público. La ética es una "coacción interna" y es lo único que garantiza un buen comportamiento. Las leyes y el poder político son "coacciones externas"; pueden obligar a respetar lo público, el bien común social y el particular, pero el bien común espiritual está por encima de la esfera de las leyes y la política.

Ni los abogados, ni los políticos, ni los economistas, ni los empresarios pueden imponer el bien común espiritual. Procurar que se genere, mediante el ejemplo y la construcción de un ambiente y una estructura que faciliten su aparición, es *deber* tanto de la "esfera pública" como de la "esfera privada". En particular, del empresario. Asimismo, ambas esferas están implicadas en la oferta de bienes y servicios para uso público. Estado y Empresa son tipos diferentes de *instituciones sociales,* pero *tener algo en común o no, poner algo a disposición o no,* es una cuestión que no depende de cuál sea el tipo de institución.

La primera tarea ética es el cumplimiento correcto de obligaciones, lo que implica haber adquirido las virtudes para saber hacerlo. Los "códigos éticos" no pueden lograrlo de por sí. La ética es interior y práctica; el código, exterior y teórico. La esencia de la *corrupción,* hoy tan generalizada, es la utilización de los *bienes públicos* para conseguir el beneficio privado; la corrupción, una vez conocida, genera *escándalo,* como también lo produce la oferta pública de lo privado-íntimo. Todo ello es consecuencia de la falta del sentido del *bien común,* por haberse perdido igualmente el *sentido común.*

En efecto, lo que habitualmente se llama "sentido común" no está demasiado extendido. El humor popular dice que es el "menos común de los sentidos". La verdad de este aserto tiene su origen en que quien no está acostumbrado a obrar según el bien común, oscurece su sentido del bien, que es siempre una *realidad comunicable.* El bien común es objetivo y subjetivo al mismo tiempo y se aprenden juntos. La persona que no posee verdadero sentido común no capta el bien común, como quien no intenta dar vida al bien común acaba perdiendo el sentido común.

Cualquier buen empresario sabe que faltar al sentido común le puede llevar a la ruina, pero si después no actúa según virtud, con la intención de generar bien común, acabará, sin darse cuenta, por perder el sentido común.

D.3. La necesidad del humanismo para el dirigente empresarial*

Espacio y tiempo en el humanismo

La vida humana es la de un *espíritu* que existe en el *espacio* y el *tiempo*. Ambas dimensiones de la realidad, lejos de ser unívocas, tienen una gran riqueza de dimensiones, que matizan la existencia y son matizadas, a su vez, por el espíritu. De su estudio se ocupa el *humanismo*, con una última intención práctica: ayudar a mejorar la vida de las personas y la sociedad.

En primer lugar, el *humanismo* trabaja en abrir a los ojos la amplitud del *espacio*. Poner de manifiesto la rica *pluralidad* de aspectos de la realidad espacial –por un lado– y de la *grandeza* del ser humano –por otro–. La formación humanística nos saca del "espíritu de la aldea", que se expande cada vez más en la empobrecida educación actual y en el "especialismo" obsesivo.

De otra parte, múltiples problemas personales y sociales derivan de la *estrechez de espíritu*. El crecimiento interior es más importante que la acumulación material, incluso para conseguir más bienes materiales, como es evidente en la actual "sociedad del conocimiento". Lo que cuenta es el ser humano, la persona: ese es el gran "recurso".

Sin personas profesional y moralmente formadas no se puede hacer avanzar una empresa ni un país. Además, sin espíritu de armonía y colaboración –que amplían el espacio humano– el desgaste personal y social es enorme y no se logra nada duradero. Es indudable que las Organizaciones y las Instituciones sólo pueden funcionar bien "en red".

* (2003). Cuadernos del Centro Cultural Las Claras (Murcia), nº 1, pp. 5-7.

El humanismo supone también una concepción adecuada del *tiempo*. En concreto:

a) El *pasado* sirve fundamentalmente para aprender, para sacar lecciones. Ahí se forja la *prudencia*. Intentar "revisarlo" –lo que Nietzsche llamaba el "espíritu de la venganza"– es una pérdida total de tiempo y un impedimento al avance. Este "mirar atrás" ha paralizado a algunas sociedades en no pequeña medida, como se muestra en el indigenismo o en el islam radical. Uno de los éxitos de los USA es que no ha caído en eso –lo tenía difícil por sus orígenes– si bien quizás tienen exceso de futurismo.

b) El *presente* es el lugar de la *fortaleza*, la visión amplia y la generosidad. Sin el realismo de la prudencia, inoperante sin la fortaleza, no se puede gobernar bien. Aquí es básico lo que los alemanes llaman "Sachlichkeit": hay que ir "a las cuestiones mismas", a resolver seriamente los problemas, y no a hacer retórica vacía, pero hacerlo con humanidad. El trabajo serio y el "buen hacer" han de sustituir al gran emotivismo actual, que engendra un tipo superficial de gobierno.

c) Es fundamental ofrecer para el *futuro* lo que Ortega y Gasset llamaba "un proyecto sugestivo de vida en común", que impulse una vida social basada en la *templanza*.

El empresario y las columnas de la sociedad

De otra parte, el humanismo es un *societarismo*, porque toda verdadera sociedad se basa en el auténtico respeto a la persona. Eso supone tomar muy en cuenta la relevancia del elemento familiar: se es persona, en primer lugar, en la familia. Desde este punto de vista, la diferencia entre "humanismo socialista" y "humanismo societario" está en que el primero se basa en "colectivos" de individuos, y el segundo en familias. Son dos cosas muy distintas.

Una sociedad en la que se aproveche lo que cada persona tiene, sin estropearlo con malas políticas impositivas y pseudodistributivas, derivadas del individualismo igualitarista y colectivista, ha de basarse en la primacía de la familia. A partir de ahí, es posible buscar la implantación de un orden social *correcto*, ni arrogante ni demagógico, que procure *acercar* a las gentes en todos los sentidos, espirituales, intelectuales y materiales, sin forzar la justicia y la libertad. Eso facilitará el surgimiento de otro bien de importancia: la *estabilidad social*.

El empresario puede y debe —en la medida de sus posibilidades— colaborar en que se hagan realidad estas ideas. Hace falta para ello que, en primer lugar, se tome en serio las tres grandes columnas sobre las que se apoyan todo crecimiento personal y social: *familia*, *magisterio* y *religión*.

En primer lugar, como vemos hoy por doquier, la debilitación de la familia destruye al ser humano. En la esfera educativa, hoy hay muchos profesores, pero apenas verdaderos "maestros", que son los que educan. Sin religión, finalmente, la historia enseña que el respeto a la persona acaba desapareciendo, aunque a veces la religión ha sido mal vivida. Si un gobernante —sea en la política, la empresa o cualquier tipo de organización—, no apoya estas columnas está poniendo en serio peligro el futuro y hará imposible la gran necesidad: desarrollar una auténtica *sociedad civil*, libre, articulada y solidaria.

Para la realización de todo esto hace falta educar una *minoría dirigente* —en la política, la empresa, la economía, las instituciones— que se decida a llevarlas a la práctica. Con su acción y con su *ejemplo*, pues esas personas son también "*espejos*" en los que se miran los demás, pueden cambiar un país. Sin esa minoría, cualquier intento de cambio es fuego fatuo.

El ejemplo necesario del dirigente empresarial

Los dirigentes empresariales están entre la minoría dirigente imprescindible. De su hacer y su ejemplo dependen muchos beneficios para la sociedad, o lo contrario. Los factores principales necesarios para que se dé, en todos los casos, la educación, son el *diálogo* verdadero y el *ambiente*. Los empresarios no mejorarán la sociedad sólo con medidas económicas de las llamadas "sociales" –por muy importantes que puedan ser–, ni con ayudas o mecenazgo. Todo eso puede ser legítimo y estar muy bien, en su caso, pero sin diálogo y ambiente, el fracaso está asegurado.

El ejemplo de trabajo bien hecho, de capacidad innovadora, de trato justo con todos los "stakeholders", de gobierno prudente entendido como servicio y no como privilegio, de colaboración y disponibilidad para mejorar la sociedad civil, todo eso es mucho más importante que ser un buen patrocinador. A alto nivel de relevancia se coloca también apoyar el prestigio de las tres columnas básicas citadas. Si la empresa no contribuye a prestigiarlas, se está cavando su propia ruina a medio y largo plazo.

Con frecuencia se entiende el humanismo como un movimiento cultural que aparece de modo diverso pero recurrente en la historia. Atiende a la perfección de lo humano *en cuanto tal*, sin quedarse en el análisis especializado de alguna de sus múltiples dimensiones, para después poder potenciarlas.

Ha habido diversos tipos de humanismo, pero todos, de un modo u otro, se centran en esto. El estudio básico de los grandes trazos del humanismo, que muchos ven como un "lujo innecesario", es, por el contrario, imprescindible para la educación de la persona. Hoy día se dejan notar con fuerza las carencias en este aspecto fundamental de la formación.

Si esto vale en general, se aplica mucho más aún a las personas que están en el ámbito del gobierno. Éste requiere, como ya queda apuntado, una amplitud de visión, un dominio del tiempo y un saber tratar a las personas, que no se pueden improvisar. Desde que —ante la sorpresa de no pocos— la Harvard Bussiness School decidiera en 2008 declararse Escuela de inspiración humanista, no era muy frecuente escuchar tal aserto por parte del amplio grupo de sus competidores en el mercado de ese tipo de Escuelas.

Con todo, una cosa es la declaración y otra la realidad. Hacer de personas imbuidas de ideologías neocapitalistas o incluso "neopopulistas" unas personas bien impregnadas de auténtico humanismo, implica un cambio profundo en el acercamiento a la temática y al estilo educativos que hasta ahora tenían o tienen esas Escuelas, y que ha formado a generaciones de directivos empresariales.

D.4. ¿Quién es un buen gobernante?*

Las condiciones del gobierno

Tantas veces abordado, el tema del buen gobierno es objeto de reflexión siempre de nuevo, pues la vida fuerza a ello. Para gobernar bien lo primero que hay que crear son las *condiciones* para el buen gobierno. No es fácil llevar a cabo esta tarea si alguien se encuentra en un ambiente que no le facilita el ejercicio de ese buen gobierno, por más que aprenda todo lo que hay que saber acerca de cómo se gobierna bien, cosa que tampoco es fácil. Por consiguiente, lo primero que ha de hacer un buen gobernante es mejorar las condiciones hasta el nivel que sea preciso.

* Andreu i Civit, R.; Alvira, R. (2005). El buen gobierno en las organizaciones. Reus: Publicaciones Empresa&Humanidades, pp. 29-39.

El gobierno es sabiduría práctica, lo que implica la dimensión teórica, sin la cual el práctico es un *experto*. La diferencia entre el experto y el hombre verdaderamente práctico es que éste no sólo tiene experiencia, sino que conoce las causas, los porqués, y por eso puede realizar la acción práctica mejor, pues tiene la amplitud y flexibilidad suficiente para adaptarse a nuevas circunstancias, a las que la mera "expertise" no llega. Es sorprendente la moda del lenguaje actual, que se refiere continuamente a los expertos, como si fueran lo máximo.

Estas reflexiones sirven también para las cuestiones éticas en general. Aristóteles escribió su famosa y extraordinaria "Ética a Nicómaco", un libro para gente que se porta bien, lo que podría sorprender si no se lee lo que el propio autor escribe: los razonamientos prácticos sólo los puede entender quien ha vivido aquello de lo que se habla; nadie entiende ese tipo de discurso sobre una praxis no vivida. Por eso, las consideraciones sobre el comportamiento bueno producen simplemente la risa del perverso, pues la risa es signo de relativización y, en este caso, de menosprecio.

Pero la explicación es clara: conocer la ética da más *amplitud* y *seguridad*, que es justo lo que marca la diferencia –como ya queda dicho– entre el experto y el práctico de verdad. Además, el dominio ético implica la familiaridad con la verdad la cual, desde el punto de vista objetivo, concede *claridad*, y desde el subjetivo, *seguridad*. El saber verdadero amplía el campo de visión, da más certeza y aumenta la rapidez para encontrar soluciones: cuando un gobernante es lento es que no tiene seguridad suficiente, y por eso duda mucho.

Un problema común a todo gobernante es que se suele encontrar en la necesidad de decidir con frecuencia ante una gran cantidad de cuestiones que se le presentan. Y entonces muchos se sienten desbordados y se agobian. Aquel que tiene una formación ética seria –teórico-práctica, por tanto– sabe cómo afrontar esas situaciones. Ordena las dificultades, "reparte juego" y no se deja dominar por los nervios.

Un buen gobernante es el que advierte inmediatamente si existen las condiciones precisas para poder gobernar bien o no, y si no existen o si existen de una manera deficiente, procura ponerlas. La primera está ya señalada: él mismo ha de tener la formación precisa para ello. Pero no basta, ya que el mejor gobernante puede encontrarse con serias dificultades si los gobernados no están acostumbrados a responder. Nadie gobierna si no hay alguien que obedezca. La teoría del poder es también la teoría de la obediencia.

Por ello, se puede afirmar que hay tantas formas de gobierno como maneras según las cuales una persona puede obedecer a otra. En algunos lugares, esto puede ser particularmente difícil. Escribía Ortega y Gasset que "el problema cabal que existe en España es que nadie obedece".

El "68" y su ataque a la autoridad

Ese problema "español" se ha presentado en todo el Occidente y, de forma novedosa y muy aguda, con el llamado "espíritu del 68" y su realización práctica. Muchos de los gobernantes actuales en el mundo occidental son "sesentayochistas". ¿Qué hizo el 68 en relación con las condiciones de gobierno? Durante siglos, por influencia de la religión cristiana, se pensaba que el ser humano tiene defectos y fallos –o sea, es "pecador"–, y que esos pecados son los causantes de los males de este mundo. La consecuencia es que debemos aceptar su realidad y nuestra culpa. Se ha de poner todo el esfuerzo en *obedecer* a la ley moral y a la autoridad religiosa, de modo que el bien se vaya abriendo paso de forma progresiva. *Autoridad y obediencia* eran incontestables.

El 68 cambió estas tesis 180º, y comenzó el *escándalo* general. ¿Qué significa que seamos culpables de algo, y que hayamos de obedecer? ¿Cómo es posible que nosotros no vivamos mejor, cuando lo merecemos? ¿Cómo es posible que nuestros padres, maestros y sacerdotes sean autoritarios? En Alemania, uno de los primeros "lugares" del 68, alumnos universitarios se sentaban en primera fila del aula, con el periódico abierto delante del profesor, para demostrarle su desprecio. Luego aparecían señoritas en bañador, para demostrar que la época autoritaria estaba definitivamente prescrita.

Se cuestionaba cómo era posible que se llevase tanto tiempo hablando de pecado, siendo así que somos seres inteligentes y libres; o, cómo nos pueden haber dominado y aherrojado los gobernantes. El 68 fue una especie de permanente escándalo de gente que vivía muy bien: es la primera revolución de la historia hecha por "hijos de papá". Vivían muy bien, pero querían vivir mejor. Un chiste de un famoso humorista de la época —Sempé— mostraba un grupo de hombres vestidos de frac protestando por las calles, al grito de "¡más caviar para nuestros hijos!".

La crítica radical a la *autoridad* no dejaba de tener una base en malas prácticas anteriores. Si cometes errores —lo que es inevitable— o te equivocas en el modo de mandar, lo adecuado no es culpar a los que obedecen, sino aceptar el propio defecto. Si lo haces así y pides disculpas, lo normal es que —lejos de perder autoridad— la aumentes. Si no lo haces, el "crédito" de confianza se va perdiendo. El gobernante entonces se crispa, y hace el ridículo, aunque los gobernados no quieran dejarlo ver.

Una entrevista aparecida en la prensa va al núcleo del tema. El entrevistado era un famoso matador de toros, Antonio Bienvenida. La pregunta clave era: "¿Qué piensa usted cuando le ha empitonado un toro?" Se podía esperar —sobre todo en España— una respuesta del estilo: "lo que hay que hacer para ganarse un buen dinero"; o bien: "desde el primer momento me di cuenta de que este toro tenía muy malas intenciones"; o "con un público que no entiende, me he visto obligado a arrimarme más de la cuenta". Pero Bienvenida no dijo nada de todo eso, sino que respondió con sencillez: "cuando me empitona un toro lo primero que pienso es: ¿qué he hecho mal?".

Se puede pensar que la respuesta era producto de la grandeza del alma del torero, pero que probablemente él muchas veces no tuvo la culpa. Pero lo relevante es que la primera pregunta que se haga sea precisamente esa, antes de buscar excusas. Ese tipo de actitud genera buenas condiciones para el gobierno. El hecho de examinar en primer lugar si la culpa es propia, genera confianza entre los que han de obedecer. Sin eso ninguna economía ni ninguna política es posible, ni ninguna vida familiar, ni ningún comercio: nada se puede hacer bien sin generar *confianza*.

Puede ser que los gobernados digan: "hemos sido nosotros, ¡disculpe!". Si el gobernante añade entonces, por ejemplo: "no se preocupen, tal vez no me expresé bien", la probabilidad de aumentar la confianza es alta. Esa "entrega interior", que es grandeza de espíritu, refleja la religiosidad fundamental del gobernante. Desde este punto de vista, lo que el 68 trajo fue una actitud antirreligiosa. De un lado, se rechazaba la idea misma de autoridad y obediencia, y, de otro, se quería acabar con la noción de culpa.

Como es lógico, la primera autoridad rechazada era la verdad misma, su mera posibilidad. Son tantas las limitaciones de nuestro conocimiento, que parece desproporcionado el intento de alcanzarla. Lo sorprendente es que nos demos cuenta en verdad de que no conocemos la verdad. La solución a esa paradoja se ha intentado de dos modos fundamentales: el *escepticismo* y el *socratismo*.

Verdad, obediencia, comunicación

El escéptico es el mero "observador": sé que no sé, pero no me preocupa, describo lo que voy descubriendo y eso es todo. El escepticismo es la actitud más extendida, incluso entre muchos que no creen serlo. En el fondo, supone que se sigue aceptando una verdad, a saber, que yo digo que no se puede conocer *"la verdad"*. El socratismo –Sócrates– responde de otro modo: darse cuenta en serio del propio no-saber, implica que en el alma racional anida la potencia de saber, de conocer la verdad, pues saber que no se sabe es saber de forma radical. Y la prueba de la verdad de ese aserto es que, al darte cuenta de la situación, "explota" en el interior del alma el deseo, el *amor al saber*. Ese amor no es pleno según la objetividad de lo que conoce, pero lo es como encaminamiento existencial, y no meramente "abstracto".

Ese encaminamiento no permite el uso del *"ya"*: el saber es *vida*, y ella siempre sigue. El maestro Tomás Alvira insistía en la necesidad de acabar con un mal que calificaba de "yavalismo": "ya vale". Por el contrario, tanto más sabes, tanto más se te amplía el campo de lo que no sabes, pero eso no vuelve escéptico a quien ama el saber. Eso, traducido a la vida práctica, significa: tanto más se da cuenta alguien de su ignorancia, tanto mejor aprende a gobernar. Eso explica por qué es cierta la tesis clásica según la cual quien más manda es el que más obedece: obedece a la verdad práctica.

En el origen latino de la lengua española y otras emparentadas, la palabra *obedecer* tiene como raíz el verbo *audire*. Obedecer es *ob-audire*, es decir, escuchar para cumplir. En España, donde hay mucho voluntarismo, se piensa que obedecer es algo propio de la voluntad: un buen gobernante tiene mucha voluntad y manda mucho, y un buen obediente es un hombre dócil que somete su voluntad. Por supuesto que la voluntad tiene que estar presente en la obediencia, pero no es el elemento primario.

Lo primario en la obediencia es la escucha, es decir, la *inteligencia interesada*. Si el mandado no entiende lo que se le está mandando, es difícil que se consiga una respuesta adecuada. Por consiguiente, es crucial en el gobierno saber comunicar bien, lo que implica que el gobernante conozca a fondo el tema, al receptor del mandato y el modo más adecuado de transmitir. Y una consecuencia de ello es la conexión continua entre el gobierno y el aprendizaje. Cada acto de gobierno es un acto de aprendizaje del que gobierna, y del que obedece. A su vez, cada idea nueva que descubres es una nueva condición favorable para poder gobernar bien.

La *comunicación* es una clave en el gobierno. Es un arte difícil, que supone la unidad de poseer ideas y afecto, el cual es la síntesis de dar y exigir. Los gobernantes que dan pero no exigen, fracasarán, porque los propios gobernados piensan que esa falta de exigencia es producto de insuficiente interés por los objetivos y de falta de confianza en los gobernados. Hay que dar y exigir al mismo tiempo.

El famoso humorista británico Woudehouse sentencia, en una de sus novelas: "...era un tipo que nada más conocerlo me sorprendió, porque hablaba poco, y la gente que habla poco o es muy inteligente o es muy corta...". Es cierto que una persona inteligente comunica sólo lo preciso, sabe medir sus palabras, sin incurrir en la menor "verborrea"; por el contrario, hay personas que no hablan porque no tienen nada que decir.

El *decir* es *dar* y es la donación más profunda que hay. El *regalo* por excelencia que tiene el ser humano es el decir, y de ahí la maravilla de estar al lado de una persona que expresa algo con contenido, que llega hondo y enriquece. A veces con el uso de pocas palabras basta, mientras que, por el contrario, hay personas que hablan naderías a borbotones.

En un texto precioso, citado por Josef Pieper al comienzo de su libro sobre el amor, Tomás de Aquino subraya: "el amor es el regalo esencial, porque ningún regalo lo es verdaderamente si no va acompañado de amor". Algo parecido se puede decir de la *pa-*

labra: es un regalo esencial. Lo uno y lo otro va unido. Por eso se desea hablar con las personas queridas o con aquellas por las que tenemos afecto. Y, hoy día, el problema de muchas organizaciones es que están demasiado escasas de regalo.

Hay empresas en las que, al llegar por la mañana los que trabajan en ella, se encuentran en el ordenador los nombres de las personas a las que hay que felicitar. Ese tipo de cosas, por decirlo así, el primer día resultan simpáticas; el segundo, habituales; el tercero, sospechosas, porque se trata de un decir "mecanizado"; a no ser que vayan acompañadas por la felicitación personal de un directivo correspondiente. La gente de las grandes empresas ya sabe que los altos gobernantes no pueden felicitar a todos uno por uno.

Es decir, que el buen gobierno se estructura en escalones; no puede llegar directamente a todos. La imposibilidad del trato humano directo con todos no se arregla con momentos de "camaradería", que pueden también ser buenos, sino con la generación de confianza. Por ello, se podría decir que buen gobernante es aquél a quien no se obedece con "exactitud", sino como consecuencia de un clima de verdadero "diálogo" que él ha sabido abrir en su empresa; en efecto, obedecer es responder y toda verdadera respuesta —más que ser meramente "exacta"– añade algo a la pregunta, al mandato.

Un buen "obedecedor" no va a hacer algo diferente de lo que el directivo le pide. Pero su afecto, confianza y vibración común con él, le llevará a perfilarlo, a darle un "toque" adecuado, a "completarlo". Decía el maestro Millán-Puelles que él se conformaba con añadir un alfiler a la sabiduría filosófica de siglos, y esa idea se puede trasponer al ejercicio de la obediencia.

Pero para añadir un alfiler es preciso entender a fondo de qué va el tema y por qué se plantea. Como decía Goethe: "reconquista lo que te ha sido dado". Lo primero es darse cuenta de lo que se manda y vibrar en común con quien lo dispone. Pero se presupone también el estar abierto a la inmensa riqueza de la realidad que nos rodea, saber admirarse de ella.

La admiración por la realidad es la base del saber. El que se admira tiene la actitud humilde de "saber que no sabe". Para el gobierno es importante, pues la realidad humana es compleja y hay que intentar conocer bien tanto el tema como las personas, lo cual lleva más tiempo. Con frecuencia se cometen errores por *colocar* mal a las personas, como consecuencia de conocerlas mal. Encontrar el lugar adecuado a cada uno es una sabiduría de la que no puede carecer el dirigente.

Un error común en el gobierno se expresa con la frase: "éste no sirve, lo echamos". Si se intenta conocerlo mejor y se empieza a dialogar bien con él, quizás salta la sorpresa de descubrir una pequeña joya, muy valiosa para otro trabajo en la empresa. El buen gobernante encuentra el sitio en el que cada persona rinde al máximo.

Un ejemplo interesante es el del entrenador de fútbol. Con cierta frecuencia, jugadores que no brillaban especialmente, muestran un juego formidable sólo porque un entrenador inteligente supo descubrir que no le habían colocado en el lugar adecuado en la "alineación", en el sistema de juego.

"Hay gente tan tonta que sólo sabe estudiar en los libros", decía un famoso escritor español. *En* los libros no se estudia, se estudia *con* ellos, con su ayuda. El libro te ayuda a reflexionar, pero *estudiar* es fijar la atención, con la inteligencia y el corazón. Ese es su significado originario, y eso es lo que ha de practicar el gobernante, es decir, estudiar su empresa, con todo lo que implica: sus fines, sus bienes y sus "stakeholders".

D.5. La vocación empresarial*

Qué significa "vocación"

Un tema tan sugestivo como el del "Futuro de la empresa: trabajo, ética e innovación" empuja a buscar un *concepto* que exprese de manera a la vez sintética y con el simbolismo preciso la unidad profunda que sin duda late en él. Seguramente se pueden encontrar varios, pues la gran riqueza del tema así lo hace suponer. Aquí se elige uno en particular: el concepto de *vocación*.

Suena raro el empleo de esta palabra en el ámbito empresarial. Parece más bien que su campo semántico propio está en la esfera religiosa o en la profesional, y en esta última sobre todo cuando se trata de profesiones humanísticas y de poco beneficio monetario. Hay vocaciones a la vida religiosa, o se dice también que la filosofía o la historia son carreras "vocacionales".

Para justificar, por tanto, un uso de esta palabra que muchos juzgarían como fuera de contexto, es menester en primer término analizar el concepto mismo al que nos referimos. Vocación es una *llamada*. No la "inventa" la conciencia, sino que ésta se siente interpelada por ella. Alguien se descubre llamado a realizar determinadas acciones o tareas, o a orientar incluso su *vida* entera en ellas. La vocación resulta ser, bajo ese aspecto, una síntesis del pasado y futuro propios, pero no en el sentido de su *detalle cronológico*, sino en el que mira *al fondo* o *esencia* de la persona.

Que hayamos realizado una serie de acciones en el pasado, nos deja una marca, pero no nos obliga a seguir realizándolas en el futuro. Podemos perfectamente cambiar sin que por ello nuestra vida se vea afectada en lo hondo de ella. Nos afecta cambiar de trabajo, de ciudad, de casa, pero podemos asimilar las situaciones

* (2010). *Nuevas Tendencias*, nº 80, pp. 35-42. ISSN 1139-812.

y no es infrecuente que en las nuevas nos sintamos incluso mejor que en las anteriores.

Otra cosa muy distinta es cuando nuestro "pasado esencial" no está armonizado con nuestro "futuro esencial". Se entiende aquí por "pasado esencial" lo que en terminología clásica se llamaba *naturaleza*. La naturaleza humana es algo *dado*, nuestro modo de ser *físico* y *psíquico*, recibido al nacer. El ambiente en el que cada uno se educa es incorporado también mediante el *espíritu*, y queda dentro del ser humano como una "segunda naturaleza" unida a la primera: es la *cultura* heredada. El maestro Millán-Puelles gustaba de añadir que el ser humano es además una síntesis de naturaleza y libertad. El "pasado" sólo existe por el "futuro" y viceversa. Como es obvio, en la naturaleza está la "inclinación esencial" al futuro, de tal modo que el mismo volverse al pasado se está haciendo en el camino hacia el futuro. En el ser humano, este *enlace consustancial* es lo que aquí se llama *vocación*. Ella es esencial y se concreta accidentalmente de un modo u otro según las circunstancias personales e históricas.

Con esto se quiere decir que la vocación tiene siempre un elemento accidental-histórico, que es necesario y relevante, pero no *se reduce* a él. No es tampoco un mero *gusto*: a veces gusta mucho hacer cosas que no se corresponden ni con nuestra naturaleza ni con la incrustación histórica de ella.

En la imaginación, podemos ganar los cien metros de la Olimpiada, pero nuestra naturaleza no nos lo permite. O bien, la naturaleza nos permite comer muchos dulces que nos gustan, pero no podemos perder la medida que marcan la templanza y el médico. La vida de cada ser humano tiene una armonía básica, una relación pasado-futuro que ha de preservarse y perfeccionarse a lo largo de los diversos vaivenes históricos. Quien no se toma *en serio* su vocación está inutilizando su tiempo, es decir, su vida. Tomar en serio significa, no relativizarla, pues la broma es siempre relativización. Sólo así se puede ser feliz.

La vocación se muestra en dimensiones diversas de la vida y por ello la necesidad de saber ordenar y armonizar las "vocaciones". Es ahí donde se pueden cometer serios errores, y es necesario ser muy prudente. Si tienes, por ejemplo, vocación a fundar una familia y a ser marino mercante, has de pensar despacio cómo harás compatible lo uno con lo otro. Si la naviera es muy fuerte y exigente, es fácil que lo pague la familia, pero el cónyuge y los hijos, para una persona honrada, tienen siempre prioridad. El problema se plantea igualmente a cualquier tipo de empresario. Quien lo es de verdad, lo es por vocación y su peligro principal es relativizar la familia.

Tomarse en serio la vocación es *tomar en serio* la vida y el empresario ha de saber que su éxito le va a preparar dificultades en su vida futura, porque el triunfo aumenta la seguridad en que se podrá vencer, pero importa prever que puede no ser así. Hay que *creer* en la vida, pero lo que va a suceder en el futuro –y en nuestro futuro particular–, en el detalle concreto, nadie lo sabe, a no ser por especial revelación de lo alto. Por tanto, todo se juega en *creer* que la vida dada es un regalo, que lo por venir será bueno si se trabaja siguiendo la vocación, y que merece la pena vivirlo. Creer, en este sentido, se llama más bien *esperar*. La esperanza es la forma que adquiere, cara al futuro, la fe en que la *vida dada* y que mira a dicho futuro, es buena.

La fe es así confianza agradecida que se lanza hacia delante porque *espera*. Se trata de un *conocimiento existencial*. Si nos ponemos en marcha con esperanza hacia el futuro es porque confiamos en que lo dado es bueno, y si confiamos de verdad es que *amamos*. La vocación, en ese sentido, es el amor agradecido a la vida recibida y esperada. Y no es fácil descubrirla adecuadamente si no se cree que el mundo es bueno, es decir, que viene de Dios.

Por eso, aunque no conozca plenamente el detalle, el amor verdadero tiene una facilidad especial para profundizar en el conocimiento de lo recibido –*pasado*–, para juzgar con prudencia el *presente* y para *otear* el futuro. Y, además, al ser vida, se deja sorprender por lo nuevo, no lo teme; y es también ocurrente, innova.

El emprendedor vocacional

La pregunta es: ¿cómo podría un verdadero emprendedor no encarnar esas cualidades? El emprendedor, como es lógico, debe saber de lo que es capaz, es decir, de qué *dispone* –su "*pasado*" ya dado–, que son sus condiciones personales y sus bienes. Puede tener capital –de un tipo u otro–, pero si él mismo no es "empresario", lo más probable es que, más tarde o más temprano, fracase y pierda el "capital externo"; sólo si dispone del "capital interior" creerá de verdad en la empresa que va a comenzar y, de una forma u otra, triunfará.

Si cree de verdad, tendrá *dificultades* –la realidad del *presente*–, pues éstas son lo normal en toda vida, pero no *problemas*, pues el problema ya lo tiene resuelto desde el principio: sabe lo que quiere, sabe lo que tiene que hacer para "cumplir" su vida. Por ello, la mejor prueba de la verdad de una vocación –en este caso, la empresarial– es la *constancia*. "De la constancia del sabio" escribió un texto maravilloso Séneca, que merecería ser de lectura obligada entre los emprendedores. Quien se arruga ante las dificultades es que no tiene confianza, esperanza, amor, en resumen. Si las dificultades resultan insuperables en una circunstancia determinada, en un contexto particular dado, se comienza *lo mismo* de nuevo en otro sitio y con otros instrumentos, pero no se pierde la fe en lo esencial de la *empresa* propuesta.

Si esto es así, con un fin correctamente orientado, nada se interpone a comenzar una actividad a la que, en el sentido más preciso, se puede llamar *trabajo*: se ha abierto y puesto en acto el *futuro*. Hay que tomar en cuenta que muchas acciones, a veces ingentes, no son trabajo, porque no sirven para nada verdadero, no añaden nada real. A su vez, el vago, que apenas hace algo, es que no ha descubierto en verdad el camino de su vida.

El *trabajo* es así el cumplimiento de la *tarea esencial* que lleva a la práctica la vocación, y hace aparecer con ello la propia *casa*. Al cumplir la tarea mediante el trabajo, *intensificamos el tiempo vital*, lo que implica un correspondiente espacial: es la casa, el hogar. Ella es la *intensificación del espacio vital*. Tanto quien no tiene casa como el que no tiene tarea, se dispersa, no consigue ser él mismo, se descentra, pierde su vida. Y lo mismo quien se equivoca de casa o de tarea. Como espacio y tiempo no se pueden separar, en el fondo siempre la casa es la tarea y la tarea la casa.

Un empresario verdadero tiene a su empresa como su "segunda casa". Si no es así, es un mercenario, aunque sea el presidente. A su vez, su "primera casa", su familia, si lo es de verdad, no es un mero lugar "de estar", sino también una *aventura*, una "empresa", en el sentido de algo en lo que está *emprendiendo*. Si no es así, acabará sintiendo la familia como algo aburrido, y extraño, aunque se comporte correctamente en ella. Así pues, tanto la *familia* como la *empresa* deben ser, en ambos casos, aunque de distinto modo, a la vez *casa y tarea*, lugar donde cumplir la vocación.

Por eso es tan importante saber enlazar bien la *familia* con la *empresa*. La combinación inadecuada produce muchos daños, personales e institucionales. El "descentramiento" familiar de una persona repercute inmediatamente en su trabajo empresarial, así como el "descentramiento" empresarial repercute en su vida familiar. Es asombroso que el mundo empresarial se haya sentido de modo progresivo desinteresado de la vida familiar. Más aún, que con frecuencia haya visto a la familia como un obstáculo para la plena disponibilidad de la persona en la empresa. Es una ceguera que le impide ver lo evidente: no hay futuro ni para los individuos ni para las organizaciones si no hay una base familiar sólida.

La riqueza como origen último del fracaso económico

El Occidente se ha ofuscado con *el deseo de riqueza* –eufemísticamente calificada de *crecimiento económico para el bienestar general*– y ha subordinado el núcleo principal de la vida humana al enriquecimiento. La sentencia es clara: los millones de criaturas abortadas son los inocentes sacrificados en el altar del *dios riqueza*. Pero es evidente que sin población no hay futuro económico y lo mismo sin población educada en buenas familias. La economía de Occidente lleva bastante tiempo viviendo del *vampirismo*: el sacrificio de familias del "primer mundo" obligadas a vivir en una cierta pobreza, y el de familias de países de lo que se llamaba "tercer mundo", que perdían sus retoños porque se iban a trabajar al "primero". Occidente ha chupado sangre, pero cada vez queda menos propia.

Además, perseguir las riquezas no es nunca ni puede ser una *vocación*. Las *riquezas* son vaciedad, y si identificamos riquezas con *capital,* entonces hay que tomar en cuenta que el capital es siempre esencialmente un *instrumento* y nunca un *fin.* Mientras se siga sosteniendo que el *"beneficio"* es el fin de la empresa, no hay futuro para Occidente, por más que ahora pueda parecer lo contrario.

En primer lugar, es un *error lógico elemental:* el beneficio en forma de capital es un instrumento y no un fin. En segundo, y como consecuencia, una economía basada en ese error está abocada a crisis progresivamente grandes y, al final, al colapso. Y ello porque simplemente se ha *desnaturalizado* y ya no es verdadera economía. La gente y las empresas pueden aparentemente tener mucho pero, en verdad, no tienen nada, porque no saben apreciarlo. Han confundido su finalidad, y no pocos empresarios han perdido lo que de forma tan bella describe Enrique de Sendagorta en su texto sobre el "afecto a la empresa". En lugar de poner las finanzas al servicio de la economía y ésta al servicio de las familias —que es lo natural y lógico—, se ha hecho al revés: se han sacrificado las familias a la economía y ésta a las finanzas.

Ahí está el fundamento de las crisis, que se intentan contener mediante una fuerte disciplina bancaria, que no puede, sin embargo, evitar la enorme deuda de la economía mundial. Sin tomarse en serio que emprender es una vocación no se puede trabajar de tal manera que generes confianza. El directivo que busca meros *"beneficios"* dinerarios por encima del amor a la empresa, no es fiable ni ante sus empleados ni ante sus clientes ni ante ningún "stakeholder". A su vez, el que tiene amor de verdad, es ocurrente, se inventa cosas nuevas. Tener que *promover* la innovación es la prueba palmaria de que no se ha hecho empresa pues, si se hubiera hecho, habría surgido la innovación de modo natural.

En la misma lógica, emprender *solo* es virtualmente imposible. El ser humano necesita —aún en las personas de carácter retraído— ser ayudado y compartir. De un modo u otro, ha de contar siempre con los demás. El *empresario solitario* carece de sentido. El trabajo se hace siempre con y para los demás, porque toda vocación es *personal* y societaria.

Quien emprende *con* otros —los "empleados"—, *para* otros —los "clientes"— y *con la ayuda de* otros —los diversos tipos de "proveedores"—, pero lo hace con un fin principal que no tiene nada que ver con esas otras personas, pues el mero enriquecimiento es "individual", está llevando a cabo una *instrumentalización general*, por mucho que cumpla todas las leyes y "reglas del juego". Estropea la sociedad, la economía y a sí mismo, aunque sea aplaudido y premiado por sus "logros". Sin vocación empresarial, hay mentira empresarial, debilitación social y, a la postre, estancamiento económico. Al perderse la idea del justo beneficio, se acaba perdiendo todo beneficio.

Planos antropológicos en la empresa

E.1. Estética

E.1.1. *Dimensiones estéticas de la empresa**

La relevancia de la estética en la empresa

Uno de los éxitos notables de la empresa actual, en su relación con el mundo de la política y de la opinión pública o, si se quiere, uno de los éxitos de esa modernidad cuyo fin próximo algunos auguraban, es el haber evitado en una buena medida que se ponga abiertamente en el banquillo de los acusados a las nuevas tecnologías, por el delito de leso puesto de trabajo.

Con todo, es notorio que el problema actual del paro no tiene su origen sobre todo en complicados problemas de estructura económica, sino simplemente en las nuevas tecnologías. Ahora bien, ellas nos gustan demasiado. Pero no sabemos si nos gustan tanto por lo impresionantes que son, por la sensación de novedad y de dominio libre que nos conceden, o por el tiempo libre que nos deparan. Con seguridad, nos complacen por todo ello. Pero eso

* (1997). Cuadernos Empresa y Humanismo, nº 67, pp. 2-13.

quiere decir que hay un atractivo, una *belleza,* en *el dominio y la novedad,* como la hay en el *pausado reposo.* Y que en esa belleza y ese atractivo se encuentra una clave fundamental, que no podemos descuidar cuando tratamos de la realidad de la empresa.

En nuestros días, el "descubrimiento" del papel primordial de lo humano en la empresa ha llevado sobre todo al desarrollo de la *business ethics,* pero la ética es sólo un aspecto del mundo humanístico. Y, además, no es el primero. En efecto, ya los más antiguos investigadores de las ciencias del comportamiento sabían que un determinado discurso ético sólo puede ser entendido por el que ya lo practica y, en el fondo, todo el mundo halla en la vida lo que estaba buscando en ella. La ética comienza con el acostumbrarse a un modo de vida, bajo la condición de las inclinaciones y el entorno. Luego viene la rectificación y perfeccionamiento de esa conducta a partir de la reflexión.

Pero la reflexión, bien hecha, que lleve a mejorar mi vida en orden al bien, para hacerla más perfecta, es patrimonio de pocos. Aún está por ver si esos pocos ven el bien con tanta claridad como para *tener la fuerza* de perseguirlo. Por eso, antes de lograr que alguien mejore éticamente, es menester hacer brillar el bien ante sus ojos. Y ese no es un problema ético, sino estético. Porque, además, hay veces en que el verdadero bien no se puede mostrar directamente, dado que la vista no está preparada para percibirlo. Hay que buscar la "estética intermedia" que vaya preparando para avances más sólidos. Igual que a un drogadicto no se le puede directamente administrar el néctar del buen vino en sustitución de la dosis de heroína.

Qué estética elegir

El problema, pues, de *qué estética elegir,* reviste una importancia no pequeña. Una estética siempre hay. La belleza es, junto a la verdad y la bondad, un radical humano. Sin la relación a lo *verdadero*, lo *bueno* y lo *bello*, no se constituye el mundo humano. Pero lo característico de la belleza es que tiene carácter de *inmediata*. Para saber qué es verdadero o bueno, debemos reflexionar. La belleza, por contra, se nos impone: me gusta algo o no me gusta. Por eso, un empresario habrá podido quizá de vez en cuando descuidar la ética, pero sabe bien que si descuida la estética se arruina. El producto tiene que gustar.

Si no se procura mostrar la belleza de lo que es moralmente bueno, no conseguiremos inculcar el bien a nadie. Verdad, bien y belleza se deben distinguir, pero no se pueden separar. Sin estética no funciona la ética. No hay ética de la empresa, por tanto, sin estética de la empresa.

Como ahora señalado, ética y estética no se pueden separar pero, como se distinguen, pueden distorsionar su relación. Puede haber una buena ética mal presentada estéticamente, y una bella presentación estética que conduzca al mal. Es menester, pues, atender a este problema en su detalle, ya que tiene, además, múltiples dimensiones, tantas como la realidad misma.

La misma actitud –"progresista" y modernista; "tradicionalista" y enraizada; "conservadora" y moderna", etc.– lleva cada una consigo un estilo estético. Al respecto, se pueden mencionar aquí unos pocos ejemplos.

En la presentación de la cobertura del libro *Innovation*, de Richard Foster, Director de la Mckinsey and Company, publicado en U.S.A. en 1986, se puede leer:

> "*Innovation* es una guía de cómo sobrevivir y triunfar en esta época de cambio tecnológico acelerado. El mensaje es claro: en la época más competitiva de la historia empresarial, las compañías tienen que volver al ataque.
>
> Los anales del mundo de los negocios están llenos con los restos de grandes y exitosas compañías que perdieron sus mercados casi en

una noche frente a nuevos competidores armados con tecnologías de desarrollo más rápido y mejores productos...

Reconociendo que la ventaja siempre está del lado del atacante, (algunas) grandes compañías tienen la perspicacia de dar la espalda a pasados éxitos y enfrentarse a la competencia con nuevos productos que garanticen el futuro.

En el centro de este notable libro se encuentra la idea crucial de que la clave del éxito descansa en la constante innovación".

Y, en el último capítulo de la obra de Marvin Minsky titulada *Robotics*, y publicada en Nueva York en 1985, leemos:

"El tema del tiempo impregna la moderna ciencia de la robótica. Ya no nos modernizamos a ritmo lento. Actualmente el progreso es tan rápido que cada innovación queda anticuada antes de llegar a su producción comercial...

Hasta ahora las máquinas nos han ayudado sobre todo en las cosas que no nos gustaba hacer. ¿Qué pasará cuando nos encontremos con nuevas opciones en nuestro trabajo y en casa, cuando máquinas más inteligentes puedan hacer mejor lo que a nosotros nos agradaba realizar?

Sin duda, una nueva ola de automatización y robótica de grandes dimensiones acarreará nuevos problemas, dificultades y trastornos sociales. Pero no está muy claro lo que el pasado pueda enseñarnos.

¿Qué pasará en el lejano día en que gran parte de lo que nosotros valoremos y respetemos lo compartan también las máquinas que hemos creado? En aquel momento, cuando comencemos a crearnos a nosotros mismos, tendremos que enfrentarnos a nosotros mismos de una forma totalmente nueva".

Frente a estos textos, no lejanos, se puede traer, a continuación, uno escrito en 1913, publicado en Francia, y cuyo autor es Charles Péguy. Dice así:

"En mis tiempos, todos cantaban. La mayor parte de los trabajadores cantaban. Hoy se dan bufidos. En aquellos tiempos se ganaban cuatro perras. Es difícil de imaginar hasta qué punto los salarios eran bajos. A pesar de ello, todos gastaban bromas. Incluso en la casa más humilde había un desahogo del que se ha perdido incluso el recuerdo.

No había este ahogo económico de nuestros días, este ahogo científico, frío, rectangular, regular, medido, neto, implacable, docto, constante...

No se sabrá nunca hasta donde llegaba la decencia y la bondad de ánimo de este pueblo; una finura similar, una cultura tan profunda, no se volverá a encontrar. Ni una tal finura se cuida demasiado del discurso. Esas personas se ruborizarían de nuestro tono mejor de hoy, que es el tono burgués. Y hoy todos son burgueses.

Nosotros, créaseme, hemos conocido trabajadores que tenían ganas de trabajar. No se pensaba más que en trabajar. Nosotros hemos conocido trabajadores que por la mañana no pensaban en otra cosa que en el trabajo. Se levantaban por la mañana, ¡y a qué hora! y cantaban, con idea de partir para el trabajo. A las once cantaban yendo a comer. Es una expresión de Víctor Hugo: andaban, cantaban. Trabajar era su alegría y la raíz profunda de su ser. Trabajar era un honor indecible...

No se trataba de ser visto o no. Era el ser mismo del trabajo, que debía estar bien hecho...

Todos los honores convergían en este honor. Una decencia y una finura de lenguaje. Un respeto del hogar. Un sentido de respeto, de todos los respetos, del ser mismo del respeto. Una ceremonia, por decirlo así, constante. De otro lado, el hogar se confundía todavía muy frecuentemente con el lugar de trabajo y el honor del hogar y el honor del trabajo eran el mismo honor. Era el honor del mismo lugar. Era el honor del mismo fuego. ¿Qué ha sido de todo esto? Todo era un ritmo y un rito y una ceremonia, comenzando por el levantarse. Todo era un suceso; sacro. Todo era una tradición, una enseñanza, todo estaba enlazado, todo era la más santa costumbre. Todo era una elevación interior, y una oración, toda la jornada..."

Si toda recogida de testimonios está condicionada por criterios e intereses previos, este es un ejemplo bien claro de ello. Había que buscar una contraposición de estilos neta. Por otra parte, los textos mismos tienen también su peculiar modo de forzar. Ni antes todos cantaban, ni ahora todos piensan en el éxito y la novedad. Además, quizá se pueda cantar y buscar éxito al mismo tiempo; tal vez es incluso lo más natural. Y no todos antes pensaban en el pasado, lo acostumbrado y la ceremonia, ni todos ahora en el futuro, lo novedoso y lo expeditivo.

Y, sin embargo, esta contraposición muestra dos estilos, dos estéticas, unilaterales, y que no hacen plena justicia, por tanto, al ser del hombre. La una carga la mano en el pasado, en lo espacial y en lo eterno, en la naturaleza y la contemplación. La otra, en el futuro, en lo temporal y pasajero, en la creatividad y el placer. Ambas tocan unos resortes profundamente humanos, pero tienden a excluir los otros.

Quizás la primera tarea del mundo empresarial de hoy, si quiere entrar por la vía humanística ahora en alza, está en contrabalancear su imagen global. No se trata de la imagen de una empresa determinada o de otra, sino del empresarismo en su conjunto. Hay que ser capaces de integrar ese espíritu de futuro y de dominio del tiempo, con la canción del trabajo. Que no sea la radio la que cante siempre por mí –en los pocos ratos en que no da noticias o entrevistas–, sino que sea yo el que cante. Para eso hace falta introducir ese espíritu de aprobación, de agradecimiento ante los dones recibidos, de profunda fiesta, que se expresa en deseo de éxito, pero no de sometimiento, de derrota total del otro. Tomarse el espíritu de cooperación y armonía empresariales en toda su honda dimensión, y no simplemente como un útil de moda. La armonía es lo más bello, y la armonía más profunda es el mayor estimulante para la creatividad.

No se será fácil quitar la dureza y sequedad de las relaciones humanas y de la misma vida de cada uno, con el recurso a puros métodos psicológicos, nuevas formas de motivación o de satisfacción por la excelencia. Está muy bien el recurso a la psicología, pero si no se retoca el espíritu de fondo, todos los arreglos, más tarde o más temprano, aparecerán como postizos, como técnicas útiles para aumentar el rendimiento de un sistema. Un hombre, sin embargo, y una sociedad a los que hay que mejorar con meras técnicas son un hombre y una sociedad rebajados.

Facetas estéticas del humanismo empresarial

Si la estética es elemento relevante en el deseable humanismo empresarial, ¿qué facetas se pueden subrayar al respecto? De entrada, se perciben siete:

1) Estética en el *comportamiento* de las personas que integran la Empresa.
2) En el *ritmo* (tiempo) de trabajo.
3) En el *lugar* (espacio) de trabajo.
4) En la *estructura* de la Empresa.
5) En el *producto.*
6) En la *imagen corporativa* de la Empresa.
7) En la *publicidad.*

En todas ellas aparecen cuestiones y problemas estéticos cuya solución condiciona profundamente la vida de la empresa. No todas las personas interesadas parecen darse cuenta de ello. Muchos consideran estas cuestiones como superfluas, pero son con frecuencia los que carecen de experiencia y están en peligro de retroceder en las actuales circunstancias. Por primera vez, quizá, en la historia reciente, se atisba que lo más rentable va a ser la *finura de espíritu.*

1. Con respecto al primer punto, son los franceses los que nos han recordado que "le style c'est l'homme", "el *estilo* es el hombre". No basta la buena intención moral en el trato con las personas. Si

de verdad consideramos que cada persona vale un mundo, hemos de tratarle con cortesía, con elegancia; hemos de envolver nuestro trato con los demás al menos con tanta delicadeza como envolvemos los productos para la venta. Una sonrisa, un agradecimiento bien expresado o una disculpa bien solicitada, valen un mundo. Cada gesto es un universo significativo. La estética del *comportamiento* son *las formas*. Sin formas sociales el trato es inhumano y se acaba destruyendo la misma sociedad. La excesiva inmediatez en el trato, típica de nuestros días, es prueba de rudeza de formas, de que no hemos tomado una actitud contemplativa ante la otra persona, de que —en suma— no le hemos dado valor. Es como la comida prefabricada, con la que no se puede organizar una verdadera fiesta —comer en común— y, además, sabe siempre igual. Sólo los pueblos contemplativos tienen cocina refinada.

No basta tener buena intención moral. Si no se sabe tratar elegantemente a las personas, éstas se sienten rebajadas en su dignidad. Y entonces responden con actitudes de rechazo o bien de retroceso a formas inmediatas y zafias de comportamiento. Los británicos han sido quizás los que —en exceso— mejor han sabido darse cuenta de esto en los últimos siglos, y en ello se ha basado su superioridad social. Se dieron cuenta de que *sin formas no hay sociedad*. Un exceso de formas —manierismo— produce una sociedad enferma, pero una supresión de formas de comportamiento trae consigo la desaparición de la sociedad; del mismo modo que un hígado hinchado, hipertrofiado está enfermo, pero sin hígado no se puede vivir.

2. Si pasamos ahora al tema del *trabajo* vemos, en primer lugar, que éste se da en un tiempo. Estar atentos a la organización del tiempo es uno de los puntos básicos en una Empresa. Pero no hay que mirar sólo a la cantidad de horas de trabajo y al modo general de distribuirlas, sino también a la intensidad, al modo de

variación de ella, al tono, etc. No se puede trabajar al mismo ritmo todo el día, y es difícil rendir bien si todas las horas se hace exactamente lo mismo. Nos encontramos aquí con el problema básico de la medida –y medida cualitativa, no meramente cuantitativa– del tiempo.

Está muy claro que la empresa que sepa pensar bien estos detalles, y acertar con su puesta en práctica, multiplicará grandemente el rendimiento de cada persona y de la empresa en su conjunto. Es extraño que, a pesar de ser el carácter temporal algo tan profundo en nuestras vidas, sean pocos los que sepan medir bien el tiempo. Ese medir es un arte, en concreto el arte musical. Falta musicalidad en nuestras vidas; en España la formación musical es deficiente, y por eso se pierde tanto el tiempo; no faltan personas, que están en actividad todo el día y lo pierden lamentablemente, por no saber disponerlo bien.

Fue un avance interesante descubrir que un poco de música ambiental podía hacer más agradable las tareas y propiciar, así, un aumento de rendimiento. Con todo, la música ambiental tiene sentido para los trabajos mecánicos muy repetitivos, o en las horas de cansancio. Cuando se oye música ambiental o simplemente un programa de radio, en horas buenas de labor no muy mecánica, se puede sospechar que falta concentración, que hay carencia de amor al trabajo. La música ambiental cumple una función parecida a la de los premios: incentivar el trabajo del que no tiene ganas de hacerlo. Justo por ello, la música y los premios han de ser considerados como remedios circunstanciales, medicina sintomática. Lo interesante es lograr que se ame el trabajo, que se cante en él, y no que te canten.

Es la "música interna" la que se ha de poner en funcionamiento. Un empresario, ha de estar muy atento a este aspecto –y lo está de hecho, normalmente–, porque en realidad su función es, en buena medida, la de director de orquesta. Se trata de lograr –por una parte– que cada persona desarrolle su ritmo de trabajo y sus variaciones tonales del modo conveniente, y –por otra– que los trabajos de todos armonicen bien. Un buen empresario ha de tener oído y buena batuta.

3. Junto al tiempo, es fundamental la referencia al lugar de trabajo. Este es un tema de los más estudiados. No hay duda de que la peculiar configuración del espacio en el que alguien se mueve influye enormemente en la propia vida. La configuración espacial es un problema estético. Pero, además, es imprescindible atender a la *decoración,* que tanto y tan profundamente tiene que ver con el *decoro.* Una cueva no es decorosa para el hombre porque, precisamente, no está decorada. En la prehistoria ya lo sabían.

El tema de la habitación afecta a la radicalidad del hombre. Lo habitado es lo "tenido" (*habitare* es frecuentativo de *habere*), lo acostumbrado, y a la vez aquello a través de lo que me expreso. Sólo el hombre, entre todos los seres vivientes, en sentido propio, *habita.* Por eso la configuración del espacio arquitectónico es fundamental para encontrarse a gusto y para desarrollarse de manera humana.

Para el hombre tener casa no es puro accidente del que pueda prescindir. Y la casa es una de las realidades más radicalmente *propias.* No es igual el rendimiento de las personas cuando trabajan en un lugar que pueden considerar en cierta medida su casa, o cuando operan en un sitio que les resulta extraño, que no les es en absoluto acogedor. No hay que dejar de lado que, si aspiramos a una mayor participación en la empresa, si queremos que todos los miembros la sientan más como *suya,* lo primero que se debe lograr es que encuentren un lugar amable de trabajo. Hay sitios en los cuales se entra deseando irse lo antes posible.

A modo de ejemplo, por eso sobre quién y cómo era Felipe II nos dice más El Escorial que el retrato de Pantoja. Una persona expresa su personalidad en la configuración del medio espacial en el que vive. Se puede saber en buena parte quién es alguien al observar su casa o simplemente su armario. Pero entonces sucede que, a su vez, hay disposiciones arquitectónicas y decorativas dentro de las cuales cabe un tipo de persona y no cabe otra; cabe un tipo de trabajo y no cabe otro. Viendo la sala de redactores de un periódico se puede deducir qué estilo tiene esa publicación. No se puede olvidar que una buena parte de nuestra vida discurre en el lugar de trabajo, en la empresa. El descuido de la estética empresarial ha contribuido a la sensación de *desarraigo* tan característica del hombre moderno en occidente.

Otra faceta que se debe tomar en cuenta es la de la íntima relación de los problemas estéticos con los relativos al *poder,* en lo que a la configuración *espacial* se refiere. Este es un tema muy sutil, pero muy real. Todo *poder* se aplica en un *espacio,* físico, psíquico o espiritual. Por eso, la repartición de espacios en una empresa ha de ser cuidadosamente estudiada. Basta ver cómo están distribuidos los espacios para darse cuenta de cuál es la estructura de poder que reina en una empresa.

4. Si tratamos de la *estructura* general de una empresa, se ha de tener en cuenta que ella es siempre un orden *complejo,* una diversidad unificada, *dispuesta* de un modo determinado. Ahora bien, los problemas del modo de *disposición* son siempre problemas estéticos. La misma palabra *estructura* alude al arte arquitectónico. Que la empresa tiene una estructura quiere decir que es una *casa* y lo es bajo todos los aspectos: materiales, organizacionales, espirituales.

Su vida es un *habitar* en que se entremezclan los aspectos estáticos con los dinámicos, lo espacial con lo temporal, lo material con lo espiritual. Organizar la complejidad en la empresa es muy especialmente *arte* porque se están organizando vidas humanas.

Sobre todo, las de los miembros de la empresa pero, cada vez más, las de todos los que están directa o indirectamente en su radio de fulguración.

Los dirigentes empresariales, por ello, tienen una gran responsabilidad. El empresario es hoy un "aristócrata", porque cumple una *función universal*, esencial en el espíritu aristocrático. Es quien, en no pequeña medida, organiza y da tono a la vida social. Ese espíritu *magnánimo* ha ido siempre unido al *toque estético*, y por eso siempre se ha visto la diferencia entre el "mero rico" y el "verdadero aristócrata".

Este último intenta elevar a los demás, hacer que participen en la medida de lo posible en su mismo espíritu. Salta a la vista que a la sociedad actual –excesivamente burguesa– le falta el toque estético y de grandeza, propios de quien es consciente de que debe ganar dinero en el servicio universal de organizar bien la sociedad, de hacer que cada hombre se eleve lo más posible y se profundice en el bien común.

Que los grandes empresarios cumplen hoy, de hecho, funciones aristocráticas se deja ver – aparte de lo ya señalado– en varios detalles. Por ejemplo, los "palacios" actuales ya no son del duque o del marqués, sino de las grandes empresas y de los grandes empresarios. Están construidos por los mejores arquitectos, y en ellos se alberga el mejor arte. Esto es estética y es humanismo.

Pero el "humanismo empresarial" consiste también en la toma de conciencia por parte del empresariado de que organizar la complejidad social no es una mera operación de desarrollo de sistemas más eficaces de rendimiento humano. El problema de la "Human organization" (Rensis Likert) o del diseño de "complex organizations" (Jay Galbraith) consiste sobre todo en cómo crear un estilo humano de vida, que incluya el interés por lo monetario, pero que no coloque todo bajo la obsesión de vivir para producir más rentablemente.

5. Sin duda, además, una rentabilidad que no se apoya en la superioridad del espíritu, se muestra a la larga como engañosa. Esto se percibe hoy de modo cada vez más patente y, por ello, la empresa busca ofrecer *calidad,* es decir, arte en todos sus productos. Ya no se considera adecuado que algo simplemente funcione bien o sea útil, sino que ha de tener un toque de valor artístico.

El cliente exige cada vez más al respecto. Pero es que, además, ofrecer el producto más humano, más acabado, más artístico posible es una exigencia moral. En efecto, el fundamento de toda *oferta* es el *amor* y el amor se fija en los detalles, es inventivo, artístico. Nadie se siente atendido si se le ofrece algo puramente rutinario, sin ese mínimo de afecto que convierte en *humanas* las relaciones entre las personas.

Por lo mismo, se ha de considerar que, si los miembros de la empresa no trabajan con el deseo vivo de producir con calidad artística, no se podrán sentir satisfechos ni "realizados" y sentirán además que fallan moralmente con respecto al cliente. El directivo ha de conseguir —en la medida de lo posible— que cada miembro de la empresa convierta en arte, en poesía viviente, su actividad. Sólo así serán todos felices en su trabajo y cumplirán su tarea moral para la sociedad.

6. En lo que respecta a la *imagen,* es menester señalar que, como se decía al principio, pocas personas reflexionan sobre los principios constitutivos de algo, o sobre el entramado de su configuración moral; pero, de modo inmediato, expresan un juicio de *gusto* o disgusto acerca de cada realidad. Se trata de una actitud estética, que es primaria. La empresa —hacia dentro y hacia fuera— tiene una *imagen*, que es esa *fachada inmediata* frente a la cual surge el juicio de gusto aludido.

Así como un educador puede arriesgarse a tener una mala imagen ante el educando, en algunos momentos, si esto sirve para el bien del educando, se ha de calibrar con mucho más detalle en la vida empresarial. Por supuesto, no se puede hacer algo inmoral pero, al mismo tiempo, hay que esforzarse en todo momento en no perder buena imagen, pues esto puede costar mucho dinero. Este es un tema ampliamente estudiado hoy y en el que habría que considerar despacio si se tienen en cuenta siempre los requisitos morales.

De todos modos, no se ha de olvidar que lo hoy indicado con el nombre de *imagen* es paralelo a lo que la ética clásica llamaba el *honor*. Él dependía también del juicio de los demás, pero ese juicio no incluía sólo el elemento externo –como en la imagen– sino sobre todo la apreciación de la *virtud* de cada uno. Mientras el código admitido sea de pura imagen externa y no incluya los aspectos profundos, la estética será meramente inmediata y "romántica", en detrimento de la estabilidad de empresas y personas y con daño final del bien común y del clima de la sociedad.

7. Que la estética es fundamental en la publicidad –para acabar de tratar los temas enumerados– se entiende por sí mismo. Por ello ha despertado tanto el interés de los expertos en el arte del buen decir, en el arte retórica. La publicidad, como un nuevo género retórico, ocupa hoy lugar preeminente en las investigaciones de los especialistas en el arte del uso del lenguaje. Y plantea, como es obvio, muchos problemas relativos a la relación ética-estética. Por ejemplo, el disimulo de la intención persuasiva, tan típico en nuestros días, y que ha sido estudiado entre nosotros por el Prof. Kurt Spang, en sus *Fundamentos de Retórica*.

Recapitulación

Por último, y a modo de recapitulación, se puede decir que la vida de la empresa, en el conjunto de sus dimensiones, se muestra como una textura, como una especie de texto literario complejo, en el que aparece o debería aparecer una síntesis de los tres géneros clásicos. Hay un aspecto *dramático,* relativo a la belleza del día a día, de lo acostumbrado y consuetudinario, de las risas y las penas de cada jornada. Hay un aspecto muy característico épico, que –también entre nosotros– el Prof. Leonardo Polo ha puesto de relieve. La épica de la empresa es la dimensión de lucha heroica para la conquista de nuevas y ambiciosas metas. Y hay un aspecto, que quizá se echa más en falta, *lírico.* Es el calor y el color de una relación verdaderamente cordial. Si ella no está presente en la sociedad, todas las otras bellezas resultarán, al final, frías.

E.2. Ética

E.2.1. *Ética y Empresa**

La tarea de gobierno en sociedad

El empresario está obligado hoy y parece que es su obligación principal, a luchar por el cambio: hace reingeniería, innova, crea. La palabra innovación es quizá la que más le caracteriza. Gracias a su trabajo de "condottiero", de luchador en pro de la ampliación de la riqueza, gana, se beneficia y ayuda a los demás. Ésta parece ser su tarea. Una tarea que le ha llevado a tener una posición y una consideración ambigua en la sociedad. Algunos consideran que los empresarios son los verdaderos motores de la sociedad actual, sus verdaderos dirigentes y, por consiguiente, la nueva aristocracia.

---

* Este texto tiene por base el expuesto en el Instituto de Humanidades de la Universidad Adolfo Ibáñez, en Chile, con motivo de la creación de una nueva Cátedra, regentada por el Profesor Álvaro Pezoa. La publicación original apareció en el lugar citado a continuación: (1998). *Intus Legere*, Anuario de Filosofía, Historia y Letras, 1, pp. 85-107 (Ahora "Síntesis. Revista de Filosofía").

Si en tiempos pasados en que la riqueza era fundamentalmente inmueble, había una aristocracia de duques, marqueses, condes, barones y señores, ahora, organizada la sociedad sobre el cambio y el intercambio general de los bienes y, por consiguiente, sobre la finanza, que es el instrumento que lo permite, la figura paralela del antiguo aristócrata es la del Presidente, Director General o Subdirector General. Si alguien ponía en su tarjeta Duque de A o B, ahora pone Presidente de la empresa X o Z.

Pero en la sociedad antigua el noble, el aristócrata, tenía a su cargo la configuración general de la sociedad; tenía que ocuparse de atenderla, de estructurarla, de cuidarla. Hoy, sin embargo, no está tan clara esta función y eso es justamente lo que convierte su figura en ambigua a los ojos de muchos. El tópico de la relación entre el empresario y el Estado es una causa de ello.

En tiempos pasados podía haber luchas entre la aristocracia y la monarquía por el poder político efectivo. Pero una cosa era el poder político supremo o último y otra el poder social, también político en sentido amplio, y no había duda de que el poder social estaba mucho más en manos del conjunto de los aristócratas que en las de la corona. Hoy, sin embargo, no pocos empresarios se apoyan en el tópico de que ellos tienen por obligación sacar adelante la creación de riqueza, innovar, competir en el mercado, y todos los problemas sociales serios los dejan en manos del rey, o sea, del nuevo estado-providencia. Se desentienden así de la estructura social, y ahí está la clave de muchos de los problemas éticos actuales.

La relevancia del espíritu de agradecimiento

Un tema en el que se puede medir el nivel ético de una persona e incluso de una sociedad, es el *agradecimiento*. *Reconocer* –una sabiduría profunda– el *don* recibido y no despreciarlo, sino aceptarlo. Sin esa actitud, las relaciones humanas se hacen imposibles. Ética es la persona que agradece con palabras y con hechos. Hacerlo con hechos es referir una acción presente a otra pasada: agradezco ahora lo que se me ha dado ya antes. No puedo si aún no se me ha dado.

La pregunta es si, de entrada, tiene el empresario algo que agradecer. Su actividad tan propia, creativa, mira fundamentalmente hacia el futuro, pero el resultado suele tardar. Y puede ser entonces que la psicología del innovador dificulte –por la pasión de dar a luz lo nuevo– la actitud de agradecer.

Al respecto se puede considerar, en primer lugar, que el empresario no habría podido innovar sin una base de conocimientos recibidos. Esto supone no sólo que tiene una deuda permanente con quienes le educaron, lo que se puede olvidar, sino que hay más: la familia y el sistema educativo son algo que todo empresario ha de tener en cuenta si no quiere ver amenazada su propia condición de empresario en el futuro. El primer punto en el que se ve las consecuencias de la desatención familiar es el de la inmigración.

No hay población educada suficiente porque la gente se ocupa tanto de crear riqueza y de ganar dinero, que no puede "perder tiempo" formando una familia. Formar una familia lleva mucho tiempo y cuesta dinero, y en España, por ejemplo, país tradicionalmente rico en población, han bastado trece años de gobierno socialista para que hayamos pasado a ser el país con más baja tasa de natalidad del mundo. Si quieres vivir en una sociedad preocupada por el enriquecimiento, no puedes dedicar tiempo ni interés a otras actividades.

El problema que estamos empezando a vivir es, pues, la escasez de población; ninguna economía, como es elemental, puede subsistir así, como tampoco si los pocos que la forman no están bien educados y encuadrados en una cultura homogénea. Incluso con la población que tenemos, afrontamos problemas progresivos, porque en una sociedad de cultura fuertemente individualista, la juventud resultante carece de capacidad de entrega y, al no haber sido suficientemente educada, no desarrolla la confianza precisa para poder vivir según los cánones éticos.

La consecuencia es que se ha importar "fuerza de trabajo" y hay que formarla, educarla y homogeneizarla culturalmente. Es sorprendente que, en un país con tasa de paro oficialmente alta en el nivel europeo, cueste tanto esfuerzo encontrar trabajadores para determinadas tareas y acaban siendo inmigrantes.

Así pues, cualquier empresario consciente debe estar agradecido al sistema social anterior, que a él le ha permitido innovar y estar interesado en que ese sistema se perfeccione.

En segundo lugar, el empresario no hubiera podido innovar si alguien no le hubiera ayudado en su tarea. Nadie crea ni innova en solitario, ni a nadie le gusta ser simplemente un lazarillo –como se dice en España– de quien innova. Hay muchos procesos empresariales en los cuales parece que todo el éxito del cambio, del avance, de la ganancia, se centra sólo en unas pocas personas. Sin embargo, tal vez aquéllos a los que se les han ocurrido las ideas verdaderamente operativas e imaginativas son gente que está semiperdida en el entramado de esa empresa. Hay personas en una empresa que están contribuyendo decisivamente de diversos modos a su crecimiento y, sin embargo, no son consideradas como copartícipes relevantes.

No se trata necesariamente de ser dueño de una parte del capital; no siempre interesa lo que a partir de los años 60 se llamó "capitalismo plural" y que significó un serio avance de la idea participativa en el mundo de la empresa. Hay muchas personas que no tienen particular interés en tener acciones de su empresa. En lo que sí tienen interés es en que su trabajo sea *reconocido*. Es decir, un verdadero empresario tiene que ser agradecido a aquellos que le ayudan a innovar. Debe agradecer no sólo a los que le enseñan a innovar sino también a los que le ayudan a hacerlo.

En tercer y último lugar, el empresario no hubiera podido innovar si alguien no hubiera agradecido su capacidad para ello, es decir, aceptado esa innovación que él ofrece. Ese es lo que comúnmente se llama *cliente*. Toda actividad empresarial implica tenerle un profundo respeto, de la misma manera que el verdadero artista lo alberga siempre por su público admirador. El empresario de verdad respeta hondamente a su clientela y eso es una actitud ética.

Una ética olvidada

Hasta hace pocos años, había bastantes hombres de empresa que actuaban éticamente, pero pensaban que la ética era una cuestión privada y que la vida empresarial tenía sus propias leyes. Consideraban que la aplicación de las normas éticas incidía de una manera más o menos externa y superficial, pero no era un tema clave. Como tampoco lo era para el Estado y nadie hablaba de ética en política.

Durante dos siglos se ha pensado que la administración del Estado tenía sus normas y reglas y no necesitaba de la ética para cumplir sus fines. La historia ha echado abajo esa tesis, pero ¿por qué durante años economistas y políticos han dicho que una cosa es la economía y la política, y otra, muy distinta, la ética? Porque la *modernidad* se ha presentado como una tarea de futuro en la que la clave de todo es hacer crecer el *bienestar* entendido como riqueza. Si conseguimos hacerla crecer, todos se beneficiarán. ¿Por qué no han querido oír hablar de ética muchos empresarios? Porque pensaban que escuchar discursos moralizantes les hacía perder el tiempo.

Es muy cierto que un estilo progresivo e innovador tiene consecuencias positivas para la sociedad. Sin embargo, la crisis que apunta y ha llevado en los últimos años a que los empresarios se ocupen cada vez más de ética, está producida precisamente por la excesiva obsesión del futuro, el puro deseo de cambio o innovación. Ese deseo ha llegado a generar estructuras que lo dificultan. Es el tema de los *rozamientos sociales.*

Una máquina puede ser formidable, funcionar muy deprisa, pero si no ha resuelto ese problema, se irá paralizando. Y los rozamientos sociales son problemas éticos. Como va ya señalado, la ética surge en el agradecimiento; agradecer es considerar, tomar en consideración a otro ser. Cuando se hace así y se quiere a las personas, se establece una síntesis misteriosa de conservación e innovación. Quien quiere desea conservar al ser querido y, a la vez, surge en él una inclinación a regalarle algo nuevo. El amor es inventivo, siempre nuevo.

La obligación, no sólo económica, sino también ética de un empresario, es –siempre que sea posible y razonable– conservar la propia empresa. Pero ¿qué tiene que hacer para ello?: innovar. Por consiguiente, la presunta contraposición entre los aspectos conservadores e innovadores es falsa. En todo ser vivo, el *crecimiento verdadero* no supone *pérdida de identidad* o cambio de ella, sino enriquecimiento humano.

La visión integrada es la única que puede dar sentido al vivir. La unilateralidad es falsificación. Si algo no es tomado en su plenitud, no podemos ver su sentido. Por consiguiente, es preciso combinar los diferentes aspectos de cambio y permanencia, de atención e innovación, para poder captar el verdadero sentido de nuestra actividad en la empresa y para llevarla a cabo de una manera adecuada.

Martin Heidegger, quizás el más conocido filósofo del siglo XX, publicó un profundo escrito bajo el título "Construir, habitar, pensar". Con un sesgo diferente un profesor español escribió sobre "Habitar, trabajar, vivir". Un tema clave tratado por ambos es el trabajo. ¿Para qué trabajamos?

Trabajamos para habitar mejor. ¿Qué logramos cuando habitamos mejor? Vivir de una manera más feliz. No tiene sentido vivir para trabajar; trabajamos para vivir. La prueba es que hay muchos que trabajan para olvidar sus penas, y muchos más que intentan arreglárselas para vivir bien trabajando poco. Sin embargo, el peso cultural de nuestros días inclina a pensar que vivimos para trabajar, y eso provoca que nuestro rendimiento sea menor. Un trabajo bien hecho, se lleva a cabo sólo cuando comprendemos el sentido profundo de lo que hacemos, es decir, en primer lugar, el propio sentido de la vida. Trabajamos para habitar. Habitar es un término castellano que deriva del latino *habitare*, un frecuentativo del verbo *habere*, que significa *tener*. Es decir, habitar es tener, poseer en profundidad.

En una sociedad como la nuestra en la que la riqueza lo es todo, vivimos para trabajar, porque si dejamos de hacerlo su nivel está amenazado, la competencia nos va a vencer, etc. Una sociedad así parece inmensamente egoísta; como se dice, en ella el tener supera al ser. Nos hemos olvidado del ser en favor del tener y, sin embargo, la paradoja es que nos hemos encontrado con la *crisis de la propiedad*.

No hay sentido verdadero de ella si no se capta primero qué significa habitar y si no se comprende el valor del trabajo. Si éste no mira a un habitar, es decir, a una propiedad radical, se convierte en una mera inquietud, y una persona que no está luchando por un auténtico tener, trabajará cada vez peor. Pondrá en marcha un proceso unilateral, un cáncer, un tejido que no es armónico con el resto del organismo. Se ha absolutizado una parte de la vida y eso es la riqueza.

Por eso, hay muchos indicios en nuestros días que muestran cómo, en el fondo, el "mero trabajo" no puede satisfacer a la persona y los malos resultados de mantener una equivocada teoría del trabajo y la riqueza. Por ejemplo, las personas se procuran jubilar lo antes posible. Hay muchos, en los países medianamente ricos, que a los cincuenta y tantos años se jubilan, pero como ahora se vive con un poco de suerte más de noventa en buenas condiciones físicas, se convierten en puros *consumidores*. Cuarenta años, treinta y cinco años de consumición. ¿Quién los paga, si no hay jóvenes?

De otra parte, las personas mayores, por lo general, cada vez invierten menos: invertir es un riesgo que puede dar un ataque al corazón veinte años antes de lo previsto. ¿Por qué jugar a la inversión cuando se tiene la vida solucionada? Pero hay más problemas todavía. Cuando una persona no tiene el sentido del habitar, tampoco tiene un recto sentido del *consumir*. ¿Dónde están los criterios de consumo en una persona que no tiene familia, y dónde los aprendió, si nació en una "desestructurada"? ¿Cómo aprenderá a distribuir adecuadamente? El problema de la justa distribución en las sociedades ricas es grande.

Se ha absolutizado la riqueza y eso empieza a generar gran cantidad de rozamientos económico-sociales; interiores a la propia persona y exteriores, que dificultan el trabajo. Lo que sostiene principalmente la riqueza no son, como es bien sabido, los bienes materiales, sino una población activa e inteligente. Por consiguiente, la clave es tener en la empresa y en la economía general del país una población así, que sepa cómo actuar bien, en todos los sentidos de esta expresión, que comprenda la profundidad de la existencia humana.

La casa y la tarea

Sin ese sentido no se puede ser ético ni tampoco, a la larga, ganar dinero. En la vida hay que lograr dos cosas fundamentales que, por lo demás, todo padre de familia busca para sus hijos: una *casa* y una *tarea*. Todo ser humano ha de saber cuál es su trabajo y cuál es su casa, y, a su vez, comprender que la tarea está en orden a la casa, sin perder de vista que también la sociedad en general es, en cierto modo, la propia casa. A cualquier familia le interesa que no le vaya bien sólo a ella, sino también a las de alrededor porque, si no, el futuro de sus hijos está amenazado. Al chileno como al español les interesa su propia sociedad y luego también las otras.

Necesitamos ser verdaderamente humanos en la tarea de construir la casa. Una casa no es un puro edificio, sino un poco de humanidad y un poco de humanidad es un trozo de virtud. Las virtudes son lo *tenido*, lo que me llena interiormente. El que no tiene nada es un ser abstracto, porque el ser humano ha nacido para *enriquecerse humanamente*. No me humanizan las cosas materiales que tengo —el "rico" piensa eso— sino la *virtud*. Los animales nacen y mueren como han nacido, los seres humanos han nacido para para humanizarse mediante las virtudes.

Quien no tiene virtudes es incapaz de construir una casa y, a su vez, al construir la casa, se aumenta la virtud y se dispone el ambiente para seguir mejorando. Por consiguiente, la persona que no es justa, que no tiene templanza, fortaleza, etc., se va a encontrar en su trabajo diario con una serie de *rozamientos interiores*. Cada acto de injusticia que realice le va a pesar y la falta de interés por el prójimo le va a hacer más abstracto y vacío. La ira le "corroerá" y empeorará su organismo. Grave es también la falta de prudencia. Estudiar bien los problemas antes de lanzarse a su resolución ahorra mucho tiempo y trabajo degradado en "activismo". El conjunto de los rozamientos hace aparecer el mal social por excelencia: la falta de *confianza*.

No hay ningún sistema humano, sea económico, jurídico, político, etc., que pueda funcionar sobre la desconfianza. Si no se genera confianza es imposible que vaya bien ningún negocio, como es imposible que se desarrolle adecuadamente la vida dentro de la empresa. Generar confianza es difícil, y más aún si las personas con las que tratamos están inclinadas a desconfiar, a causa de la deseducación que han sufrido en la familia, en los centros de enseñanza y en la sociedad en general.

En la empresa se pueden encontrar tres tipos de personas. En primer lugar, gente no muy inteligente, pero con buena voluntad y valía suficiente. Un buen empresario sabe hacerles sitio a esas personas; un aspecto relevante de la sabiduría de gobierno consiste en saber encontrar el sitio adecuado para cada uno. En segundo lugar, hay personas valiosas y, entre ellas, dos estilos. El valioso e incómodo, que dice lo que va mal. A ése hay que mantenerlo siempre que se pueda. Y luego, el valioso que nunca dice qué es lo que va mal o qué es lo que podríamos mejorar. A esa persona hay que invitarle a irse, porque es patente que, si es un tipo valioso y no se le ha ocurrido ninguna mejora, no le interesa la empresa y, por consiguiente, está aprendiendo dentro de ella para marcharse y hacer la competencia. Es un error mantener personas competentes y no implicadas, y también escuchar a meros "halagadores".

Con la gente "incómoda", implicada, hay que ejercer la subsidiariedad. No dar capacidad de iniciativa en el campo de competencia propio de cada uno es un fallo ético básico; es mejor que una operación salga un poco peor en algunas ocasiones pero que todos se sientan responsables en su propio ámbito. Cuando desde arriba se sustituye al de abajo, la sensación de desmoralización en la empresa es grande. Un jefe "simpático" no puede suplir con su simpatía la falta de respeto del principio de subsidiariedad.

La virtud ética como fundamento

Pero dar responsabilidad implica primero dar formación. Quien con su trabajo va a colaborar en la vida de la empresa ha de tener una cierta participación en las virtudes del dirigente, ha de aprenderlas. Si no es así, le será difícil entender bien las indicaciones de la superioridad.

Junto a la base profesional, ha de hacer propias las dos grandes virtudes que –de modo clásico– supo resaltar Séneca: la *grandeza de ánimo* y la *constancia*. Pero, en general, las cuatro clásicas, en sus diferentes vertientes, aquí ya apuntadas. Y, además, especialmente, tener *visión*. No se suele tomar en cuenta y es fundamental. Nadie puede colaborar bien en sacar adelante una empresa si no la "ve", si no tiene una idea suficiente de su estructura y sus fines. Sólo así podrá "identificarse" con ella.

A la "grandeza de espíritu" se le ha solido llamar "*nobleza*" y es una virtud de gran belleza, que se puede estropear por arrogancia o por pequeñez. Louis de Bonald, escritor de gran agudeza que vivió los tiempos de la primera revolución francesa, que la nobleza no está en ser duque o marqués, rico o pobre, dirigente o dirigido. Está en ocuparse del bien del otro además del propio. Eso es grandeza y es a la vez la esencia más profunda de la *justicia*.

Por eso, la justicia es más que mera "matemática", un *do ut des* exacto. Son encomiables los expertos en ética empresarial que estudian con todo detalle, por ejemplo, un problema de información privilegiada, de competencia desleal, u otros casos similares, pero la exactitud no es la guía para el juicio práctico. No se puede siquiera devolver una cantidad exactamente equivalente a la recibida, pues el tiempo y sus circunstancias han cambiado.

No pocas personas en el mundo empresarial y en el económico desesperan de la ética, porque entienden la justicia como algo matemático y, por tanto, imposible. Pero el hombre verdaderamente justo –o sea, el noble– *pondera,* buscando y pensando en el *bien del otro*, porque es magnánimo, sabe dar con generosidad y posee la capacidad –tan relevante– de "*hacerse cargo*" de las necesidades de los demás.

Hacerse cargo de ellas obliga a revisar lo que hoy día cada vez se ve como más difícil de mantener tal como está: el *Estado de bienestar,* como una especie de síntesis de liberalismo y socialismo.

Ese Estado es un cierto fraude porque, por un lado, da lo que nunca nadie había dado: niveles de vida social, riqueza, seguridad y libertad jamás vistos. Pero si bien todo eso es un cierto "lujo", es al mismo tiempo un "rebajamiento", porque hace que cada uno se olvide de sus responsabilidades sociales, deje de hacerse cargo de la sociedad y transfiera buena parte de la carga a un Estado que ha de resolver los problemas que la economía individualista crea. Los muertos esparcidos en el campo de batalla que es el mercado tienen que ser atendidos por la cruz roja llamada estado de bienestar.

Son muchos los problemas técnicos que presenta ese Estado, pero tiene un problema ético fundamental y es que inhibe la responsabilidad. Ser un empresario ético en un mundo empresarial que no lo es tanto, es todo un problema. Lo más fácil es atenerse al legalismo y a loa costumbres generalizadas. Por consiguiente, para introducir un ambiente ético, sin el cual es imposible que la sociedad se desarrolle bien, no basta con códigos éticos, y ni siquiera con el ejemplo personal, sino que es necesaria una amplia red cooperativa entre los dirigentes empresariales. Es decir, que la aristocracia social, aquellos que dirigen las corporaciones, instituciones, empresas, se pongan de acuerdo en que es menester respetar la ética y dar ejemplo de ello.

Los dirigentes empresariales tienen siempre el deseo siempre de "estar a la última". Como uno de los últimos avances –que viene además de los Estados Unidos– es la ética, hace falta incorporarla. Se encuentran entonces dirigentes empresariales que encargan a un equipo de "expertos" la elaboración de un "código ético" para colgarlo en las paredes de los despachos. Y algunos lo hacen con buena voluntad.

La ética es imprescindible, pero sólo será operativa en el mundo empresarial si primero es vivida como virtud, sobre todo por los dirigentes y después si hay también un amplio acuerdo cooperativo entre ellos al respecto. En esas condiciones el abaratamiento de los costos sería enorme. Entre personas honradas y entre amigos no se necesita gastar millones en muros defensivos, ni se pagan chantajes y sobornos. Cuando hay un control interior, y la ética lo es, entonces no hay que gastar tanta cantidad de dinero en controles exteriores.

Sólo cuando los dirigentes sociales asuman la responsabilidad común de introducir un estilo social en el que predominen los controles interiores, será posible ahorrarse los inmensos gastos que generan los controles exteriores.

E.2.2. *Ética y eficacia en la empresa**

Introducción

En el "Antiguo Régimen" la sociedad estaba estructurada en tres grupos: aristocracia, clero y pueblo llano. Esta estructura se repite hoy, aunque de modo diferente. La nueva aristocracia la constituyen empresarios y en cierta medida políticos; el nuevo clero son los medios de la opinión pública, los periodistas, porque ellos son los mediadores, cumplen la función de unificar la sociedad al ponerla en comunicación; el pueblo llano son los "empleados". Toda sociedad necesita de un elemento directivo, un elemento comunicativo y un elemento productivo. El dirigente suele carecer de tiempo –y de formación– para dirigir y comunicar a la vez.

Así como en la sociedad antigua el que ejercía este elemento mediador era el clero, en la sociedad moderna lo es el comunicador. En la empresa se repite el esquema, y uno de los temas éticos más interesantes es cómo se realiza la comunicación dentro de ella. Si la labor de dirección plantea dificultades éticas, también la

* (1990). Empresa y Humanismo. Cuadernos Extensión, nº1, pp. 37-43. Santiago de Chile: Universidad de los Andes.

de comunicación. Para ser un buen comunicante hay que ser una especie de cristal transparente, lo que implica no buscar ventaja con esa mediación. Obviamente, el "empleado" tiene también su carga ética.

Situar la empresa en este contexto supone querer ir más allá de los planteamientos más habituales hoy. No basta una teoría general de la organización, un análisis de los sistemas de dirección, una psicología empírica o una sociología positiva, aunque todo ello pueda ser muy útil. Si no hay un sentido profundo del hombre y de la sociedad donde encuadrar esos saberes y esas técnicas, ellos mismos fallan, al no ser suficientemente prácticos para la empresa. Les hace falta un pensamiento humanista, "arquitectónico", que sitúe cada acción práctica en el contexto global que le corresponde.

No atender esa dimensión puede llevar a repetir la deficiencia de la educación occidental guiada por la "pedagogía de los objetivos", empírica y técnica. Los *objetivos* son, por supuesto convenientes, pero si falta una pedagogía de *fines*, un claro y profundo sentido de la educación, la eficacia educativa es reducida. Y eso mismo sucede en la empresa que lo juega todo a las técnicas, pensando que eso la hará muy eficaz. Lo que en realidad tiene, al cabo de un cierto tiempo, es desconcierto.

Hay señales de que se empieza a ser cada vez más consciente de la necesidad de ese humanismo, y una relevante es el papel concedido a la llamada *"cultura de la empresa"*. Si se entiende el concepto de cultura con la amplitud y profundidad que encierra, es posible utilizar la expresión "cultura empresarial" como sinónima de "humanismo empresarial". En él está presente también lo empírico y lo técnico, puesto que son humanos, pero se amplía con el abanico humanístico, en particular con la ética, aunque no sólo con ella.

Platón sostenía que la sociedad es como un ser humano "en grande". Contiene en medida amplia los caracteres de cada persona. Y lo mismo se puede decir de todo tipo de Organizaciones sociales. La unidad humana está configurada según una estructura tripartita: *cuerpo*, *"psique"* y *espíritu*. La síntesis psicofísica es lo que se puede llamar *carácter* –aunque a los psicólogos les gusta emplear temperamento– y es esencialmente "condición", mejorable, pero invariable. La síntesis espiritual es lo que llamamos *estilo*, que es el precipitado de la cultura propia, donde la libertad juega un papel decisivo.

Dimensiones de la cultura empresarial

Las organizaciones tienen también un carácter y un estilo. El carácter depende de la base material –en qué sector se encuadra la empresa–, pero el estilo es una consecuencia de la dirección. Ella se enfrenta a una realidad pluridimensional, que debe estudiar y tratar en todos sus detalles. Los aspectos que ha de tomar en cuenta son: *unidad, comunicación, espacio, tiempo, belleza, verdad, bondad*.

1. *Unidad*

Sin una visión unitaria, de la finalidad y del diseño básico de la empresa, no es posible encontrar el sitio adecuado para cada parte de ella. A veces la casualidad puede hacer que se acoplen piezas en una unidad que estaba implícita, pero en principio se requiere la idea de fondo, pues puede ser que nos aparezca algo que funciona, pero que no acaba de entrar en el ámbito de nuestros intereses. Tener clara la unidad es lo propio del alma grande. Se nota muy pronto si el directivo la tiene o no, por su modo de actuar. Hay una "elegancia" natural propia de ese tipo de personas. Ortega y Gasset decía que "elegancia" era "eligencia": saber elegir adecuadamente. Perseguir, por ejemplo, el mero lucro como fin principal es típico de la persona inculta, no humanista, y su gestión tendrá roces a corto plazo y fracaso a largo.

2. Comunicación

Las partes de una unidad configuran su *multiplicidad* interior, cuyas piezas de un todo, tienen una base común, están "*comunicadas*". Sin una buena comunicación nada funciona bien, y no es fácil de hacer. En la empresa eso se muestra al menos en dos niveles relevantes. Uno muy mencionado es el más accidental: los informes, invitaciones, reuniones festivas, etc., pero el principal es el modo de gobierno. ¿Qué tipo de dirección tiene la empresa? Puede haber muchas maneras. El tipo "quasifeudal" y "paternalista", que trata bien, pero sin considerar la igualdad fundamental de las personas; o una distante y arrogante; o una populista, que insta a un trato confiado y espontáneo, que no se corresponde con la realidad del sistema. Asimismo, puede darse una dirección democrática, la cual a su vez se puede plantear de modo *participativo* o simplemente *representativo*. El participativo es el mejor, pero implica un alto grado de cultura en la empresa y pocas lo tienen; el representativo es el más habitual, pero generalmente para decisiones de segundo nivel.

3. Espacio

¿Cómo están figurados los espacios en la empresa? Este tema es de crucial importancia en la cultura y por ende en la eficacia de la empresa. La distribución del espacio es análoga a la distribución del poder. Todo poder se ejerce sobre algún tipo de espacio: ya sea físico, psíquico, espiritual, político o empresarial. Se suele hablar de espacio político de un partido o de presencia de una religión, etc. Del mismo modo, basta entrar a una empresa y ver cómo están distribuidos los espacios físicos, y los espacios de influencia de cada directivo, para saber cómo es. La diferencia entre la suite del director, el despacho del subdirector y la mesa del "empleado" puede ser muy significativa al respecto.

4. Tiempo

El tiempo es un factor fundamental. Primero en su dimensión cuantitativa, pues si de hecho se dedican muchas horas al trabajo en la empresa, puede peligrar la vida familiar o el propio equilibrio psicológico. Pero también el "tempo" en el que se desarrollan las actividades. El modo de uso del tiempo es un arte "musical", y por eso el directivo es una especie de "director de orquesta". Cuando el ritmo es trepidante no se pueden pensar las cosas despacio, surgen la precipitación y la ansiedad; si es excesivamente lento, se cae en la apatía y la pereza. Se han de discernir los momentos: cuándo y cómo acelerar o poner calma: *adagio, allegro, vivace*. Si el director no tiene "buen oído", no podrá dirigir bien, ser un empresario eficaz.

5. Belleza

Cuidar la estética, tanto exterior como hacia dentro de la empresa, es de particular importancia. Una mala decoración consigue que las personas que trabajan en ella estén a disgusto, muchas veces sin poder explicarse el porqué. Un mal estilo en el trato con las personas –también eso es estética–, puede generar una atmósfera hostil y desagradable. Hay muchos detalles, aparentemente pequeños, que son, sin embargo, fundamentales para que el ambiente en la empresa sea el agradable y adecuado.

Basta entrar en una sala y observar su decoración para calibrar el *decoro* que reina allí. El espíritu se expresa a través del detalle en el decoro, y además la decoración es un elemento de relieve en la génesis de algo fundamental: el *ambiente*. El entorno estético juega además un gran papel educativo, sin que las propias personas lo perciban. No es lo mismo haber nacido en Florencia que en el desierto. El contacto asiduo con buen arte perfecciona la sensibilidad y educa el gusto. La estética juega un papel destacado en el trabajo bien hecho, en la elegancia y delicadeza del trato mutuo.

Y, si la empresa es una segunda casa, porque incluso se pasa más horas en ella que en la propia, el empresario ha de procurar convertirla en un sitio amable, en el que se pueda trabajar a gusto. Si es un lugar psicológica-espiritual-estéticamente extraño, produce rechazo. Hay gente trabajando en lugares donde no les gustaría vivir y el resultado es que no rinden lo que podrían y la eficacia empresarial es menor.

6. Verdad

Una buena empresa ha de integrarse en lo que hoy día la literatura empresarial llama la *sociedad del conocimiento*. Si antiguamente existía una sociedad agraria y después una industrial, ahora tenemos una en la que el factor conocimiento/información es decisivo. Una buena *Universidad* ha de atender ese requerimiento, desplegando vínculos con la empresa, no sólo para la preparación de los jóvenes que se incorporarán a ella, sino también para la formación permanente de todos sus miembros. La eficacia empresarial va a depender cada vez más del incremento cognoscitivo y del reciclaje educativo de sus componentes. Fuera de ello, más tarde o más temprano quedará descolgada.

7. Bondad

No encarnar y vivir las *virtudes morales* es ir contra aquello que la *naturaleza* le pide al ser humano para su perfeccionamiento, pero entonces ella se venga y termina pasando factura. No ser *prudente*, no saber hacer *justicia*, no ser suficientemente *valiente* a la hora de dirigir la empresa, o no tener la *templanza* suficiente, se paga muy caro.

El Seminario "Empresa y Humanismo" publicó un volumen de Rafael Gómez Pérez titulado Ética *empresarial*, en el que sigue la metodología de los *casos* al estilo de la Harvard Business School. En ellos todo gira en torno a las citadas virtudes principales, o sus subsidiarias. La Moral —basta referirse a su monumento clásico, que es la 2.2 de la Summa Theologiae de Tomás de Aquino— ha combinado siempre la fundamentación teórica con la casuística. Hoy nos hemos quedado sobre todo con esto último, lo que puede cumplir su función durante algún tiempo, hasta que, de modo inevitable, se debilite.

No es difícil imaginar momentos en los que el empresario, para ser eficaz, ha de ejercitar esas virtudes, que son saberes prácticos: la toma prudencial de decisiones; la justicia, en la que la ejemplaridad es tan relevante; la fortaleza ante situaciones difíciles; la templanza ante la tentación de desmesura, o el afán de riqueza; etc.

Al final, el ejercicio de las virtudes clásicas conduce siempre a una mayor eficacia, a un mayor rendimiento; puede parecer que el mal comportamiento moral es buena vía para la mayor eficacia. Pero la realidad termina imponiéndose y muestra que la rectitud hace aumentar el rendimiento, al instalar un elemento clave que es la *confianza*.

Otro aspecto relevante, en el que se combina lo moral con lo social y lo económico, se transluce a través de la distinción, empleada por Linton y Parsons, entre *estatus* y *rol* social. El estatus se refiere al engarce estructural, y el rol es su aspecto dinámico.

En el correspondiente uso español, se entiende que el rol social es la función que se cumple dentro de una corporación, y el estatus, el nivel —orgánico, pero también económico— que dentro de ella se tiene. Es tarea del directivo que ambos factores no se distancien en demasía, para que se dé *emulación*, pero no mala *competencia* interna.

Para concluir

Durante años, en la clásica empresa industrial, los trabajadores deseaban que sonase la hora, para marcharse. Señal clara del poco amor por la institución y la tarea. Charles Péguy es un escritor francés que vive a caballo entre los siglos XIX y XX y tiene experiencia del mundo agrario que poco a poco iba siendo desplazado por el industrial. Una cita suya puede servir para cerrar estas reflexiones sobre ética y eficacia:

> "En mis tiempos (al volver del trabajo) todos cantaban, la mayor parte de los trabajadores cantaban, hoy dan bufidos. En aquellos tiempos apenas se ganaba. Es difícil imaginar hasta qué punto se ganaba poco; a pesar de ello todos gastaban bromas, no había esta obsesión económica de nuestros días, este ahogo científico, frío, rectangular, regular, medido, neto, implacable, docto, constante. No se sabrá nunca hasta dónde llegaba la decencia y la bondad de ánimo de este pueblo; una finura similar y una cultura tan profunda no se volverá a encontrar, ni una tal finura se cuida demasiado de discursos. Nosotros, créanme, hemos conocido trabajadores que tenían ganas de trabajar, porque no se pensaba más que en trabajar. Nosotros hemos conocido trabajadores que por la mañana no pensaban en otra cosa que en el trabajo; se levantaban por la mañana, y ¡a qué hora!, iban al campo y cantaban. En una expresión ya clásica de Víctor Hugo: "andaban, cantaban". Trabajar era su alegría y la raíz profunda de su ser".

Hoy las empresas tienen muchos más medios para facilitar el trabajo, pero quizás se ha perdido ese espíritu que insufla alegría al trabajador. ¿Quién va cantando, o al menos silbando una pieza musical? Tal vez un empresario habrá conseguido la máxima eficacia en su empresa cuando, tras aplicar todos los modernos métodos de la teoría de la organización y de la informática, consigue, además, que los trabajadores vayan por la mañana a su empresa cantando.

E.2.3. *Valores morales y cultura de la empresa* [*]

Empresa, moral, cultura

El acercamiento a este tema, cuyos tres pivotes son *moral*, *cultura* y *empresa*, puede iniciarse mediante la referencia a la situación actual de la empresa, pues, viendo cómo está, es posible seleccionar los aspectos culturales y morales que parezcan más necesarios para cubrir las posibles deficiencias al respecto.

La empresa se concibe hoy sobre todo como unidad de "*producción*", tomada ésta en un sentido amplio, y está impregnada de un cierto espíritu economicista o –si se quiere– "burgués", que ha sido característico de la "modernidad occidental". En ella, la empresa es una realidad pensada originariamente para el ámbito económico; lo que se busca es generar *riqueza*, o conseguir el enriquecimiento. Incluso en las instituciones de enseñanza se ha introducido ese espíritu: el saber es un activo que produce riqueza. El acompañante implícito a este espíritu es la relevancia del *trabajo*.

En la medida en que la sociedad burguesa considera que lo fundamental es la economía, convierte lo que es *condición* en *fundamento* y *finalidad*. En general, sin cumplir con la condición nada se puede hacer, y la economía es, en ese sentido, indispensable. Pero si se toma por fundamento y fin, todo se transmuta y ella pasa a ser lo que se toma más en *serio*.

Lo *serio* es una categoría moral. La moral burguesa es, sobre todo, económica. El resto de las actividades humanas tienen, todas, un carácter subordinado, incluidas, como es lógico, las de carácter lúdico. Pero es que, además, en general, colocar algo "fuera de sitio" es jugar, y si lo haces con intención realizas un "*juego serio*". En ese sentido, el economicismo realiza el juego de tomarse

---

[*] (1990). Seminario Permanente Empresa y Humanismo. Servicio de Documentación, nº 13, pp. 5-8.

en serio por encima de todo la riqueza y la estructura económica que conduce a ella. La diferencia entre la actuación moral en serio y el juego serio está en que en la primera posibilidad si hace falta se entrega la propia vida, mientras que, en la segunda, si es preciso se acaba con quien dificulte el juego.

Si la empresa es para la economía y la economía pide trabajo y es lo serio, parece no haber duda en que la moral burguesa ha de ser también la moral del trabajo. Aquí, sin embargo, surge un problema, pues el trabajo en general, y sobre todo en la empresa, tiene esencialmente un carácter social, mientras que en una economía materialista no puede tener más carácter que el individual privado.

Este es un problema típico de la empresa: de un lado organiza el trabajo, y, con ello, se mueve en el más puro y mejor terreno de lo público; pero, de otra parte, la economía en el fondo se concibe de forma privada. El resultado es una esquizofrenia constitutiva y la perpetua duda de si la empresa es o no una *institución*. Una institución es una unidad cultural orgánica, que existe gracias a la *vida en común*.

Liberalismo y socialismo como formas culturales modernas

La solución que el *liberalismo* ofrece es sencilla: más tarde o más temprano, la riqueza llegará a todos. Para que el sistema funcione hace falta la motivación del enriquecimiento, pues la economía significa interés privado. Por ello, la sociedad liberal ha de ser necesariamente aquella que se apoya sobre la suscitación de deseos y el mantenimiento de la ilusión de que podrán ser conseguidos. Es una peculiar manera de entender la libertad, luego completada con otros rasgos.

En el *socialismo* el problema es más complejo. Primero confunde lo público con lo estatal, y luego convierte en estatal parte o todo el ámbito económico. Bastantes medios de producción son del Estado, y el mercado está regulado. De este modo se pretenden evitar los *desajustes* propios de la economía capitalista. Pero entonces surge un gran problema de motivación para el trabajo, y el trabajo es la clave de la economía. El socialismo es "intelectualista", pero la razón no basta para motivar. Trabajar sin un interés privado, o con la renuncia al poder, significa sacrificar la *voluntad particular* en favor de una *voluntad general*. Ahora bien, esto es *lo* mismo que *universalizar la voluntad,* y eso es lo más difícil que hay. Ninguna *filosofía pura* puede lograrlo. Una voluntad universal es una voluntad santa.

Teóricamente, la empresa socialista tiene menos problemas que la capitalista. Si cuenta con personas educadas en su filosofía, aparentemente le basta con apelar a la razón. Si no las tiene, usa una mística emocional de la solidaridad. Si le falla lo uno y lo otro, como es probable, dado que la pura razón no empuja a obrar y menos a sacrificarse, y la mística emocional es siempre pasajera y superficial, no tiene más remedio que utilizar la negatividad en su forma más rotunda: mano dura, imponer la razón. Ahora bien, ese procedimiento tiene un límite y no consigue grandes rendimientos más que en cortos períodos de tiempo. Entonces se ve que lo que parece fácil no lo es tanto. El problema quedó ya señalado: no hay motivación para el trabajo. Es una paradoja —ampliamente comprobada en los países comunistas— que una filosofía del trabajo —la de Carlos Marx, por ejemplo—, no consiga hacer trabajar.

Si la empresa capitalista, que sobre el papel ha de tener muchas más dificultades que la socialista, ha tenido mucho más éxito que ella, se debe a que ha sido más consecuentemente materialista. Lo *material* es siempre meramente *individual:* si se predica en favor de la pura vida material, ha de hablarse al puro hombre individual. Si no existe un *más allá* ni una *interioridad,* ¿por qué sacrificarse por los demás? A cada uno le interesa lo suyo. Desde luego, se necesita a los demás para organizar la economía y para el agrado de la vida, pero una cosa es establecer las relaciones indispensables y otra tomárselas verdaderamente en serio. Es la motivación del enriquecimiento o del bienestar individual lo que mueve a trabajar y a actuar.

Con todo, hay un problema. Los modos de comportamiento –la moral– y el estilo según el cual se llevan a cabo –la cultura– dependen en una empresa, por tanto, de los fines perseguidos en y con ella. Si lo que importa es lo material, entonces, en último término –como queda dicho– el centro es el individuo, y aquí surge otra paradoja. Un *individuo puro,* en cierta medida tiene todo el valor –por sí mismo, por ser "absoluto"– y, en cierta medida, ninguno, pues cada uno de los otros se interesan también, a su vez, sólo por ellos mismos. El *individuo absoluto,* se puede decir, paga muy caro ese carácter absoluto: pasa a ser, en medio del universo y de la historia, en el fondo, puramente insignificante. Aquí aparece una debilidad de la empresa liberal: ¿cómo asegurar un interés serio de unos por otros y de todos por ella?

El papel institucional de la confianza

La clave es la generación de *confianza.* Si no la hay, no existe verdadero trabajo en equipo. También aquí reaparece el tema del *habitar,* pero todavía con más fuerza: si falta la confianza, no es posible participar propiamente en una vida *común,* –confianza y comunidad verdaderas son inseparables– y si no hay vida común no hay *casa,* y aparece la sensación de desarraigo. Generar confianza es tarea moral y difícil. Supone gran rectitud, sacrificio, entrega generosa al bien de los demás.

Sólo confiamos en aquellas personas que han demostrado actuar por nuestro bien, lo cual es bastante más que mostrar simpatía. Hay personas que nos resultan simpáticas, en las que apenas confiaríamos. Si el clima interno de una empresa es de desconfianza, la probabilidad de que funcione bien es muy baja. A lo más que puede aspirar es a que los miembros de ella cumplan las normas, y las tareas que se les encomiendan a cambio de la pertinente retribución, pero sin que sea nada fácil aumentar el rendimiento, a no ser por circunstancias excepcionales.

De facto una situación así se puede calificar de servidumbre encubierta. Aunque la legislación y los reglamentos declaren a todos iguales ante la ley, y exista un cierto sufragio universal, si se trabaja por una ganancia material a las órdenes de alguien, sin que unan lazos de confianza ni se pueda participar de algún modo en las decisiones de gobierno, entonces –incluso aunque seas millonario– eres un siervo. Ya en la Roma del Bajo Imperio hubo esclavos muy ricos.

Ahora bien, está muy claro –a mi entender– que el gobierno no puede ser de todos. Tales gobiernos son inviables y las empresas con ese régimen no pueden tener éxito, pues el arte de gobernar es muy difícil de por sí; son pocos los que tienen facilidad y menos los que añaden estudio a esa buena disposición. Si a la dificultad intrínseca al gobierno se le añade la del tener que contar con una asamblea o un comité gestionario continuamente, entonces la situación se torna imposible

Como es claro, la consecuencia de lo dicho no es que todo gobierno –y el gobierno es inevitable– traiga consigo servidumbre. Más bien es, simplemente, que la servidumbre surge y está en la desconfianza, y no en que haya gobierno o no. Por ello, el problema no está en si uno participa en mayor o menor medida en la dirección de la empresa, sino en si puede confiar en ella o no, por razón de su bondad intrínseca y la de sus dirigentes.

Si a una persona con poca formación, y sin inclinaciones por el estudio, se le hace participar mucho en el gobierno, se le está haciendo caer en el ridículo. Es mucho mejor tratarle con todo respeto, pagarle todo lo posible, tenerlo en gran estima, pero no darle mucho papel gubernativo. Ha habido muchas personas que tuvieron el "título" de siervos –por razón de su tipo de trabajo– y realmente no lo eran: fueron tratados como si no lo fueran, porque eran de confianza. Por el contrario, se pueden tener todos los títulos participativo-gubernativos y ser un verdadero siervo en la empresa, si no es digno de confianza. Es lo mismo que pasa en la política democrática, y por eso los partidos han de hacer campañas para ganar unos votos de gentes en las que no confía.

En resumen: si no hay confianza, de un modo u otro se ha de instaurar o bien la subordinación formal, o bien la atomización individualista, o las dos cosas. Pero, como quedó apuntado, la confianza sólo puede aparecer cuando tiene sentido ser generoso, es decir, cuando existe algo más que la pura temporalidad, materialidad, individualidad. Afirmar, como escape, que el tiempo lo arreglará todo, ya que es infinito, no soluciona nada, pues ese infinito de por sí no tiene fuerza transformativa.

Sólo un dirigente empresarial preocupado seriamente por el bien de los miembros de la empresa puede ser capaz de crear ese clima *habitable* sin el cual ninguna empresa realmente lo es. La ética y la cultura están para convertir nuestra vida en lugar *habitable*.

E.2.4. *La ética profesional**

La dificultad de la ética

"Profesar" es de por sí una actitud ética: un profesional es quien se ha tomado definitivamente en *serio* su tarea. Al hacerlo, busca trabajar del mejor modo posible, tanto en lo relativo al contenido,

---

* (1996). Seminario Permanente Empresa y Humanismo. Servicio de Documentación, nº 35, pp. 9-13.

como al modo. Se puede ser un buen "técnico" sin ética, y alguien con buena disposición moral, pero sin preparación "técnica" para el trabajo. En ninguno de los dos casos se cumple la *deontología*, pues ella atiende al mejor cumplimiento posible del *deber en el trabajo*. Una persona con actitud ética, pero sin conocimiento "técnico" no puede cumplir bien su tarea, como tampoco alguien con ese conocimiento, pero sin ética: más tarde o más temprano fallará.

La ética es difícil siempre, y más en nuestros días. Porque, al ser los humanos seres sociales, dependen, en buena medida, del entorno; cuando el aire que respiramos es malo, los pulmones empiezan a estropearse, la sangre se oxigena menos y las funciones físicas se van deteriorando; cuando el aire social que respiramos es malo, también nuestro espíritu se va deteriorando y nosotros tomamos actitudes y comportamientos que son menos adecuados.

La circunstancia social siempre tiene una importancia particularmente grande en lo que se refiere a la ética. La nuestra es una época fácil en la apariencia social, pero difícil desde el punto de vista ético, y el resultado es la *complejidad*. Baltasar Gracián, uno de los escritores más brillantes del Barroco español, afirma que se necesita el arte de la prudencia, la agudeza y el arte de ingenio, para comportarse de modo adecuado en una sociedad que consideraba más compleja que nunca. Hay que aprender a navegar en ese proceloso mar. Posiblemente, nuestra época es todavía más difícil que la dibujada por Gracián, pero la lectura de este autor sigue siendo de gran utilidad en nuestros días.

Se ha intentado facilitar —sobre todo para el gran público— la ética, mediante la distinción entre *ética y moral*, como si la primera fuera "estrictamente racional" y la otra tuviera apoyatura religiosa, pero es más que dudoso que se pueda hacer algo así. La prueba es que la "ética" ha tenido —no le quedaba otra solución— que buscar un fundamento último, y creyó encontrarlo en los "derechos humanos". La discusión interminable acerca de ellos ha dado en silencio su sentencia: es al revés, son los derechos humanos los que se fundamentan en una ética, y ésta, por su parte, ha de basarse en una religión, sin la cual carece de practicidad.

El caso y el ejemplo

A la dificultad ética y a la complejidad social, se añade que la sociedad en la que vivimos está llena de malos ejemplos, y eso tiene una importancia particularmente grave. La ética es existencial, no se aprende sólo en los libros, no basta con un discurso teórico.

Al respecto, es preciso subrayar que no es lo mismo un *caso* que un *ejemplo*. Sobre todo, las Escuelas de Negocios, en línea con la famosa de Harvard, utilizan habitualmente el llamado "método del caso". Estudiar un caso –y como ellas lo hacen– puede, sin duda, ayudar en el aprendizaje, pero tiene, al menos, dos carencias.

Una que el vaivén de preguntas y observaciones no facilita lo que siempre se ha entendido por *estudio*. Otra, que los ejemplos se enseñan y se aprenden en la vida práctica. El prestigio que ha ganado el caso en esas escuelas, lo ha perdido el ejemplo en la enseñanza secundaria y universitaria. Existen profesores que, a diferencia de los usos tradicionales, no se "rebajan" a ponerlos. Sin embargo, un verdadero ejemplo es la *realización existencial de una idea*, y por eso, pequeños –aunque relevantes– ejemplos, se reciben en el día a día de buenos padres, maestros, sacerdotes y otras personas, a las cuales se suele llamar, precisamente, "ejemplares".

Es tan difícil encontrar auténticos ejemplos históricos, que puedan ser relatables en su núcleo y detalle, que no pocos de ellos se han repetido durante muchos siglos en los libros. Ellos, por su grandeza, cumplen la función de *invitarnos a su estudio, y empujarnos a una realización análoga*. No es lo mismo que discutir con los alumnos un caso trivial, aunque esto bien hecho tenga su interés.

En consecuencia: si alguien quiere que su organización cambie o mejore su actitud ética, lo primero que tiene que hacer es dar ejemplo. Se pueden encargar códigos éticos a expertos, y transmitirlos a todos los miembros de la empresa, pero sin el ejemplo de los directivos ese proceder resulta poco útil o, más bien, contraproducente. Surge de inmediato la sospecha.

La base de la ética auténtica es el ejemplo; cuando la ética está sólo en el papel, el que lo recibe sospecha. La ética hay que explicarla con la vida. Cuando un miembro de la empresa o un cliente va a ver al directivo y le dice: "Estoy muy sorprendido del buen comportamiento de la empresa, como tal y en su gobierno", entonces es el momento de darle una copia del código ético. No antes.

Superficialidad y verdad ética

¡Qué cosa más fácil casarse! Pero hoy en bastantes países la tasa de divorcios es enorme. ¡Qué cosa más fácil tener algún hijo! Pero educar hijos es tarea muy exigente. ¡Qué cosa más fácil relacionarse con amigos! Pero se descubre, después de muchos años, que esa persona a la que creías querer tanto, no la conoces, no sabes cómo es y, no digamos nada, esa con la que simplemente estás trabajando en el mismo lugar. En ese sentido, es muy interesante para un directivo hacer viajes con la gente de su equipo, porque en ellos se suelen descubrir facetas desconocidas de la persona.

Contaba mi padre la pequeña historia de un profesor suyo, en la Facultad de Ciencias de la Universidad de Zaragoza, a quien los alumnos consideraban un sabio, que tenía más de 50 años y todavía era auxiliar de cátedra, como se llamaba entonces. Le preguntaron al catedrático: "¿Cómo es posible que aún sea auxiliar?" Y el catedrático les respondió: "Es que sabe tantas cosas difíciles que se le ha olvidado todo lo fácil".

Estas últimas observaciones miran a poner de relieve las dos caras de la ética: de una parte, es lo más sencillo. El bien no es complicado, va directo a obrar en favor del otro, para ayudarle a ser o estar mejor. Pero, de otra, no se puede confundir esa sencillez con superficialidad: la facilidad ética es profundidad humana.

Kant, quizás el autor moderno más significativo en el campo de la ética, sostiene que lo esencial es el *respeto*. Y, sin duda, el respeto es central y, en sí mismo, sencillo. Platón y Aristóteles, los más grandes "clásicos", afirman que el centro de la ética es la justicia, así de sencillo.

Quien respeta hace justicia, pero es más claro y más profundo mantener que quien hace justicia respeta. El mero respeto tiene una connotación negativa: no actuar mal contra nadie. La justicia pide más, por su enfoque positivo, llevado al máximo en la incorporación cristiana del platonismo: nunca se puede "devolver" plenamente el don recibido, por una parte; y, por otra, al mal recibido se responde con la compensación equivalente –*vindicación*– y un "super-don", el *perdón* en lugar de la *venganza*.

La acción ética es, de ese modo, lo que se llama, con una palabra que, por desgracia para Occidente, dejó de estar de moda en la Revolución Francesa, la *nobleza*. Una cosa son los "aristócratas" –mejores o peores según cada caso– y otra es el espíritu aristocrático. Decía un gran escritor francés de la época –el Vizconde Louis de Bonald– que el hombre noble no se diferencia del "villano" en que ha nacido en una familia "aristocrática", en un palacio, y en posesión muchos bienes. La diferencia está en que el hombre noble, aparte de ocuparse de sus asuntos, se ocupa de los de los demás. Es ése el detalle, a la vez que una clave de la ética: lo que Séneca llamaba la *grandeza de espíritu*, la virtud por excelencia, el ir más allá del interés por uno mismo.

Aporías éticas

Hay dos aporías éticas: una, desde el punto de vista objetivo, y otra, subjetivo. Desde el primero, la más extendida consideración de la justicia la ve como el arte de equilibrar y establecer una proporción exacta. Muchos desesperan de lograrlo bien, porque piensan que eso no es posible y, efectivamente, no lo es. Ni siquiera el concepto de *interés añadido* acaba de arreglar el asunto, porque el interés introduce el tiempo como factor en la justicia, pero se trata de un elemento de difícil manejo.

¿Cómo ajustar algo existencial, como son los bienes, en relación, con el tiempo y con todo el cúmulo de circunstancias que entran siempre en juego cuando la vida sigue? No se puede, de tal manera que la justicia matemática es imposible. Nietzsche afirma que la vida es, de por sí, injusta, y hasta la física lo confirma –pues ni siquiera se cumple en el principio de acción y reacción–. Y aún más, donde hay vida no puede haber "justicia exacta". Por eso, una persona que tiene grandeza de espíritu nunca quiere devolver exactamente, sino que siempre busca excederse.

Un hombre noble se excede al devolver, no lo hace según mera proporción matemática. Las mujeres tienen quizás un poco más de sentido que los hombres para las relaciones humanas, y enseguida captan cuando la devolución es "matemática", en cuyo caso, es fría, o cuando hay algo más, en cuyo caso hay vida por medio. Lo que todo ser humano espera en relación con otro es *vida*, que se le trate como ser humano. El no excederse en absoluto tiene, en el fondo, algo de inhumano.

En cuanto a la aporía subjetiva, se trata del tema de la debilidad y la fortaleza. Obrar éticamente bien es las dos cosas. Es una debilidad porque aceptar al otro significa no hacer sólo la propia voluntad, sino tomar en cuenta la suya: dejar que, en cierta medida, se imponga. Nietzsche rechaza la ética clásica precisamente por no ser compatible con su tesis de la supremacía de la voluntad de poder.

La ética implica debilidad y por eso, en una sociedad pensada tan masculinamente como la nuestra, en la que todo se centra en la fortaleza, es difícil que tenga un lugar adecuado. La sociedad moderna está pensada masculinamente, y de ahí también la aparición del feminismo, como reacción frente a ello. Las mujeres no encuentran sitio en una sociedad pensada masculinamente, según el modelo, además, del varón fuerte, pues los niños y los viejos no pintan nada en la sociedad actual, mientras que a las mujeres siempre les ha gustado *cuidarlos*.

Por tanto, para obrar éticamente hay que aceptar la debilidad. Y, sin embargo, desde otro punto de vista, la ética es fortaleza, primero porque hace falta para desarrollar la *virtud*, y después porque sólo al tenerla se es capaz de aceptar de verdad al otro y "ganártelo". Al final de la novena Sinfonía beethoveniana se cantan las famosas estrofas de la "Oda a la alegría", de Schiller: "(feliz) el que pueda decir, en este mundo, que hay un alma que es suya, y el que no, que se marche llorando de nuestra unión". Es decir, el actuar éticamente sirve para aumentar, no sólo la fortaleza interior propia, sino también la fortaleza social.

Subsidiariedad y gobierno

Ninguna institución, como grupo societario, puede tener auténtica fortaleza sin la ética, porque sólo ella logra que las personas tengan dominio sobre su propia voluntad, facilitando así el trabajo realmente en común con otras. De ahí que los dirigentes sean los primeros que la deban introducir, mediante su *ejemplaridad*. Entre los muchos detalles concretos en los que ella se puede mostrar, hay al tres de particular interés al respecto.

1. En primer lugar, el tomar en serio el principio de *subsidia-riedad*. Saber dar responsabilidad e iniciativa a todos los que trabajan en una organización. No hay mayor injusticia que tutelar innecesariamente a los demás. El peor padre es el que "sustituye" a su hijo, con un amor mal entendido. Ese es un error, que se puede insinuar en las empresas con intención "ética". En las empresas que no la tienen, simplemente se exprime al dirigido.

2. Para que la subsidiariedad pueda funcionar bien, es preciso, por tanto, *formar* a las personas en el sentido de responsabilidad e iniciativa. En relación con este punto, es fundamental que el directivo ayude a tener *visión*, lo cual supone transmitir a cada persona una *idea suficiente* de toda la empresa y no sólo de su propia parcela. El problema hoy es que no es infrecuente encontrar directivos sin suficiente visión.

3. En cuanto a los resultados, el punto está en la teoría de los riesgos controlados: organizar las cosas de tal manera que las personas se puedan equivocar sin poner en peligro nada relevante en la empresa. Todo individuo que entra a trabajar se va a equivocar; el que manda tiene que saber hasta dónde puede hacerlo, y dejarle, porque eso es de gran valor para el aprendizaje y para el aumento de la confianza.

Aspectos de particular atención gubernativa

El primer punto se refiere al *tipo de personas* en la empresa. En ella algunos, sin destacar por su inteligencia, se esfuerzan por hacerlo bien: se les debe procurar mantener. Hay otros inteligentes y "molestos", que dicen al directivo lo que no se hace bien, o interesaría cambiar: son valiosos, y merecen la confianza. Por último, los listos y que nunca comentan mejoras posibles: es mejor indemnizarles y que no sigan, pues aprenderán mucho de la empresa y luego se irán a la competencia.

El segundo punto trata de la capacidad de *comprensión*, que no es fácil de ejercitar. Muchos de los problemas de una organización son consecuencia de algo tan sencillo como la diversidad de caracteres de los seres humanos. Quien gobierna ha de saber respetarla. Más aún, el arte directivo está aquí en saber integrarlos y armonizarlos.

El tercero es la *cooperación*. No hay que limitarse a *convivir*, en la empresa y con otras, bajo el implícito de que lo principal es la *competencia*, hacia dentro y, sobre todo, hacia fuera: la competencia es muy importante y hay que mantenerla, pero más importante todavía es el espíritu de cooperación. Si falta, no se puede actuar éticamente; hay que ayudar a los demás para que así el bien común se realice. Parece bien ingenuo, pero cualquier empresario con alma grande lo comprende.

Consideraciones finales:

a) No tiene mucho sentido hacer firmar a una persona un código ético. Se firma lo jurídico, no lo ético. Además, la ética trata de encontrar el punto justo, y eso la humanidad lo lleva viviendo desde que existe y seguirá viviéndolo. Es decir, no hay ninguna fórmula que pueda ahorrar el trabajo de buscar lo justo en cada acción.

b) El ser humano es un misterio y la ética, en ese sentido, se basa en el misterio. Si conociéramos perfectamente al ser humano, podríamos dominarlo, pero no es el caso. Hay que intentar conocer siempre más al ser humano para tratarlo mejor, pero, en la misma medida, se debe aceptar que es un misterio. Esa dificultad ayuda a no desesperar y a no manipular al prójimo.

c) La ética no es la única dimensión del obrar humano. Más aún, la actuación ética se "aplica" en el ejercicio de la acción social: económica, jurídica, política, religiosa. Las buenas acciones nunca son buenas acciones en abstracto. Se "profesa" —se toma en serio— la ética, al llevar a cabo esa aplicación.

E.2.5. *Las relaciones humanas en el mundo globalizado* *

Preludio

Es conocida la anécdota de uno de los músicos geniales de la historia moderna, Gioachino Rossini. Él, como es bien sabido, al triunfar —todavía muy joven— de una manera espectacular en Europa, había ganado muchísimo dinero y decidió no seguir componiendo. Se dedicó entonces a disfrutar de su vida privada. Invitaba continuamente a sus amigos a las fiestas y cenas que preparaba, ya que no solamente era un gran músico, sino también un extraordinario cocinero. Tanto en la música como en la cocina fue innovador y hoy día existen platos cocinados en el mundo entero que llevan su nombre, como el Turnedó Rossini.

Volvió a componer cuando era ya viejo y gordo, como consecuencia de sus capacidades culinarias. A veces trabajaba por la noche, en la cama. Por las mañanas, el desorden de su habitación era grande y se podían encontrar hojas de partituras tiradas por el suelo. La razón era que, como estaba grueso, no le era fácil levantarse, y cuando se le caía una partitura tomaba otra en blanco de la mesilla y seguía componiendo.

No tenía ninguna dificultad en rehacer lo que acababa de escribir. Lo podía hacer porque, junto a su *genio*, había adquirido,

* (2004) *Nuevas Tendencias*, nº 52, pp. 7-14. ISSN 1139-8124.

gracias al *aprendizaje*, el arte musical. Había adquirido el *hábito o virtud artística*. A los que llegan a dominar, por ejemplo, el instrumento de cuatro cuerdas que algunos consideran, por excelencia, europeo, se les llama virtuosos del violín. Hay que tener *disposición* –"genio"– y realizar mucho aprendizaje para llegar a tener un hábito, una virtud; para ser, en este caso, virtuoso de la música.

Las virtudes o hábitos

La virtud nos permite salir de esa indefinición en la cual nacemos los seres humanos. Somos alguien que aparece en este mundo sin saber hacer nada y, después, gracias a la adquisición de las virtudes, descubrimos que somos seres capaces de crecer continuamente, de añadir algo a nuestro ser. Las virtudes, los hábitos, nos permiten perfeccionar nuestra manera de actuar y hacerla cada vez más bella, universal y comunicable. Por eso, cuanto mejor las hemos incorporado, más somos capaces de enriquecer a los demás con lo que hacemos.

Cuando alguien empieza a aprender a tocar el violín, para seguir con el ejemplo anterior, se convierte en el flagelo de todos sus vecinos porque aquello suena mal; ese instrumento no sólo no comunica, sino que incluso provoca el alejamiento de todos. En cambio, cuando se alcanza el aprendizaje, después de tanta repetición, todos se acercan y quieren enriquecerse con esa música maravillosa.

Pues bien, en todos los niveles de actuación del ser humano pasa lo mismo. Podemos adquirir los hábitos intelectuales, las virtudes morales o éticas, las ciencias teóricas y las prácticas, los hábitos técnicos. Los hábitos científicos nos enseñan a acercarnos a la verdad; las virtudes morales nos facilitan hacer justicia –que es el bien por excelencia– y los hábitos técnicos o artísticos nos ayudan a mejorar, enriquecer y embellecer nuestra vida.

Para adquirir un hábito hace falta insistir, repetir y que esa repetición nos marque. Si se nos olvida lo que hacemos, si no deja huella en nosotros, no llegamos a tener ningún hábito; pues él es pasado acumulado. El hábito se logra con aprendizaje, el cual es un pasado que no se deja pasar. De otro lado, ningún saber lo es de verdad si no está proyectado hacia el futuro, si no nos sirve para realizar las tareas con facilidad, para ser capaces de comunicar y para ser potencialmente creativos. Y, por lo demás, todo saber real ha de poder usarse en presente, ha de resolver. Los hábitos –saberes– son así siempre una cierta síntesis de pasado, presente y futuro, una síntesis del tiempo.

Para ser extraordinario no basta con tener genialidad, sino que se requiere previamente el "métier", el "mestiere", el *oficio*. Quien no lo tiene no se puede permitir el lujo de ser un genio, de innovar. Hay que conocer el oficio, aprender y acumular pasado para ser capaces de abrir nuevos futuros. Esa conexión entre el pasado y el futuro logra que, en el presente, la persona virtuosa sea feliz porque comunicar, crear y memorizar lo que se lleva dentro produce un profundo gozo.

El dinero y la virtud

El dinero se asemeja a la virtud. De un lado, representa un trabajo inteligente acumulado: lo que se puede ofrecer a los demás es siempre algo que se ha aprendido a valorar. Por ejemplo, cuando es posible elegir entre varios restaurantes, para seguir con el recuerdo de Rossini, seguramente se opta por el que mejor servicio ofrece, sumadas todas las circunstancias. ¿Por qué? Porque las personas de esa empresa de restauración han demostrado saber apreciar cómo se realiza una buena cocina y un buen servicio.

Sin el trabajo inteligente no hay oferta humana interesante, y ese trabajo implica tiempo dedicado. La moneda se acuña para facilitar los intercambios entre bienes presentes o entre uno presente y otro garantizado en el futuro. La ventaja de la moneda es que facilita las transacciones, pero su inconveniente es que cosifica las relaciones. Hace posible, entonces, que quienes no han producido o no piensan producir nada en el futuro, puedan manejar la moneda para su ventaja. Esto es una injusticia moral y un error económico al mismo tiempo.

El hecho de la cosificación propia de la moneda recuerda, con todo, que sin el valor del trabajo no habría economía posible. Una economía monetarizada que llegase a ser "meramente financiera" supondría la ruina, por mucho que a corto plazo y mediante la fuerza simbólica de la moneda y el atractivo de las expectativas, pareciese funcionar maravillosamente. Hace poco hemos visto cómo esa pura superioridad del futuro –las expectativas–, sin contrapartida en algo producido y sin verdadero deseo de producir, conduce a la quiebra, como no puede ser de otro modo. Aunque los "astutos" se queden con mucha moneda.

Sostiene Vittorio Mathieu, en su precioso libro titulado "Filosofía del dinero", que el pasado no es importante para el dinero, pero sí el futuro, porque, aunque se tenga una gran riqueza atesorada, si otra persona no ve expectativas en lo que se le ofrece, no lo tomará. Ninguna moneda del mundo vale si nadie la quiere aceptar. Esto es bien cierto, pero también lo es que sin la elaboración y el aprendizaje –que implican pasado– no tenemos nada que ofrecer. De modo que el dinero es una cosa misteriosa que enlaza pasado y futuro, y también el presente ya que, como señala Mathieu, el dinero sólo existe "en acto" en presente, es decir, cuando se gasta.

Por ejemplo, alguien hace su trabajo y aumenta su capital, pero hasta que no lo usa para comprar, todavía no es propiamente dinero "en acto" –para utilizar categorías famosas de Aristóteles–, sino sólo "en potencia": puede serlo. Puedes morir –como algún que otro mendigo— en la miseria y con muchos miles de billetes grandes guardados. Por lo demás, si la expectativa de negocio es posible, pero todavía no es real, tampoco se trata de dinero. Éste realmente existe cuando hay una entrega, un gasto en acto, en presente, pero eso implica la previa acumulación de trabajo inteligente para tener algo que dar, y la aceptación de la oferta, es decir, sin esa síntesis de pasado, presente y futuro que se encuentra también en la virtud.

Los tratadistas clásicos de ella apuntaban la idea de que sin las virtudes morales es muy difícil comunicarse con los demás y hacer el bien; por tanto, es imprescindible tener la virtud para vivir como seres humanos, puesto que sólo lo somos cuando nos relacionamos con los otros. También sostenían que es muy mal vicio pretender gozar de la propia virtud con avaricia o vanidad ansiosas, y añadían que es mucho peor incluso que la avaricia y la vanidad del dinero. Bien descubrió la economía capitalista que el avaro no es un buen economista, ya que atesora moneda, pero no dinero. Y mucho menos el vanidoso dispendiador.

No hay nada peor que envanecerse de la propia virtud: en ese mismo instante se está perdiendo. Pues bien, siendo el dinero condición imprescindible para nuestro bienestar y siendo el bienestar algo requerido por la naturaleza humana —según afirma Tomás de Aquino—, se puede colegir que el envanecerse del propio dinero, el mirarlo como si fuera un fin en sí mismo, es un error, también económico.

Mirar la virtud como un fin para mi mera ventaja y presunción particular es el error por excelencia de la ética; mirar el dinero de esa misma forma es el error económico por excelencia. Pero, a su vez, la persona que no tenga virtud no podrá ser ética y la que no tenga dinero no podrá ser "económica". Éste, por consiguiente, es fundamental, pero es sólo una condición *sine qua non*, al igual que la virtud, desde este punto de vista. No se puede pervertir la lógica de la realidad porque, entonces, es la propia realidad la que se pervierte.

¿Qué es lo primero que se rompe al caer en esa perversión? La comunicación. La persona que se mira diciendo "qué buena soy", empieza a encerrarse en sí misma y a colocar unas barreras que impiden la fluidez comunicativa. Los demás comienzan poco a poco a notar que no es tan buena como antes. Lo mismo pasa con el dinero.

Se ha de subrayar que, si no tenemos virtud, no podemos hacer el bien; ella es imprescindible. Lo mismo se puede decir del dinero: es fundamental tenerlo porque, si falta, no se puede gozar del legítimo bienestar, ni ayudar a los demás a alcanzarlo. El error es no hacerlo correctamente comunicable.

Cuando algo no se transmite se está convirtiendo, en el fondo, en un stock que pesa sobre nosotros. De la misma manera que, al perderse la virtud, se deja de comunicar y la persona comienza a convertirse en alguien "pesado" que ha perdido sus alas para volar, quien se centra en el dinero es un economista pesado que acaba haciendo mal las cosas porque ha confundido el dinero con la moneda.

Ética: virtud y dinero en sociedad

La virtud y el dinero son medios antropológicamente básicos para establecer relaciones con los demás. Por eso una y otro están intrínsecamente ligados. Y además no los tenemos sólo para relacionarnos con otras personas, sino también gracias a ellas. Nadie gana su dinero sólo por su inteligencia y su esfuerzo, sino gracias a todo lo que ha aprendido de los demás y a que es aceptado por ellos. Si tuviéramos que pagar en estricta justicia conmutativa a todos los que de un modo u otro nos han hecho capaces de ganar dinero, no nos sobraría mucho.

El caso más patente a este respecto, y que empieza a mencionarse en las discusiones de la economía europea, es el de las madres de familia. Hace algún tiempo, Jean-Didier Lecaillon —catedrático de Economía de La Sorbona—, en un Coloquio del IESE de Barcelona, hizo un encendido canto —lleno de profundidad— acerca de la importancia de la familia en la economía. Todo lo que dijo fue muy bueno y verdadero, pero no fácil de encontrar en los libros de Economía.

No hay nadie que aporte más a la riqueza y a la capacidad de potenciarla que las personas dedicadas a educar —padres, maestros, sacerdotes y en particular una madre— que gastan tanto tiempo en la formación de la persona. Ahora que está tan de moda la *confianza* —sin ella nada funciona— en la economía, se puede recordar que apenas es posible vivirla e inspirarla sin haber sido educado moralmente en la familia. Crisis como la de Enron y tantas otras menos conocidas, han demostrado la inutilidad de los códigos si no van acompañados de una verdadera formación moral de la cúpula directiva.

La ética no se enseña principalmente con libros, clases o códigos —aunque todo ello puede ayudar mucho—, sino con el ejemplo educativo que imparten maestros, sacerdotes y, en primera y básica instancia, la familia. En ella se traen hijos al mundo —sin población no existiría economía— y se educan de manera fundamental —sin educación tampoco existiría economía—. Son ellos quienes primaria y básicamente enseñan a vivir la virtud y a ser capaces de comunicarnos. Resultan, por tanto, fundamentales para la economía y, por ello, deberían figurar en sus libros.

Relaciones humanas en las organizaciones

Así pues, la clave está en el aspecto humano. De ahí la ambigüedad del Departamento de "Recursos humanos". En primer lugar, la persona es algo más que un "recurso", pero además no queda del todo claro si sirve para defender al "empleado" ante la dirección o viceversa. Lo lógico sería que el presidente de la compañía decida asumir en su cargo los "Recursos Humanos" –con otro nombre y espíritu–, aunque tenga, como es lógico, un equipo que le asista en la gestión. De entrada, tendría un gran valor simbólico.

Serviría para demostrar que lo más importante para la empresa son las personas, lo cual la haría moral y económicamente mejor, pues cuando la persona no es lo primero, la economía acaba por fracasar. A medio y largo plazo no hay excepción a esta realidad. Por tanto, esto es lo que se debe cuidar con esmero por encima de todo lo demás. La atención personal debe ir referida a todos; por consiguiente, también a los proveedores, distribuidores y clientes. François Michelin, patrón querido por toda su gente de la modélica multinacional de neumáticos, respondía cuando le decían si mandaba mucho: "Yo no; mi empresa siempre la ha presidido el cliente".

Es obvio que, si una empresa no se da cuenta de que el cliente es fundamental para la compañía, su tener futuro es escasamente prometedor. Pero lo mismo se puede decir de las relaciones humanas hacia dentro de la empresa. Quien no es capaz de hacer sentir como propia a sus empleados la empresa, no tiene futuro como empresario. Sentirla así no es lo mismo que ser propietarios con título jurídico, cosa que puede no interesarle a muchos. El problema principal no es la titularidad, sino que cada uno sienta la empresa como propia.

La ética en la globalización

Ahora mismo nos encontramos en el momento histórico de la llamada globalización, que representa una extrema dificultad para países que no sean los Estados Unidos, la Unión Europea, Japón y otros pocos más. Justamente por ello es el momento de recordar aquella tesis clásica que reza: "las dificultades son oportunidades". Quejarse es perder el tiempo, no sirve para nada positivo. Un autor tan cristiano como San Juan de la Cruz y otro tan anticristiano como Nietzsche dicen lo mismo al respecto. Para Nietzsche, quejarse es mera prueba de debilidad y, en el fondo, de hipocresía. No sirve para nada auténtico. Para San Juan de la Cruz "el que se queja no es buen cristiano".

Si el quejarse no es útil, el hacer revoluciones todavía menos. De ellas nunca ha salido una sociedad mejor. ¿Cuál es, por tanto, la solución ante la dificultad que presenta el mundo globalizado? Luchar más, aprender más y cooperar más: ése es el reto, la oportunidad y la actitud eficaz. Como decía Aristóteles: es indigno del hombre no intentar adquirir algo a lo que puede aspirar.

Hay que aceptar ese reto y responder a él con una disposición acrecentada de lucha, aprendizaje y cooperación. Frente al que es más poderoso y frente a cualquier adversidad, se pueden utilizar esas tres armas, que son tradicionales, porque nos ayudan a alcanzar el bien. Se pueden expresar así: no hay persona más triste que la quien no lucha; no hay persona más corta que quien ha perdido la ilusión de aprender; y no hay persona menos sociable que quien no quiere cooperar.

Por eso, la situación actual es buena, porque ayuda a ser y estar más alegres, pero, principalmente, porque ayuda a mejorar mucho más las relaciones humanas, ya que sólo con una cooperación intensificada y mejor hacia "dentro" de la empresa –con los Empleados" de ella–, hacia "fuera" –con los clientes y proveedores, etc.–, y hacia otras empresas, podremos responder al reto presente.

Es patente que a veces será necesario reajustar plantillas, pero eso sólo se puede hacer bien si se tiene un espíritu de servicio y cooperación, sabiendo que la sociedad es tarea de todos. En este mundo globalizado se triunfa cuando se es capaz de comunicarse mejor también con otras empresas y con personas y empresas de otros países. Se aprende así cómo son y se empieza a quererlas. Y a colaborar para el bien común, que implica la felicidad de las personas y la unidad de la sociedad.

E.3. Política

E.3.1. *Familia, política social y empresa* *

Introducción

El interés por la "sociedad" –con las connotaciones actuales– surge a finales del siglo XVIII y principios del XIX. Es entonces cuando aparece la *sociología* como ciencia y los movimientos políticos llamados *socialistas*. Este fenómeno deriva de la sorpresa que se llevó Europa después de la revolución de 1789 –y las subsiguientes–, que trajo consigo la instauración de la libertad absoluta como principio primero de la vida humana. La consecuencia inmediata de ello fue el comienzo de la disolución social.

Madame de Stael había escrito algunos años antes que el movimiento ilustrado –cuya consecuencia fue la Revolución– implicaba, precisamente, la *disolución* de todos los *vínculos*, ya que la fuerza de la libertad autónoma individual pretende poder con todos ellos. Esta afirmación resultó más verdadera de lo que cualquiera pudo imaginar, y no resultó tan fácil de asimilar como a primera vista se podía suponer. Hoy se dan movimientos semejantes –en continuidad con el inicial– y el susto es parecido a aquél:

* Conferencia dictada el 27 de julio de 2005 en el Sheraton Montevideo. (2007). Revista de Ciencias Empresariales y Economía, nº6, pp.9-16. ISSN: 1510-7159.

la familia se está debilitando en Occidente y se empiezan a ver las tremendas complicaciones que ello genera. Si en aquel entonces nacieron sociología y socialismo como creaciones que intentaban compensar el excesivo individualismo del pensamiento liberal, hoy, quizás, tendría que aparecer un "familiarismo" y una ciencia de la familia que se abocara a la salvación de una institución de la que no es posible prescindir.

Tratar el tema de la familia hoy implica, debido a que ésta se ve como una estructura social, considerarla también en relación con sociología y socialismo, encuadrarla dentro de la denominación general de los problemas sociales, y abordarla a través de las llamadas políticas sociales. A la familia se la trata como una dimensión más de ellas. Por otro lado, hay que considerar también que existe una forma de articulación social que ha adquirido un gran auge: la empresa.

En los tiempos en que la riqueza era fija, inmóvil, la organización social dependía en buena parte de los terratenientes, que organizaban el mundo agropecuario. De ello todavía quedan ejemplos en países con mucho "campo", como el Uruguay, la Argentina, etc. Pero a medida que la riqueza se torna progresivamente móvil, los antiguos dueños de haciendas dejan su lugar social a los directivos empresariales, ya que, a partir de ese momento, la población, desde el punto de vista del trabajo, se articula desde las empresas

Estado y empresa en lugar de la familia

Hoy nos encontramos con la confluencia de dos instancias –Estado y Empresas– que se implican a la hora de sustituir el papel de la familia. La Revolución consumada parecía haberlo cambiado todo, pero no hay que dejarse engañar por las apariencias. El ser humano no cambia tan fácilmente y si antes había duques y marqueses, terratenientes, ahora hay presidentes, directores y subdirectores generales de compañías. Es decir, personas que están al frente de la organización de la sociedad.

También en la Edad Media existía el problema entre el poder central y los llamados "Barones", aristócratas que estructuraban la sociedad campesina. Con cierta frecuencia ocurría que el gobierno central tenía menos poder que los aristócratas. Para compensar su debilidad, el poder central se aprovechaba del error ocasional de la aristocracia: convertir su función de gobierno en dominio, provocando el consiguiente enfado del pueblo. No pocas veces el poder central ha conseguido triunfar sobre el aristocrático aliándose con el pueblo contra los poderes intermedios.

El populismo estatista que actualmente se extiende por muchos países sigue el mismo proceso. Hay empresarios que no conciben su oficio como una función de gobierno y de articulación social, sino que la desvirtúan y transforman en una situación de dominio, posibilitando y fomentando, indirecta, pero inevitablemente, la alianza entre el Estado y la gente. El fenómeno provoca una fricción continua en la vida política y social, que un gran economista español, Santiago García Echevarría, llama "desgastes de rozamiento".

No es difícil encontrar empresarios que se quejan del Estado sin darse cuenta de que continúan alimentando su poder, ya que le han dejado a su cargo todas las tareas sociales para ocuparse exclusivamente de lo "económico". Pero ocurre algo aún más grave en el escenario actual, y es que el enfrentamiento entre lo económico y lo político es perjudicial al no coincidir con la realidad humana, incapaz de soportar tal esquizofrenia. Por lo tanto, si se parte del "dogma" de la separación del Estado y el mercado, se obtiene, como consecuencia, que las relaciones –inevitables– entre ambos deban llevarse a cabo de manera *oculta*, puesto que oficialmente no pueden darse. La *corrupción*, lugar común en todo Occidente y en todo el mundo occidentalizado, se explica, en parte, por esta ruptura moderna. Se hubiera comenzado a prevenir la corrupción ya sólo haciendo hincapié en que no es lo mismo separar que distinguir: "Estado" y "Mercado" han de distinguirse, pero no pueden separarse.

Un empresario puede hacer un fácil autoexamen sobre su nivel de atención a lo "social", ya solamente planteándose dos cuestiones. Una, si en caso de aviso de huelga, sus empleados se ponen de su lado o del sindical. Otra, si en tiempo de elecciones –o incluso antes– pagaba o no "bajo mano" a los partidos políticos. Pero la pregunta principal es si tiene atención a la familia o no, porque ella sufre muchas dificultades, y merece la pena examinar si son mero fruto de situaciones coyunturales, o hay más.

La familia actual en dificultades

Se trata de un tema bien conocido por los estudiosos del mundo moderno. La intención explícita de los revolucionarios franceses desde finales del siglo XVIII fue acabar con la primacía de la familia, para colocar al individuo en su lugar. "Hay que acabar con la 'sociedad familiar'" sentenciaba Diderot. La raíz de esta posición está en que una sociedad de vínculos fuertes y cualitativos no cabe en un proyecto pensado desde la libertad absoluta del individuo. Este proceso de individualización, quizás el más importante de los últimos siglos, ha tenido gran éxito, hasta el punto de darse por bueno hasta por muchos defensores de la familia.

Y ha crecido, haciendo realidad lo que hasta hace no mucho tiempo parecía impensable. En España, por ejemplo, se aprobó una ley de matrimonios homosexuales y otra –aún más destructiva para la familia– del apodado "divorcio exprés". Si bien hay circunstancias que legitiman una separación o incluso anulación matrimonial, legalizar un divorcio, pedido ya sólo por un cónyuge, a los tres meses del matrimonio y sin necesidad de aportar argumentos, más que un mero ataque a la familia es una mofa de ella.

Según el principio de libertad individual completa, cualquier vínculo atenta contra el individuo y su autonomía. Por esto mismo, la primera ley de importancia que promulgó la Revolución Francesa fue la del divorcio. En USA el proceso fue algo distinto, tanto porque no se luchaba contra un "Estado" católico, como por las circunstancias del momento.

Pero si se aplica el principio de "no discriminación", la cuestión es por qué no permitir el casamiento entre hermanos, o entre personas y animales. Estamos a un paso de la disolución de la sociedad. Hace falta entonces volver a preguntarse si la familia merece ser salvada, frente a la actual aplicación del dogma individualista de la libertad. Al respecto, puede ser conveniente detenerse en la consideración de aquellos factores imprescindibles para que se dé una verdadera familia. Ellos son: interioridad, educación y economía.

Factores constitutivos de la familia

En lo que concierne a la intimidad, el ser humano tiene la capacidad de experimentar, exteriorizar e interiorizar. Y puede exteriorizar porque puede interiorizar. No obstante, con frecuencia se tiene miedo a exteriorizar, por falta de suficiente confianza en las personas que tenemos en nuestro alrededor. El problema es que si no exteriorizamos tampoco podemos interiorizar, es decir, no aprendemos, no nos enriquecemos ya que el crecimiento humano es interior.

La ventaja de una auténtica familia es que alberga un entorno de entera confianza, en el cual se puede exteriorizar sin miedo y, por ende, descubrir la maravilla de la riqueza interior. El crecimiento desatado de la industria del sexo se debe, en no pequeña parte, a esta carestía de verdaderas familias que está sufriendo Occidente, pero no hay ninguna organización que pueda sustituir a la familia en ese rol central para la vida humana.

Con respecto a la educación, punto estrechamente ligado al anterior, vale aclarar, ante todo, que sólo se sabe aquello que se es capaz de *decir*. De hecho, sólo sabemos algo verdaderamente, cuando lo podemos decir. La familia es ese lugar en el que la posibilidad de aprender se ensancha debido al entorno afectivo que sostiene y permite ese proceso.

Si falta el afecto no hay aprendizaje. Una persona puede saber muchas cosas, en plural, pero no saber nada en singular, porque no ha "aprendido a aprender", acontecimiento que no sucede si no va acompañado de afecto.

Por otro lado, además de la mencionada acogida, en una familia genuina se da también la exigencia que todo vínculo afectivo trae consigo. Es necesario querer mucho a alguien para exigirle en la medida de sus posibilidades, para sacar lo mejor de él. Existe lo contrario —en malas familias o escuelas—: exigir con maneras de dominio, pero es contraproducente. En el proceso educativo, todo se ha de mover con corazón, acogiendo.

Sólo la familia y la Iglesia, además de algunos maestros de gran calidad, son capaces de exigir y acoger incondicionalmente. En cualquier otro tipo de sociedad se aceptan las personas por alguna razón específica; en la empresa, como es lógico, por tu rendimiento y desempeño. Ser recibido y acogido simplemente por ser humano, sin más condiciones, te hace en primera instancia sentirte persona. En la familia se acoge a la persona por la sola razón de que "es", sin más.

Los psiquiatras infantiles han estudiado esto y han comprobado que el niño que no cuenta con un entorno afectivo tarda mucho más en aprender a hablar, ya que no tiene a nadie que le "invite" a salir de sí mismo. El caso es que, mientras no salga de sí, tampoco podrá entrar dentro de sí mismo.

En tercer lugar, la familia es el lugar de la economía. Toda la economía moderna ha nacido contra esta tesis. Adam Smith y la ciencia económica subsiguiente han partido del individuo y la naciente sociedad industrial se forjó en buena medida sobre ese principio.

Hasta la época industrial, en la sociedad agropecuaria, la gente necesitaba una familia para vivir. Por eso hay idiomas –por ejemplo, el alemán– en los que "familia" y "casa" se aúnan en un mismo término. De hecho, la palabra "economía" proviene de la palabra griega "oikíos", que significa casa. Economía, entonces, es el saber de la casa, porque en ella se produce, se distribuye y se asegura tanto el presente como el futuro.

Pero la enorme potenciación de la industria y el comercio lo cambian todo. La movilidad, el cambio y el dinero marcan ahora el ritmo. De esta manera, mientras antes se necesitaba la familia para sobrevivir y alimentarse, ahora se consigue mediante pago; antes sin ella era un problema ser atendido en la enfermedad, pero ahora lo paga el seguro; antes se necesitaba la familia para la asistencia en la vejez, pero ya hay muchas residencias de ancianos.

Si, en el mejor de los casos, marido y mujer trabajan en el mismo lugar y con horarios razonables, suelen tener dos o tres hijos. Lo normal es menos y el problema demográfico es grave y de difícil recuperación, como saben bien los especialistas en la materia. La demografía es una ciencia mucho más exacta de lo que muchos piensan, y el futuro es sombrío.

No está claro que las autoridades se hayan tomado suficientemente en serio el problema. Más bien, para mantener sus principios e intentar parar la sangría –también económica– recurren a trampas como, por ejemplo, la eutanasia. No hay jóvenes para pagar una cantidad creciente de ancianos solitarios. Se da el caso de muchos ancianos holandeses que se marchan a residencias alemanas porque en las de su país les aplican la eutanasia. En China, para controlar el exceso de población, se tomó la "económica" medida de prohibir a los matrimonios tener más de un hijo. Medida viable a corto plazo pero, en el largo, suicida.

Los costos económicos de la falta de familias

Hace poco, en una reunión del Foro de la Familia en España, se abordó el tema de la sanidad. Un experto comentaba que, en realidad, el verdadero Ministerio de Sanidad en España seguían siendo las familias. El Ministerio tiene un presupuesto cada vez mayor, pero no le alcanza. Quien no tiene familia que le atienda, o excelente situación económica, se enfrenta a un final triste.

La Alemania de hoy –y en España el fenómeno es similar– tiene la misma población que hace quince años y, sin embargo, hay muchísimos menos jóvenes que entonces. Ocurre que la población se mantiene porque los ancianos viven mucho más y por el fenómeno inmigratorio, ante el que con frecuencia "se mira a otro lado". Pero lo cierto es que cada vez hay menos alemanes, españoles, etc., que sean "fuerzas de trabajo". ¿Quién va a mantener la seguridad social? No pocos reconocidos economistas demuestran –cifras en mano– cómo la situación es insostenible.

Ni siquiera a corto plazo esta situación resulta fácil. Son grandes los montos que se gastan en Policía para controlar y vigilar la cantidad de inmigración ilegal que llega y que acaba quedándose, generando cada vez más problemas de convivencia ciudadana.

Pero también hay factores humanos de fondo. Sin familia, con frecuencia falta la motivación para el trabajo. O el ahorro: ¿para qué ahorrar si me paga la Seguridad Social y moriré eutanasiado? Si no estoy en el grupo de los capaces de invertir fuerte, prefiero no arriesgar y buscar el "plazo fijo". Todos los factores económicos fundamentales se resienten y resquebrajan si no hay familia.

Ella es, ha sido y sigue siendo, el elemento básico e imprescindible de la vida económica. La economía es función de la familia, no del individuo. Si bien hoy ya no se necesita una casa material para subsistir, sí se necesita espiritualmente, humanamente, el hogar.

Lo grave es que, a pesar de esto, las políticas familiares han sido escasas o nulas en Occidente. Y muchas veces, incluso, negativas, como en el caso de España o Francia. Políticas como las de aumentar el número de impuestos para los matrimonios, mientras que para los divorciados o las parejas se mantienen iguales.

Constantemente se repite que necesitamos una población con mucha movilidad, y un mercado ágil y abierto, porque así lo reclama la economía actual. Pero ¿cuál es la consecuencia de ese planteamiento individualista y de ese mercado presuntamente ágil? Que la familia no resiste las presiones a las que es sometida. Y una sociedad sin familia pierde el saber ético ya que en ella se aprende a comportarse y a adquirir confianza.

Robert Spaeman, en un precioso trabajo titulado precisamente "Vertrauen" – "Confianza"– muestra cómo el ser humano no tiene que aprender a confiar, al contrario, el ser humano aprende a desconfiar. El niño nace confiando en su madre, en su padre y en su entorno, pero es la sociedad la que va enseñándole a desconfiar.

En una sociedad cuyos integrantes han crecido en un entorno sin modelos éticos y sin confianza, un mercado abierto implica inevitablemente la constante y latente posibilidad de robo, de la falta de rendimiento, de fidelidad, etc.

Muchos economistas actuales hacen hincapié en el "factor confianza" para que la economía funcione, pero olvidan que el lugar originante de la confianza es, en primer término, la familia. La economía no es una realidad ni una ciencia materialista, sino más bien espiritual, porque no hay economía posible sin familia. Y si bien a una madre no se le puede pagar por tener hijos –esto significaría quitar el carácter sagrado a la generación humana– sí se le puede pagar –si es preciso– por alimentarlos, ya que es un deber de primer orden velar por el futuro de la sociedad.

Por otro lado, la empresa actual se ha concebido a sí misma como un puro instrumento "económico". Por eso, es un lugar común dejar de lado su valor institucional. Se ha evitado tal calificación porque se asociaba lo institucional con lo estatal y público, mientras que lo empresarial era considerado exclusivamente "económico" y, por tanto, privado.

De ahí surgió esa dicotomía, entre el Estado, por un lado, como la institución que, por excelencia, se ocupa de lo social, y la empresa, por otro, que se ocupa de lo económico. Este modelo, aún vigente, aunque debilitado, o, si se quiere, mejorado, so capa de ayudar, se mantiene a costa de la familia –de cuya fuerza viven Estado y Empresa–, y la "vampiriza".

Además, los mejores empresarios y políticos han surgido con frecuencia de familias auténticas. En Estados Unidos, por ejemplo, un altísimo porcentaje de los que triunfan son hijos de inmigrantes, es decir, hijos de *familias unidas*, que son las que siempre hacen y sostienen la riqueza de un país. Un estudio de la Universidad de Navarra muestra que, en los últimos 150 años, el número de familias numerosas en España ha sido aproximadamente el 15 %. Pero ese 15 % ha generado el 80% de la riqueza del país. El discurso actual estigmatiza a las familias numerosas, cuando, en realidad, están viviendo de ellas.

La familia no puede ser la institución que sostenga a dos actores enfrentados, Estado y Empresa. Lo que ellos han de tomar en cuenta es que ambos dependen, en su existencia misma, en su futuro y en su grandeza, de que existan familias auténticas. Por consiguiente, hasta que una nueva cultura política cambie la situación, es imprescindible que, tanto el Estado a través de sus políticas públicas, como la empresa a través de los medios de que disponga, se propongan sostener y desarrollar a la familia como institución. Más aún, que contribuyan a colocarla en el lugar primero de la sociedad.

Nada de esto podrá efectuarse si el sentido común de una sociedad no está de acuerdo y se decide a apoyar. Por eso, el mundo de la comunicación –que es quien más configura, hoy en día, ese "sentido común"– juega un rol primordial a la hora de defender, desde el cine, la prensa, la televisión, la radio, etc., una institución de la que depende, por cualquier lado que se mire, la vida de cada persona y de toda la sociedad.

E.3.2. *Sobre el estatuto sociopolítico de la clase empresarial**

Introducción

No son mayoría –particularmente en España– los dirigentes de empresas y organizaciones que reflexionan acerca del entrelazado complejo de aspectos y dimensiones que confluyen en la configuración de nuestra sociedad.

Es siempre un cierto misterio el que la mayor parte de los seres humanos viven en el olvido, en la despreocupación por las preguntas profundas acerca de su ser y del sentido de lo que hacen. Sin duda, una primera explicación es la dificultad del asunto. Puestos ante lo difícil, se cede, y adquiere primacía el interés por lo inmediato, lo urgente y perentorio del vivir.

Si, además, ese sobrevivir es tampoco es fácil –como en la dura competencia actual sucede– y, de otro lado, el aprendizaje de las

* (1999). *Revista Empresa y Humanismo*, 1(1), pp. 13-26. ISSN 1139-7608. ISSN-e 2254-6413.

rápidas mejoras de la técnica absorbe nuestro interés, entonces no queda tiempo para la reflexión. Y, sin embargo, es necesario hacerla.

Con las excepciones de rigor, los dirigentes se dividen hoy principalmente en dos grupos. Uno –bastante numeroso– formado por los que buscan ganar o sobrevivir en un mundo cuya explicación última les interesa poco estudiar. Otro, el de los que piensan que ese estudio es interesante, pero no conduce a nada práctico.

Existe, con todo –además de las citadas excepciones–, un tercer grupo, en el que se alinea el pequeño número de cabezas pensantes y actuantes que dirigen las grandes empresas y la gran finanza mundiales. Ellos sí han visto la situación y se mueven para cambiarla, pero el problema es hacia dónde.

La cuestión es, en efecto, si se han dado cuenta suficientemente de las dificultades inherentes a la situación social y personal propia de Occidente desde hace más de dos siglos. Caso de que su planteamiento no fuese del todo correcto, la solución que ofrecen podría ser problemática.

Las crisis actuales

Una dificultad principal y bien conocida con que tiene que habérselas Occidente desde el período revolucionario se puede formular de modo simple: crisis de la dirección, crisis de las "aristocracias". Por "aristocracia" no se entiende aquí un conjunto de personas provistas de títulos nobiliarios, y ni siquiera –en referencia al origen griego de la palabra– el conjunto de los "mejores", o "excelentes", como les llama también cierta literatura actual de cultura de la empresa.

Con el término "aristocracia" se apunta a una realidad humana fundamental: que, en cada orden de actividad, hay personas cuyo concurso es imprescindible para que otras puedan desplegar su vida. En ese sentido, son los gobernantes del funcionamiento y la cohesión social. O, dicho en otros términos, son los que tienen un poder para que la sociedad pueda integrarse y mejorar.

Pueden ser directivos de una empresa de cualquier tipo, rectores y dirigentes del mundo educativo, jueces, jerarquía eclesiástica, padres de familia, etc. Y la cuestión es la siguiente: es *imposible* que exista una sociedad desarrollada sin que haya un grupo numeroso y bien formado de ese tipo de personas, pero, desde la época revolucionaria citada, ese tipo de personas no existe *oficialmente*, o sea, *públicamente*.

Lo de público no se refiere aquí a que sean conocidos o no, sino a que sean reconocidos en su papel "político", en el sentido amplio y originario de política. Un directivo empresarial o bancario puede ser "importante", "excelente" y muy conocido. Pero su función, es decir, su poder para *configurar* la sociedad, puede ser *aceptado*, pero no es reconocido como representante de una *institución pública*. Y ello por la simple razón de que, en la sociedad democrática moderna, el poder público pertenece en exclusiva al *pueblo*, o sea, en su implementación práctica, al *Estado*, que es quien lo representa organizativa y gubernativamente.

Nos encontramos así con la paradoja radical de la sociedad de nuestros días: los que tienen el poder, no tienen el poder. Los "aristócratas" naturales de la sociedad, carecen de poder público en ella. La consecuencia fundamental no puede ser otra —aunque no se piense, o no se diga— que la *humillación*. A muchos les gustaría contribuir más a configurar la sociedad, pero ese "trabajo" se lo han quedado los *partidos*.

No sólo se les quita ese poder "público", sino que han de pagar mediante impuestos el nuevo, el Estado y, al final, de un modo u otro, a los partidos, que se lo reparten. Y de la humillación se origina la respuesta. El poder que no se le reconoce, lo obtendrá de otra forma. En la vida política hay corrupciones derivadas de vicios personales, pero otras muchas son simples consecuencias de defectos estructurales.

El origen histórico de las crisis

Es menester ahora realizar un breve excurso histórico-filosófico. La Revolución, a finales del siglo XVIII decidió terminar con el entonces vigente orden político, apoyado sobre la monarquía, la aristocracia y el clero. Era la llamada "Alianza del Trono y el Altar". A partir de su triunfo, sobre el papel no quedaba más que un único poder político: el pueblo soberano.

Ahora bien, el pueblo en las sociedades desarrolladas y demográficamente ricas no es nunca una unidad indiferenciada, sino más bien siempre una unidad articulada, y articulada justamente por los dirigentes "naturales", por las "aristocracias" naturales. Basta un jefe indio para gobernar una pequeña tribu, pero eso no es viable en una sociedad moderna. Para obviar esta dificultad, se acudió a un procedimiento peculiar, que, de un lado, usó la *razón abstracta* y, de otro, se apoyó en un *nuevo dogma*.

El procedimiento consistió en mantener que, *independientemente* de las articulaciones sociales existentes, con sus "aristocracias" propias, en el orden familiar, económico, religioso, etc., había un orden político, que era el único público, y que se sostenía por sí mismo, pues se basaba en la voluntad del *pueblo*, el cual era aquí entendido como conjunto de *personas iguales*.

La abstracción consiste en declarar socialmente iguales a los que nunca lo son, lo cual no quiere decir que sean mejores o peores. El apoyo necesario para intentar hacerla posible vino de un dogma: la inviolable *libertad* de cada ser humano. En esa libertad, al menos, pero también nada menos, todos somos iguales. El punto no está en el valor de libertad e igualdad, sino en el modo en que los interpretó la Revolución. Tal como lo hizo, la combinación de libertad e igualdad resultaba de muy difícil realización. Conseguir un equilibrio entre libertad e igualdad totales es toda una hazaña.

Y ello porque esa libertad, en la que se nos declara iguales, es "metafísica", pero no social: está en otro plano. Para hacerla socialmente real, hacía falta crear un instrumento que pudiera llevarla a la práctica, y se erigió el *Estado de derecho*. Él es una creación del universalismo abstracto, y se le nota mucho.

En efecto, tal Estado, en cuanto aparato, presupone, como condición de posibilidad, que exista de verdad un *pueblo* compuesto por personas libres e iguales y que lo acepten libremente. Y ¿dónde encontrar un pueblo así? ¿Cuál es el criterio de unidad según el cual se ha formado? Preguntas imposibles de responder. Para empezar, si todos somos libres e iguales, y eso es el quicio de nuestra unión, ¿qué justifica la pluralidad de pueblos? Y ¿se le va a preguntar a la gente si quiere formar un pueblo, con quienes y de qué modo?

Son cuestiones que obligan a pasar de la metafísica abstracta al pragmatismo total. A partir de la Revolución, Francia, España o México son pueblos, y de la manera que lo son, porque lo dicen sus organizadores. Dicho en otros términos: suprimidas las "aristocracias" naturales como criterio de integración socio-política y residiendo teóricamente el poder integrador en el pueblo mismo, no se vio otra solución para estructurar la política que el dar curso, a velas desplegadas, al *Estado Nacional*. La *nación* era la clave para solucionar la dificultad. El Estado nacional se definía por el conjunto de ciudadanos libres e iguales, unidos entre sí y separados de los demás, por su común pertenencia a una misma nación.

En realidad, aquí el pueblo, en su sentido puro, ya se ha teñido con un nuevo carácter, que es histórico: la nación se forma en la historia. Eso se llamaba antes patria –de los padres– por ser la familia la base. Pueblo, patria y nación tienen cada uno sus matices y, más tarde o más temprano, tenían que hacerse presentes, en toda su agudeza, los problemas que la solución pragmática llevaba consigo. En efecto, la crisis del Estado nacional se ha hecho cada vez más evidente, sobre todo a partir del desenlace de la llamada "gran guerra", la Primera Guerra Mundial.

Sobre la estructura social en estamentos o clases

El intento revolucionario de suprimir las mediaciones sociales no resultó, porque es imposible, y más en una sociedad "desarrollada". Simplemente cambió el carácter y el peso específico de cada una de ellas.

El "Antiguo Régimen", que abre el paso a la época revolucionaria", estaba configurado según una estructura que se llamó estamental", en cuya cabeza estaba el monarca, después venían los diversos tipos de "mediadores" y, por fin, el pueblo llano. Una mediación la llevaban a cabo los secretarios y administradores del monarca; otra, los aristócratas terratenientes; y otra, el clero. Los primeros tenían cierto poder; los segundos, lo fueron perdiendo en favor del auge de la corona y de los nuevos enriquecidos por la industria incipiente; los terceros, influencia popular y el poder derivado de asegurar la unidad de lenguaje y las actitudes éticas del pueblo.

Esos tres grupos reaparecen en el régimen democrático, con rostros nuevos. Los secretarios y administradores son ahora los políticos más o menos profesionales, gentes de partido, que aumentan grandemente su poder y monopolizan la legitimidad política.

La aristocracia terrateniente desaparece como fuerza política, pero su lugar es ocupado por la "aristocracia" empresarial y financiera. Esta, a diferencia de la anterior, no tiene poder político legitimado alguno y, por eso, lleva a cabo la operación antes señalada:

acepta su condición privada –que le deja libertad para dedicarse en exclusiva al negocio económico–, y ejerce su influencia política indirectamente, pero de forma notable.

La clase clerical, por último, es reemplazada por la nueva clase que asume –encarnándolas de modo distinto– sus funciones: son los periodistas, los hombres de los medios de comunicación. Esta clase también ve notablemente acrecentado su poder –en forma de "influencia", como diría Carl Schmitt–, en la medida en que busca presentarse como la voz de la soberanía popular. Las elecciones, los "plebiscitos", se celebran cada cuatro o cinco años. Pero los medios de comunicación, aliados con los expertos sociólogos empíricos, pretenden ser portavoz diario de la voluntad popular.

Los comunicólogos configuran el lenguaje popular –lo que antes hacía el clero– y, sobre todo, forman las valoraciones morales populares. Antes un obispo condenaba en nombre de la ley divina; ahora condena un periodista en nombre de la soberanía popular. Es muy común incluso la expresión: "la opinión pública condena...".

En el Antiguo Régimen, al ser plural la legitimidad política, había fuero especial para monarca, aristócratas y clero. Hoy sólo tienen fuero especial los representantes oficiales, políticos públicos, de la voluntad popular. Los periodistas lo han pedido varias veces, por ahora sin éxito. Son la voz del pueblo, sí, pero aún no la voz oficial.

Lo que ha sucedido en los últimos decenios es que la "aristocracia" empresarial y financiera, que se encontraba cómoda en el Estado Nacional, se ha sentido cada vez más forzada y a disgusto. Su respuesta tiene, sobre todo, un nombre, para tratar aparte: globalización.

Ese grupo había sacado ventajas de su "marginación". No poseía poder político, pero eso le concedía, al mismo tiempo, liberación de responsabilidad, unida a un aumento de *influencia*. De otro lado, el Estado Nacional ofrecía un mercado, también nacional, seguro y protegido. Además, el Estado como aparato central no era muy fuerte, y los medios de comunicación todavía no estaban muy desarrollados.

En conjunto, la posición era cómoda y sólo se vio ensombrecida por el paulatino crecimiento del peso político "popular", encarnado por los movimientos obreros, que potenció la máquina estatal hasta extremos insospechados. En los años del gran auge socialista, en los que también se asistió al avance de la importancia de los medios de comunicación, la clase empresarial fue puesta casi contra las cuerdas, pero en los últimos desarrollos, cada vez más centristas, del "Estado de Bienestar", se hizo patente que la iniciativa de la libre empresa era un factor básico del progreso y de la cohesión social.

La "aristocracia" empresarial, que había sido en parte marginada, en beneficio de la clase política estatal y de la clase periodística, vuelve a aparecer, con más fuerza que nunca, en la figura de los nuevos directivos expertos en el "management" y en la "cultura empresarial". Se puede decir que el nuevo *empresarismo* –como lo llamó Navarro-Rubio– ha sido un factor básico en la generación de un clima que ha convertido en obsoleto el viejo socialismo estatalista. El intento del socialismo radical de dejar a la sociedad en manos de una única "aristocracia" –la "nomenclatura" socialista–, con unos medios de comunicación domesticados y una clase empresarial de asalariados del Estado, ha fracasado.

Lo que se entiende clásicamente por socialismo ha terminado, y una prueba decisiva de ello es la actitud actual de los partidos socialistas, claramente favorable a la empresa libre. El socialismo busca ahora redefinirse por otras vías. Socialismo, nacionalismo y estatalismo radicales pertenecen al pasado –aunque transitoriamente en algunos lugares "los muertos que vos matáis gocen de buena salud"– y, sin embargo, eso no asegura suficientemente la posición de la clase empresarial. El punto está en que las bases *teóricas* filosófico-políticas no están claras y, unido a ello, tampoco está despejada la realidad *práctica*.

El empresario se toma en serio "lo social"

En la actualidad, los medios de comunicación no tienen representación oficial del pueblo, pero sí oficiosa. De hecho, son casi aforados y no es fácil proceder contra ellos, a no ser que cometan excesos retóricos graves. De otro lado, su influencia política es grande y abierta, con lo que *de facto* son un poder político. El "sagrado e inviolable" derecho a informar de todo, lo fundamentan en que el poder soberano del pueblo no sería tal si este no conociese cualquier detalle que le fuera necesario. En efecto, sin información no hay *poder real* alguno y, en sociedad, toda noticia puede ser útil para actuar ante lo que te afecta.

Así pues, cada vez más, la clase informativa asume un rol *específicamente político*, junto a la clase *política de administradores del Estado*. Pero con la clase empresarial no sucede nada parecido. Sigue siendo una clase "privada". Y la dificultad sigue. Este problema ha sido percibido desde hace tiempo, ya en el mismo nacimiento revolucionario del Estado moderno.

La respuesta *contrarrevolucionaria* consistió, al menos en parte, en admitir pacíficamente que la élite de negocios fuese admitida en la aristocracia, lo cual no era conforme a lo natural. El *organicismo político,* de otro lado, intentó, una y otra vez, al menos desde el primer tercio del siglo XIX, en la pluma de Schelling, resolver el problema dentro de las coordenadas democráticas, mediante el recurso a la concesión de estatus político a los dirigentes sociales de los diversos sectores, entre los que estaba el "sector económico". El *organicismo político* –también llamado despectivamente "democracia orgánica" por los actuales políticos– es una fórmula excelente y muy superior a la actual, pero demasiado molesta para la "clase política" de los partidos, que perdería su poder, y la ha marginado absolutamente.

Un inicio de solución se ha ido dibujando en los últimos decenios. Los dirigentes empresariales nuevos, ante el crecimiento del nivel económico y cultural de la población, y bajo el impulso de los avances rapidísimos en materia científica y técnica, todo lo cual despliega una complejidad inusitada, comprenden que no pueden manejar la empresa de modo simple, ni dejarla atascada por los enfrentamientos entre propietarios y obreros.

Una nueva cultura empresarial está naciendo, en la que se diluyen en buena parte las tensiones capital-trabajo en favor de una cierta "tecnocracia directiva" de la "la sociedad del conocimiento", y en la que –aquí está la clave– los dirigentes de las organizaciones empiezan a tomar cada vez más conciencia de que tienen que ocuparse mucho más de la configuración social, pues las mejoras que buscan para la empresa dependen en muy buena medida del estado de la sociedad, dentro y fuera de la empresa.

El empresario descubre la importancia de lo social, de pensar y actuar en red, de cooperar, etc. Es decir, se siente como un factor decisivo dentro de lo que ha sido el mejor anhelo de los últimos decenios: la construcción de una auténtica *sociedad civil*. Si el "Estado de bienestar" tiene un futuro difícil, por sus costes y porque produce una sociedad de ciudadanos desresponsabilizados, ahora hace falta que –lejos del estatalismo– se estudie quienes se van a hacer cargo de la sociedad. Y no pueden ser sólo los políticos y periodistas, pues entonces no cambia nada.

Hasta ahora, el empresario no concebía su empresa como una *institución*, dado que las instituciones son una realidad social de carácter público. Empujados por las nuevas realidades y por su propia excelencia, bastantes empresarios han querido cambiar de actitud. Han visto, por un lado, que no podían considerar a los que trabajaban en la propia organización como meros asalariados bajo contrato, sino como colaboradores y copartícipes en una tarea común; y se han aplicado a comprender a fondo los detalles humanos de la estructura interna empresarial.

De otro lado, el último gran paso es que han sido cada vez más conscientes de la implicación de la empresa en el *todo social*. Como consecuencia, se empezaron a hacer cargo en mayor medida que antes de su responsabilidad a todos los niveles, y no sólo al económico. En otros términos: comenzó a no ser tan claro que la única responsabilidad del empresario fuera contribuir al bien social a través del crecimiento económico.

Y, además, cada vez más seguros de la importancia de su aportación y de la valía intrínseca del nuevo "management", sienten como un lastre *precisamente para el avance social que ellos están gerenciando*, los modos de la vieja política y la influencia desmesurada de los medios de comunicación. Quizás nunca, desde hace más de dos siglos, había una esperanza y unas expectativas como las que la maduración de la sociedad civil, en buena medida bajo la guía de los nuevos "managers", han propiciado.

Todo parece indicar, sin embargo, que, si bien no ha descendido la fuerza de las nuevas realidades y la calidad de los nuevos dirigentes, el proceso se encuentra en un cierto *impasse*. La causa de ello es bastante clara, y está en que no se quiere, no se sabe o no se puede, adaptar y mejorar la estructura sociopolítica básica, de manera que todo intento de reforma profunda se diluye en buena medida.

La palabra mágica que sintetiza el problema es: *corrupción*. Esta puede ser de muchos estilos, pero hay una estructura básica que la propicia: el mundo económico, que sigue siendo estrictamente privado y sin responsabilidades públicas, "controla" sin embargo, hasta cierto punto y como es lógico, a los otros dos –la clase política y la periodística–, al tiempo, paradoja hegeliana, que depende de ellos.

Es decir, y como se apuntó antes, que, de las tres clases mediadoras en la sociedad, sólo la primera –Organización Política– es oficialmente pública, pero la segunda –Medios de Comunicación– lo es oficiosamente, y la tercera –Empresas y Organizaciones– sigue siendo privada. Esta disfunción congénita, está especie de "pecado de lesa naturaleza social de", es la que explica el porqué de la corrupción. Quien no es abiertamente reconocido, responde con una estrategia doble: de un lado se desresponsabiliza, puesto que le han forzado a ello y, de otro, influye. Porque, además, los otros vienen a pedirle y, a veces, le imponen. No toda "corrupción" es culpable. Las hay forzadas.

Corrupción siempre ha habido y, de otra parte, también hoy hay muchas personas, en todos los niveles de la sociedad, que no son corruptos. Pero el problema está en que cada vez que aparece corrupción se busca al culpable y ahí termina todo. Pero no se buscan las causas de fondo, la estructura que la propicia y la facilita.

La toma del poder por la economía

La respuesta más fuerte al *impasse* antes mencionado ha sido la puesta en marcha del proceso globalizador. Lo que él realiza –aparte de muchas otras cosas que no son aquí al caso– es un cierto dominio del "mundo económico" y empresarial sobre la política y los medios de comunicación.

La victoria no consiste en que, de una forma clara, los directivos multinacionales y transnacionales asuman responsabilidades sociopolíticas, y se coloquen de ese modo al nivel de las otras dos "aristocracias". Consiste, más bien, en que, en principio y en general, políticos y periodistas siguen siendo nacionales, mientras que las empresas son cada vez más multinacionales. El empresario abarca más y tiene más poder. De hecho grandes empresas tienen presupuestos superiores a los de la mayor parte de los Estados Nacionales.

Hay múltiples indicios de que la situación adquiere, cada día más, esa fisonomía. Son los presidentes de la mayor parte de los países del mundo los que van a visitar a los presidentes de las multinacionales, y no al revés. Y, de otra parte, las multinacionales se ocupan, cada vez más, de la configuración política de los países, lo cual no es un fenómeno completamente nuevo, pero que en el presente es más marcado.

Se puede decir que la alta burguesía, que contribuyó a crear el Estado Nacional, ahora se desinteresa de él. Pero también se puede afirmar que el concepto de soberanía popular, sobre el que se basó el nuevo Estado, no era sostenible, pues una cosa es defender la nobleza de lo popular, el valor de la auténtica libertad, el profundo respeto por cada persona, sin discriminación alguna, etc. –todo lo cual es justo–, y otra afirmar que el pueblo es soberano.

El Estado Nacional tiene un *pueblo* –entendido como nación– que cuando existe no es por los principios democráticos, sino por factores históricos que han ido cambiando y, sobre todo, se han ido debilitando. De otra parte, la soberanía efectiva no reside nunca en un pueblo, sino en unas personas. Decir que el pueblo soberano lo es porque elige a esas personas, es desconocer la debilidad del juicio de "la gente" –que es el pueblo real– y su capacidad de ser manipuladas. Ni hay pueblo, ni, si lo hubiera, sería soberano.

Estos aspectos requieren consideración aparte, pero aquí se puede adelantar que el *mundo global*, por lo pronto, *carece tanto de pueblo como de soberanía*. La ONU, el Tribunal de Derechos Humanos, la UNESCO, el FMI, la OMS, etc., intentan hacerse con esta última y, a la vez, liquidar el pluralismo de las naciones mediante el ataque sistemático al concepto mismo de *identidad*.

El Estado es un mecanismo de protección. Al débil le interesa fortalecerlo. En una economía y mercado *internacionales*, bastaba una protección nacional conectada con organismos internacionales. Pero cuando, como ahora, la economía ya no es *internacional*, sino *global*, la política no se puede mantener en una situación de internacionalidad. Dicho en otros términos: existe una amenaza cierta y, en un plazo no muy largo, de que se solicite un Estado mundial. ¿Quién defenderá, de otro modo, al débil, en la nueva situación?

Es indudable que las pequeñas organizaciones protectoras –regiones, municipalidades, etc.–, van a jugar un papel cada vez más relevante, pero es un engaño pensar que esto puede solucionar el problema. Mucho menos aún se puede resolver con la fragmentación nacionalista en pequeños Estados. El nacionalismo puede durar un tiempo, si hay quien quiere mantenerlo y encuentra posibilidades, pero esencialmente es ya un fenómeno del pasado.

Ahora bien, el "mundialismo" es un fenómeno dudosamente deseable –un Estado mundial es un monstruo de proporciones gigantescas– y, sin embargo, no va a ser tan fácil de evitar si las cosas siguen como están. Marx pedía la unión de los proletarios de todos los países en una gran *Internacional*. La próxima izquierda va a pedir algo más. A no ser que los principales *responsables* de la sociedad actual se decidan a reflexionar más sobre las consecuencias de lo que está pasando. Y a pensar si no habría que cambiar la filosofía política y económica vigente.

Interesa subrayar, al final de estas consideraciones, que el proceso magnífico de toma de conciencia de responsabilidades sociales que llevó a los directivos de empresas y organizaciones a ser pieza cada vez más relevante en el crecimiento de la sociedad civil queda momentáneamente en entredicho, o en dificultades, con la globalización. En la dura lucha del mercado abierto mundial, no queda tiempo para contemplaciones ni afinamientos sociales

Pero los problemas que se avecinan son tan serios, que cabe esperar –y desear– el advenimiento de una reflexión amplia, profunda y detallada, llevada a cabo por todas las fuerzas sociales en presencia, para prever y para obviar en lo posible las dificultades. Esa reflexión ha de fijarse, entre otros, en un punto decisivo, a saber: cuál deber ser el estatuto sociopolítico de la clase empresarial y directiva de organizaciones.

Por ello, no es inútil que haya instituciones –como el Instituto "Empresa y Humanismo"–dedicadas a la tarea de intentar poner más claramente de manifiesto por qué esa clase ha de poseer una formación sociopolítica y humanística cada vez mayor.

E.3.3. *Trabajo estructura social y liderazgo*[*]

Introducción

Uno de los conceptos clave en la literatura empresarial de nuestros días es el llamado "liderazgo". Para poder centrar de modo adecuado el tema, es conveniente introducirlo mediante algunas reflexiones de orden general sobre el trabajo y la estructura social. Si no se hace así, es difícil ver su proyección real y su relevancia. Podríamos quedar, sin pretenderlo, excesivamente pegados a consideraciones psicológicas o de técnicas de gobierno, todas ellas necesarias, pero que requieren un complemento.

Trabajo

En general, se puede decir que todo trabajo es una actividad, aunque no toda actividad se considere un trabajo. Las actividades que realizamos de forma consciente se suelen denomi-

* (2000). Revista Empresa y Humanismo, 2(1), pp. 33-50. ISSN 1139-7608. ISSN-e 2254-6413.

nar, desde el mundo antiguo, de ocio –*otium*– y de negocio –*negotium*–. Con los matices que se deban añadir, se trata de actividades que transforman al hombre en su interioridad –las de ocio–, o que transforman lo exterior que él usa en su beneficio –las productivas o de negocio–.

El trabajo, entendido como actividad y esfuerzo, se requiere en ambos casos, pero en sentido estricto se ha considerado siempre trabajo sólo a la actividad que transforma lo exterior útil. Durante siglos y milenios ésta fue también la razón explicativa de por qué se tenía por superior al ocio. Él configuraba a la persona en su interioridad, era educativo, me enriquecía como ser humano –era humanista–, mientras que la producción y el negocio cambiaban lo exterior para que me fuera más útil, pero no enriquecían interiormente en cuanto ser humano.

Aquellos que disponían de tiempo libre, porque tenían las necesidades vitales básicas resueltas y no tenían apenas que trabajar, podían pertenecer –en principio– a la clase superior de los educados. Entre ellos se contaban los propietarios terratenientes a los que los siervos les trabajaban la tierra, los guerreros en los tiempos de paz –que eran largos–, y los clérigos y religiosos célibes. Tradicionalmente, eran estas personas –las clases ociosas– las que formaban el grupo dirigente social. Ni siquiera los artistas de las bellas artes se encuadraban entre ellos, ya que su actividad era trabajo productivo, cuyo fruto eran objetos decorativos o que servían al agrado de la vida

Estructura social

No es extraño que de las mencionadas clases saliesen los dirigentes sociales pues, de un lado, tenían educación, es decir, la visión universal que ella ofrece y, de otro, tenían tiempo libre para dedicarse a esa actividad directiva. Ellos poseían la propiedad material y la espiritual –la educación– y, con ellas, la capacidad de gobierno, de asumir funciones directivas; y el poder, la disposición de los medios. Poder, gobierno-magisterio y propiedad forman la triada básica del dominio social.

Los trabajadores, por el contrario, carecían de todo ello, o lo tenían en pequeña medida. Se establecía así una estructura social fuertemente jerarquizada, en la que el carácter meramente utilitario del trabajo sellaba la condición servil de sus realizadores. Y la forma del diálogo social respondía –como es lógico– a esa estructura: no se habla del mismo modo con un "igual" que con uno que no lo es.

Con frecuencia, y mucho más en esa época histórica, quien detenta la propiedad tiene también el poder y el gobierno, aunque estas tres realidades no siempre coinciden en la misma persona. Pero se puede decir que, en general, la forma de la sociedad responde a la combinación de propiedad y diálogo vigentes en ella. Para dialogar hace falta una cierta educación, que es una propiedad espiritual; y poseer de verdad una propiedad material implica quererla y saber usarla. La sociedad es un *sistema de propiedad y diálogo*, y por eso quien posee mejor el sistema es quien más poder tiene.

Uno de los rasgos distintivos de la "modernidad" consistió justamente en su proyecto de cambiar a fondo la estructura de la sociedad. La estrategia que empleó al efecto fue la de reivindicar la primacía y valor central del trabajo, para lo cual se apoya, a su vez, en una filosofía y una concepción del mundo niveladoras.

La reivindicación se lleva a cabo en diversos campos. Desde el punto de vista religioso se insiste en que Dios creó al hombre para que transformara el mundo: "creced, multiplicaos y dominad la tierra", según dice el Génesis y nos recuerda Francis Bacon. Además, según Lutero, no hay jerarquía en el pueblo de Dios, y la revelación llega de modo particular a cada uno. Por ello, traduce la Biblia para que la lean y entiendan todos, y al trabajo se le atribuye valor fundamental, rechazando la condición de pertenecer a una orden "religiosa". El matrimonio pasa a ser lo fundamental; un "religioso" podía ser meramente contemplativo, pero un casado no.

De otra parte, la nueva visión científica del mundo desmonta también toda jerarquía y no hay astros superiores a la tierra, sino que el sol, la tierra, la luna y los demás astros son iguales en cualidad. Lo mismo pasa en la filosofía, que renuncia a las formas substanciales –toda forma es distintiva– y a las escalas de los seres. Además, se matematiza el universo. En economía, toma cada vez más importancia el comercio –en el que no hay jerarquías–, por encima del fijismo jerarquizante de la propiedad de la tierra. Al final del proceso de aparición de la modernidad, con la revolución de finales del siglo XVIII, también el derecho y la política proclaman la igualdad niveladora.

Ahora todos somos iguales en la sociedad del trabajo y la razón matematizante. En ella: 1) se busca la educación general y el acceso de todos a un saber que no tiene "grados"; 2) toda riqueza se convierte en móvil, y es menester aprender a negociar y trabajar en el negocio; 3) se considera, de otra parte, que lo más importante en el hombre es la libertad total, en la cual todos somos iguales y para gozar de la cual tan necesarios son los bienes exteriores como los interiores; 4) aún más, se piensa que la contemplación o es puro entretenimiento –descanso físico o psíquico– o no es nada, porque se niega que pueda haber contemplación de Dios. Por ello, los saberes productivos y de negocio, son superiores a los del ocio; el ocio, en sentido clásico, es inútil o puro esteticismo. Esta última conclusión es a la que llega agudamente, en el siglo XIX, Friedrich Nietzsche, cuando sostiene que "el trabajo ateíza", y que no queda más que "filosofar con el martillo".

Así pues, la primacía del trabajo se corresponde con una estructura social nivelada, en la que las únicas diferencias son cuantitativas o de rendimiento. Sin embargo, esa nivelación, que parece la quinta esencia de la sociedad democrática actual, no se hace presente de una forma tan fácil y clara como quizá cabría esperar. La explicación de ello se encuentra, al menos en buena parte, en la interpretación liberal de la democracia. El liberalismo acepta la divisa revolucionaria, pero pone el énfasis en la libertad sobre la igualdad, y no insiste en la fraternidad. Todos somos iguales y no hay diferencias cualitativas, pero aquello en que somos iguales es la substancia misma de nuestro ser, o sea, la libertad. Ella no puede ser forzada y, por eso, no se puede exigir la fraternidad. En esto el liberalismo clásico se diferencia de su pariente ideológico más cercano, el anarquismo, que sostiene por el contrario la idea de que sin fraternidad la libertad rompe de facto la igualdad. Está bien estudiada la "sorprendente" tesis del parentesco entre liberalismo y anarquismo, pero es pura lógica democrática.

La igualdad cualitativa se mantiene, ya que sólo hay *trabajadores*, pero la división del trabajo y la desigual repartición del capital, consecuencias ambas de la libertad, hacen que quien cualitativa y oficialmente ya no es siervo, lo sea, sin embargo, de facto. Esa es la estructura de la "sociedad burguesa" clásica, sociedad del trabajo y, con todo, no igualitaria. Sin embargo, una sociedad cuyos principios son la libertad individual y el trabajo difícilmente puede permitirse esa falta de igualdad.

Se pueden admitir, sí, desigualdades puntuales, circunstanciales, por muchas que sean, pero no una estructura "desigualitaria", porque si la división del trabajo y la desigual repartición del capital se perpetúan, da lo mismo que los sujetos individuales tengan la posibilidad siempre abierta de cambiar de sitio en la escala social: permanece el problema de que unos están arriba y otros abajo. Y el de abajo es "siervo", con la consecuencia de que existen libertades formalmente reconocidas, pero falta libertad real.

Este problema es el que empuja a Carlos Marx a sostener su conocida tesis de que es preciso acabar con la división del trabajo y la desigual distribución del capital. Según las condiciones modernas de pensamiento, ésa era la conclusión lógica y la forma de salvar la democracia.

El fracaso histórico del marxismo ha sido, a la vez, el fracaso de una estructura social y de un método. Con respecto a lo primero, la experiencia es universal y espectacular: los países de gobierno marxista tienen una economía pobre, y además, permanece la desigualdad, pues no hay una dictadura "transitoria" del proletariado, sino un poder superior de la "nomenclatura".

Todo lo cual era bien previsible pues no hay desarrollo económico duradero ni motivación para el trabajo sin propiedad privada. Así, se hizo real la paradoja de que una filosofía economicista basada en el trabajo, como es la marxista, generó estancamiento económico y niveles mínimos de trabajo. Con respecto al método, la dificultad conocida de la democracia es armonizar libertad e igualdad. El método –y a la vez el mito– liberal es que la libertad traerá la igualdad, pero a lo más que llega –y no muchas veces– es a la creación de una sólida clase media. El método y mito socialistamarxista es el contrario: la igualdad traerá la libertad. Pero nunca la ha traído.

Liderazgo

De todas formas, ambos métodos se encuentran con un problema común: quién dirige la sociedad. Se trata de un asunto más complicado de lo que parece. Si no hay diferencias, y si la libertad individual es un principio absoluto, no hay *autoridad*. Una sociedad de hombres libres e iguales no requeriría mediación de autoridad alguna. Pero eso es utópico. Encontrar gobernantes que no sean jerarcas, que no se diferencien de los demás, fue un deseo de la democracia ya desde el primer momento revolucionario, pero nunca consiguió cumplirlo.

El socialismo marxista intenta solucionar el problema mediante el recurso a funcionarios que deberían ser, según el autor de El Capital, administradores de cosas, y no gobernantes de personas. El liberalismo, por su parte, deja el asunto en manos de los emprendedores y organizadores, y en un pequeño grupo de representantes del "Estado mínimo".

Si la solución del radicalismo socialista se ha mostrado inadecuada, tampoco el dibujo del liberalismo puro resulta del todo bien. Bastaría aludir aquí a la dura oposición que los "comunitaristas" ejercen en los USA frente a los liberales. No está claro si algunos principios comunitaristas son plenamente democráticos, pero en cualquier caso es siempre cierto que la sociedad necesita de personas que tengan capacidad de convocatoria, de integración y de transmitir entusiasmo. No basta el empresario que firma meros contratos de trabajo con sus empleados, para que la sociedad se estructure.

De aquí la insistencia actual en la importancia del liderazgo, término y concepto cuyo éxito –particularmente en el mundo americano– no deja de sorprender. Fueron, en efecto, los fascismos los que más utilizaron esa idea, precisamente para responder al problema de la integración democrática. Más allá, sin embargo, de la peripecia histórica del término, y de su uso presente en el lenguaje de la cultura empresarial, es indudable que toda sociedad necesita personas que sean capaces de vertebrarla.

La pura libertad individual no articula nada y tampoco la igualdad. De ahí que los primeros pensadores democráticos añadieran la fraternidad. Pero ella nunca fue tomada en serio en Europa, salvo por los anarquistas, que no se mostraron capaces, sin embargo, de hacerla verdaderamente real. En nuestros días, la fraternidad vuelve a primer plano, expresada con el término *solidaridad*, usado en la enseñanza social de la Iglesia, en primer lugar, y luego tomada también por las ONG. Pero el individualismo ambiental es tan fuerte que la solidaridad se presenta como un añadido, importante para corregir los defectos del sistema, pero no esencial a él.

En USA, la idea de una libertad que atiende a la sociedad estuvo siempre más desarrollada. Existe la conciencia de que cada uno debe contribuir a las instituciones de educación, cultura, beneficencia, tan necesarias para el bien social, y que todo ello es responsabilidad del ciudadano, de la sociedad civil, y no del Estado. Pero una cosa es contribuir —generalmente con dinero y a veces también con trabajo— al bien común, y otra muy diferente integrar y motivar a la sociedad. Es decir, se necesita la figura del mediador, integrador o "líder".

Para ser líder, hace falta poseer varias cualidades. De un lado, conocer bien los principios, la historia, la estructura, el modo de ser de aquella institución o de aquel grupo de personas que se va a liderar. De otro, tener una idea suficientemente clara de en qué dirección se quiere ir, qué bienes se proponen para alcanzar, y de qué modo. Por último, mostrar una capacidad moral que coloque fuera de toda sospecha. Es decir, las personas lideradas sólo aceptarán la dirección si comprueban que el líder trabaja por el bien común, y no sólo por el propio.

Dicho en otros términos, el líder ha de ser alguien que encarne lo universal, tanto en el plano del conocimiento como en el de la voluntad. Si tener una inteligencia y una visión amplia de lo complejo de la realidad no parece estar al alcance de todos, mucho más difícil es tener una voluntad entrenada para el bien universal. En concreto, éste es un tema no resuelto por los tratadistas clásicos de la democracia. Si el pesimismo antropológico de Hobbes parece inaceptable, más irreal aún es el optimismo roussoniano. Y las soluciones intermedias, como, por ejemplo, la de Locke, no muestran en todo caso más que una comprensión moderada de la naturaleza humana, pero nunca razones por las cuales alguien debiera asumir la iniciativa de responsabilizarse de la sociedad. Para esto último es para lo que hace falta una voluntad universal o, si se quiere, una voluntad preparada para hacer el bien común.

Si examinamos, a su vez, las tesis básicas de la nueva economía política, vemos que Adam Smith –presunto "padre" de ella– dibuja la imagen de un ser humano trabajador, que quiere ejercitar el buen trato social y el respeto a los demás, pero tampoco cree que alguien deba sentirse obligado a asumir la responsabilidad de integrar y mejorar la sociedad. La figura del líder, sin embargo, tal como hoy se concibe para la empresa, refleja una filosofía social más cercana a la mantenida por la enseñanza social cristiana. En ésta se insiste en la necesidad de trabajar por el bien del prójimo y en la importancia de respetar a cada una de las personas; se subraya también la necesidad de huir del economicismo y se rechaza la supremacía social del mercado.

Eso quiere decir que un verdadero líder no puede ser alguien que simplemente consiga que los empleados de su empresa se entusiasmen más con ella, trabajen mejor y rindan más, sino alguien que sienta la responsabilidad de la mejora humana de todos, de cada persona y de la sociedad. Un líder cuya filosofía sea meramente economicista, será un simpático experto en sacarle más rendimiento a la gente, pero eso no es lo que la gente espera. Queda una sensación de esperanza frustrada, consecuencia de que existe siempre una conexión fuerte, una especie de corriente de vida entre el líder y las personas por él lideradas. La percepción, por parte de ellas, del interés primordialmente "económico" y "extrínseco" del líder, rompe la magia.

La tesis del liberalismo radical clásico, según la cual las personas libres y emancipadas no necesitan "directivos" de su vida, no responde a una antropología adecuada. Por el contrario, el ser humano necesita siempre espejos –ejemplos– en los que mirarse, y personas que le ayuden a caminar en los diversos aspectos de su vida. Vivir, para el ser humano, es esencialmente vivir con otros, lo cual quiere decir que todos y cada uno necesitan la ayuda de los demás para desplegar cada dimensión de su vida.

Pero dar ayuda no sólo en aspectos accidentales, externos, superficiales, supone hacerse cargo de la propia responsabilidad con respecto a las otras personas. Eso presupone visión intelectual, fortaleza de voluntad y tener algo interior que dar. No se puede ayudar si no se posee nada de valor que entregar a los demás.

Espíritu

Visión, *voluntad generosa* y *riqueza interior* configuran lo que se puede llamar un *espíritu*. Por eso, un punto relevante para nuestra sociedad es que los nuevos líderes lo tengan. Sin él, no es posible trabajar de verdad por el bien de los demás. Con una mera simpatía genérica se hacen muchas cosas buenas, pero no se puede, a medio y largo plazo, hacer mejorar a las personas.

Éste es quizá el punto clave que ha faltado en la sociedad liberal. Ella ha traído indudables beneficios: mayor atención a las libertades individuales; concepción activa y vital de una economía siempre en crecimiento; apoyo al progreso tecnológico. Además, sobre todo en sus orígenes escoceses, la economía liberal incorporó preocupaciones éticas. La economía liberal-capitalista es todo un instrumento funcionante, mientras que la socialista no existe. El problema está en que maneja una antropología individualista, que no se hace bien cargo, de la atención a la persona.

Esto vale, en primera línea y de forma especial, para aquellos que tienen el liderazgo. Occidente no es hoy una sociedad estructurada, articulada, gobernada, por personas que buscan el bien común, sino una desarticulada, en la que algunos buscan primariamente el beneficio económico y otros cobran por atender al débil desde el Estado y entidades análogas. Todo el liderazgo es, de este modo, ficticio: unos lo asumen para la propia ganancia empresarial, y otros para su beneficio político.

El punto crucial está siempre en equiparar –o no– el interés propio legítimo con el bien común. Y, en concreto, el líder es quien más debe asumirlo, pues ha de responsabilizarse, de los demás. La falta frecuente de esta última conciencia ha debilitado la humanidad en Occidente. No hay humanidad porque no hay espíritu. Del mismo modo que –como dice el cristianismo– la naturaleza no alcanza su perfección más que desde la fuerza "sobrenatural", de tal manera que, sin ella, lo natural nunca es suficientemente natural, también se puede decir que lo humano en el hombre se alcanza desde el espíritu. Por ello, cuando éste falta, las acciones del individuo se tornan, en mayor o menor medida, inhumanas.

El espíritu en su aplicación

El espíritu incluye el despliegue de un mundo interior en la persona y de un sentido de responsabilidad con respecto a los otros; el resultado es la configuración de una actitud vital profundamente ética. La persona espiritual sabe que la realidad vale más que el beneficio meramente material que nos depara. Sabe que ser generoso no significa perder, sino ganar.

Del mismo modo que quien tiene la generosidad de invertir económicamente mejora su economía más que el avaro, cuyo único interés es atesorar, el espiritual sabe que, al abandonar la avaricia, para responsabilizarse de los demás, gana en su humanidad. Pasa, como decían los griegos del mundo clásico, de ser *idiota* –el que se ocupa sólo de sí mismo– a ser un hombre *noble* –el grande de espíritu–. Como se lee en el Evangelio, sólo el que pierde su vida –meramente privada–, la ganará –la vida noble–.

Así pues, todo espíritu supone algo más que el mero desarrollo de un "mundo interior". No hay interioridad sin exterioridad y por eso una interioridad humana que no toma en serio el hecho de que tiene ante sí y fuera de sí a otra persona, es una interioridad abstracta, imaginativa o meramente intelectual Si cada uno quiere que le tomen, que le consideren de forma absoluta, es decir, como pedía Kant, que no le traten como un puro medio o instrumento, entonces ha de tomar también a las demás personas de forma absoluta. Lo cual implica necesariamente el ocuparse de ellas, el hacer algo por ellas, pues no basta con el mero respeto kantiano.

Si hay que hacer algo por los demás, el espíritu no puede ir desligado del trabajo. Históricamente, la imagen más frecuente del hombre espiritual era la de aquel que, en mayor o menor medida, se retira del mundo para poder zambullir su alma en la divinidad. En la tradición católica fue, sin embargo, sentida de modo creciente la necesidad de un espíritu volcado en favor de los demás, a través de los cuidados de la salud, la educación y la beneficencia, fundamentalmente

Con todo, el líder actual precisa todavía de algo más, pues no se trata sólo de llevar el bien a los demás y a su trabajo, todo lo cual es de suma importancia, sino también de descubrir lo espiritual del trabajo mismo. Éste no es *otium* contemplativo, sino *negotium*, producción de algo externo que –según se piensa– no nos enriquece interiormente. Ahora bien, si el trabajo no interioriza, entonces es posible que tuviera razón. Nietzsche cuando afirmaba que "el trabajo ateíza". Para que el trabajo, por el contrario, interiorice, es preciso que cumpla algunas condiciones:

1. Que ayude al cultivo personal. Para lo cual es menester considerar la naturaleza física y la acción práctica como libros en los que podemos leer las profundidades de nuestro ser.

2. Verlo como un lugar de entrenamiento y ejercicio de las virtudes morales.

3. Considerar todo trabajo como un regalo a los demás o, dicho de otra forma, como transfusión de la propia vida hacia la de los otros.

4. Entender que el mundo material está en las manos del hombre para que lo cuide y perfeccione. Hacerlo es una obligación moral y religiosa.

Todo lo cual implica, si se puede hablar así, a Dios en el plano natural y sobrenatural al mismo tiempo.

Empleo

El último punto es el relativo al problema del empleo. En sociedades pasadas lo más anhelado era vivir bien sin tener que trabajar. En la sociedad actual, por el contrario, incluso los que pueden vivir bien sin trabajar se deprimen si no tienen un empleo o una tarea. El trabajo no es hoy sólo un medio para asegurar la subsistencia, ni tampoco sólo el medio para lograr la integración en sociedad, sino que se ha convertido en una necesidad psicológi-ca. Esto es consecuencia de la presión del ambiente producido por la filosofía social y la antropología modernas.

Sin empleo, hoy día muchas personas, dado que no saben vivir el ocio en sentido clásico, ni han desarrollado su espíritu, no saben qué hacer. Además, se sienten humillados y marginados.

Sin duda, es preciso poner todo el esfuerzo en reducir al mí-nimo posible el desempleo. Todas las medidas eficaces para redu-cirlo son importantes. Con todo, lo que aquí se quiere subrayar es que el problema del desempleo es complejo y su gravedad depende de la filosofía social en la cual se encuadra. Si se puede hablar así, es una cuestión que no puede resolverse sólo –como hoy se inten-ta– con medidas económicas o, más bien, economicistas.

Un punto central para estudiar el tema es el de la presencia de la mujer en el mundo del trabajo. Las mujeres reivindican su plena entrada en el mercado laboral y solicitan no ser objeto de ningún tipo de discriminación al respecto. Poner cuotas para imponer un determinado número de mujeres en las organizaciones es un procedimiento más que dudoso para solucionar el problema desde el punto de vista económico, y pura demagogia política, pero es, sobre todo, humillante para las mujeres. Desde este punto de vista lo único digno es el principio de educación igual para todos y libre mercado de trabajo.

Ellas han pedido, durante mucho tiempo, que las empresas les facilitasen ser empleadas y madres de familia al mismo tiempo, pero en los últimos años este tema ha perdido cierta fuerza. Ello se debe, por un lado, a que se dan cuenta de que, aunque tengan toda la legislación a favor, el tiempo dedicado a los niños y a la familia les roba capacidad competitiva; y, de otro lado, el consumismo y el hedonismo ambientales les hace perder interés por lo que clásicamente se consideraba una familia con niños.

El problema de fondo, en resumen, tiene el mismo origen que el problema del desempleo en general, y no consiste sólo en si hay más o menos inversiones, impuestos, o precio del dinero —todo lo cual es importante—, sino en algo tan simple como que la economía no mira hoy al ser humano, sino a la riqueza. O, para decirlo en términos de la lógica clásica, mira a la riqueza *in recto*, y al ser humano *in obliquo*, cuando debería hacer lo contrario, incluso para conseguir más riqueza. En efecto, si todos trabajan a gusto y son respetados y considerados, el rendimiento general aumenta. Es verdad, de todos modos, que es difícil de hacer.

Son pocos los que se plantean que, si nacen pocos niños, si la población es escasa y los nacidos no son suficientemente educados por sus padres, que no tienen tiempo, las consecuencias económicas son muy graves: habrá que importar población con costumbres y modos de vida diferentes, que tienen que aprender y adaptarse. Si se suman pérdidas y gastos de "aclimatación" el resultado económico negativo a medio y largo plazo es patente. Basta ver el caso francés.

Pero mucho más dura es la pérdida social y personal. Aparece una sociedad triste y egoísta, en la que no se descubre la belleza del vivir. La gente ya no va –como se hacía en tiempos pasados y nos recuerda Charles Péguy– a trabajar cantando.

Así pues, la cuestión esencial relativa al trabajo de la mujer no está en si ella tiene o va a ocupar más o menos puestos de trabajo, sino en que la sociedad comprenda que la presencia de lo *femenino* y de lo *maternal* –lo cual no es exactamente lo mismo que la presencia profesional de la mujer– es necesaria, también para la buena marcha del sistema económico.

Y algo análogo cabría decir con respecto a los jubilados. Se sostiene que son interesantes para la economía porque contribuyen a ella mediante el *consumo*, pero eso es, de nuevo, un cierto sarcasmo y una humillación. Al parecer, ahora hay seres humanos que –más que personas o ciudadanos– son *consumidores*. No hace falta insistir sobre la pérdida de fuerzas de trabajo, la desestabilización psicológica y los costos económicos de un proceso así.

En resumen: el problema radical del empleo es, primariamente, de concepción social y antropológica. No hace falta que todos tengan empleo. Puede ser incluso un error estructural la idea de pleno empleo. Con el pleno empleo la sociedad no puede funcionar, porque en ella se necesitan muchos trabajos que no son estrictamente empleos.

Se precisa cambiar la filosofía social y la antropología filosófica hoy en uso. Hemos ganado, en los siglos modernos, la idea de que el trabajo no es algo secundario, ni un puro entretenimiento para no estar ocioso. Así como las personas que entraban en religión se tomaban con seriedad profunda su nueva vida, y por ello se decía que *profesaban* en una orden o congregación, etc., el trabajo es ahora plenamente *profesional* y se hace con dedicación interior. Y esto, como queda dicho, es una ganancia.

A algunos les parece que el espíritu profesional sólo pudiera alcanzar a los empleados, pero es preciso tener en cuenta que la *profesionalidad es un espíritu*, mientras que el *empleo es una situación administrativa*. Hay empleados poco profesionales, o profesionales a disgusto, y –por el contrario– no empleados que trabajan con espíritu profesional.

Se ha repetido en los tratados de economía que esta ciencia se ocupaba de la distribución y asignación de los bienes escasos. En sentido metafísico los bienes siempre serán escasos para el hombre, pues el ser humano está abierto al infinito, es insaciable. Pero en sentido económico, hoy sobran o podrían sobrar, bienes; la capacidad de producción es potencialmente inmensa. La economía es hoy más bien la ciencia de cómo crear empleo y cómo suscitar trabajo profesional para todos.

Como aún no es capaz de lograrlo, toma el relevo el Estado, quien dice encarnar la "soberanía del pueblo"; el presunto "pueblo", a su vez, sólo existe en cuanto un amplio grupo de gente quiere ser materialmente atendida y, por eso, el Estado se ocupa cada vez más de todos los cuidados y ayudas sociales. Si a alguien se le ocurre trabajar en estos campos benéficos, entra en el campo propio del Estado –en competencia con él–, y por eso éste graciosamente se lo permite, poniéndole la etiqueta de *"no gubernamental"*.

La Iglesia, por ejemplo, durante siglos la institución que más beneficencia ha realizado, es hoy, de facto, socialmente en muchos países algo así como una ONG. Pero también de facto, cada familia que tiene a su cuidado varios niños y los abuelos es una ONG. Y, sin embargo, una madre ama de casa trabaja más, con más profesionalidad –en el sentido en que aquí se usa esa expresión– y es más útil a la sociedad que muchos empleados. Y lo mismo muchas personas en los ámbitos familiar y de la Iglesia.

Es muy posible que el sistema capitalista vuelva a ser capaz de crear muchos empleos. Lo ha hecho otras veces y ya lo está haciendo de nuevo. Pero esto no va a solucionar el fondo del problema. Para abordarlo hace falta organizar la sociedad teniendo en cuenta que se necesitan "desempleados" para que funcione. Facilitar la vida a las madres, a las familias, a los sacerdotes y religiosos que hacen tanta beneficencia en el más serio sentido de esa palabra.

Líderes con espíritu

Vivificar la sociedad civil implica impulsar más espíritu emprendedor, conseguir que haya más personas con mentalidad de dar ellos empleo y no esperar que alguien se lo dé. Esto, que en América es consubstancial, falta mucho más en Europa.

Se necesitan líderes con espíritu, algunos de cuyos rasgos distintivos podrían ser:

a) tener como prioridad el bien común;

b) esforzarse por crear trabajo y empleo;

c) buscar un lugar adecuado para cada persona;

d) impulsar el espíritu empresarial;

e) comprender la necesidad de mejorar la estructura social y de introducir una nueva mentalidad en la que el amor al trabajo traiga consigo el profundo respeto a la tarea de cada uno;

f) tener la capacidad de equilibrar la solidaridad y una cierta igualdad con la libertad y la autoridad.

E.3.4. *Entre la retórica populista y el desconcierto económico*[*]

El fundamento de la política

Es un lugar común que la búsqueda básica del ser humano es la *felicidad*. La felicidad es la síntesis de la paz y el gozo, que se corresponden con la seguridad y la libertad, y configuran así también la sociedad civil.

Todo se consigue en sociedad: la paz y la seguridad dependen de ella, tanto como el gozo y la libertad, pues no hay plena paz sin seguridad –y viceversa–, como no hay alegría sin libertad –y viceversa–. Así se pensaba clásicamente, pero la Revolución vino a trastocar estas ideas.

Según el pensamiento clásico, el primer lugar donde fructificaban todas esas dimensiones era la familia. La familia verdadera es una síntesis de pasado y futuro, de conservación y progreso o crecimiento, de paz y gozo, de seguridad y libertad.

Cuando hay grupos formados con más personas, han de encontrarse entidades sociales más grandes, pero siempre "al modo de la familia". Es decir, se trata de lugares en los que la diferencia de roles se da en una *unidad fundamental*. El clan y la patria, por ejemplo, son entidades sociales de este estilo, al modo de la familia.

Aquello que une ha de estar necesariamente *por encima* de lo unido. De lo contrario, se dan sólo coincidencias coyunturales de intereses. En el amor verdadero, todos se *subordinan* a ese amor. De ahí el concepto clásico de matrimonio y de patria. En el ejército se decía: "Todo por la patria"; en la familia se daba por supuesto.

Con la Revolución todo cambia. Lo fijo se hace móvil –en el hábitat, la economía, el derecho, la política–; lo pasado –la heren-

* (2009). Conferencia dictada por el autor en el Palacio Legislativo de Córdoba (Argentina), organizada por el Centro de Estudios CIVILITAS. Versión abreviada. *Humanitas*, n° 56, pp. 783-785.

cia– deja su sitio al futuro –el progreso–; lo eterno a lo meramente temporal.

Sobre todo, la fijeza del amor se cambia por la primacía de la libertad absoluta. Como dice Tocqueville, "en los tiempos democráticos, en medio del movimiento general de todas las cosas, lo que hay de más móvil es el corazón del hombre".

La clave del pensamiento moderno es la *libertad*, entendida de modo absoluto, y ella necesita ineludiblemente la *seguridad*. A una *libertad absoluta* le ha de corresponder una *seguridad absoluta*. Aquí hace su plena aparición el *Estado moderno*, que crece hacia el totalitarismo de manera imparable, porque ese es el único modo de garantizar una libertad absoluta. El Estado moderno, aún en sus formas más moderadas es, en cierto modo, "total" y esa es una gran paradoja de la modernidad.

El Estado ha de cumplir la tarea de hacer real una tesis contradictoria: que convivan en sociedad la libertad y la seguridad absolutas. Para intentar garantizarlo recurre al expediente de separar la "esfera privada", la economía, a la que pone unas reglas de funcionamiento en orden a la igualdad, de la "esfera pública", en la que la libertad queda restringida por el sistema representativo –ya que el "asamblearismo" es imposible– y la división de poderes –en la que queda por decidir cuál es el supremo–.

Pero el problema principal está en que se disuelve la patria o se hace meramente circunstancial, dado que, en la libertad absoluta, el principio de cohesión social ya no es la familia. Falla entonces la base sobre la que construir una política armoniosa. El "Estado nacional" es hoy una ficción, no solo por la crisis del Estado, sino porque con una filosofía política individualista la realidad de la nación se disuelve.

Retórica y desconcierto

Se disparan entonces todos los sistemas descompensados: la "huida "hacia delante" –liberalismo, *riqueza, libertad*; es decir, que la riqueza nos arregle todos los problemas–; o "hacia atrás" –socialismo, *control, igualdad*; o sea, que el Estado lo arregle todo–. ¿Quiénes son los conservadores y quienes los progresistas? Depende de si se habla de política o de economía.

Ahora bien, ahí ya no tiene sentido hablar de patria en sentido operativo político, aparte de que la nación no es lo mismo que la patria. Ésta tiene por base una sociedad familiar y corporativa, todo lo cual no está en democracia. Y la política se convierte simplemente en un juego de *poder*. Para alcanzarlo, se recurre, como es lógico, a la *retórica populista,* que es la que da votos. No a la retórica de la "nación", que ya no tiene sentido.

Pero luego, hay que *cumplir*. Para cumplir hace falta *dinero*, y el dinero lo general las minorías *"liberales"*, que pierden las votaciones. Esas minorías resultan, sin embargo, necesarias. Y, sin embargo, ocupadas sólo del dinero, rompen las reglas del juego, precisamente porque su fin principal es conseguir dinero. Resultado: el *desconcierto económico*, por la inevitable tendencia a eludir las reglas y la ética, todo lo cual, por lo demás, se aprende a observar sólo en familia.

Los gobiernos populistas no pueden prescindir de sus "enemigos" liberales, aun sabiendo que ellos se saltan las reglas. Entre otras cosas porque sin ellos no se genera riqueza, y también porque los partidos populistas les deben mucho dinero a los bancos y a los acuerdos "por debajo de la mesa".

Al final, la única solución que se ofrece es: prometer mejores *reglas* y mejor *comportamiento*, logrado con más *vigilancia*. Es obvio que eso son soluciones transitorias y, sobre todo, que, en la forma propuesta, siguen quitando la presunta libertad absoluta. "Más reglas y más control" es igual a menos libertad. Pero es que, además, ningún Estado es capaz de generar mejores acciones éticas. Eso se logra en sociedad, a través de las familias y las corporaciones, todas las cuales están agredidas en su espíritu y en su existencia misma tanto por el afán desmedido de riqueza como por el totalitarismo más o menos encubierto del Estado.

Ética y religión

La única salida real está en la ética y la religión. La ética no tiene sustituto válido posible. La ley y los castigos tienen sentido para completar la eficacia social y personal de la ética, pero es ilógico pensar que la pueden sustituir. Sin ética, la ley es simplemente un instrumento para reforzar el poder del que ya lo tiene. A su vez, la ética sin el apoyo de la religión no es suficientemente práctica. Nadie obedece bien a la *razón pura*. No hay sustituto válido tampoco para la religión, como tal vez ha comprobado ya Habermas, que lleva años buscándolo.

La política actual, falta de fundamento ético y religioso verdadero, no es más que un arte de emocionar a las masas con retórica populista, unida a la corrupción de hacer después tratos bajo mano con aquellos a los que se ataca en los discursos: los que tienen el dinero, los cuales, a su vez, infectados por la misma carencia de ética y religión, caen en un desconcierto progresivo, pues no saben cómo generar la confianza sin la cual la economía es imposible de vivir.

Sin duda, no todo es así. Hay una insistencia en lo negativo que la realidad diaria puede contradecir, en mayor o menor cantidad de casos. Pero esos tintes negros son necesarios porque, desde el punto de vista *formal,* como se usa decir en filosofía, o *de fondo,* no ha cambiado nada y, por consiguiente, el peligro de que esos males sucedan sigue abierto. No es posible suprimir el peligro de este mundo, pero hay estructuras que lo dificultan, mientras que otras lo facilitan.

E.3.5. *Cambios profundos, Años decisivos: 2001-2006*[*]

Método y contenido

Entre 2001 y 2006 se ha producido un gran avance tecnológico que es creciente. El ser humano descubre cada día más qué enorme capacidad almacena para seguir avanzando, desarrollándose. Toda acción inteligente se "compone" de un contenido perseguido, y un camino, un método para alcanzarlo. El método carece de sentido si no hay contenido, y a éste se llega a través de un método. Desde el punto de vista de la vida humana, tan relevante es lo uno como lo otro.

Hay épocas que, por decirlo así, han sido más fijistas, se han preocupado principalmente de los contenidos y, en cambio, lo característico del pensamiento moderno, desde sus inicios, es el haber puesto mucho énfasis, y cada vez en mayor medida, en los métodos. Éstos, a su vez, pueden ser externos o internos. Pensamos el contenido de una casa y, al mismo tiempo, el método para construirla como nos exige la estructura pensada. O buscamos el método de solucionar teoremas matemáticos de tal tipo o tal otro

Algo así pasa en todo lo que hacemos. La vida humana es un continuo "tanteo" de caminos, de métodos, para obtener lo que en cada momento buscamos. Pero, aunque los objetivos son múltiples, y los métodos variables, hay una inclinación y un estilo que marca el rumbo. Con respecto a él hemos de ejercitar el arte tan necesario y difícil de encontrar "el punto justo".

[*] (2001). Instituto Internacional San Telmo. Granada. Tercera Asamblea de la Agrupación de Miembros.

Cada día hay que esforzarse de nuevo en encontrarlo. Durante mucho tiempo la sociedad se inclinó a procurarse contenidos y a usar métodos más bien conservadores, con el punto de vista hacia el mantenimiento y el pasado. Ahora, por el contrario, cada vez es más "progresista", con la mira en el futuro. Estamos ante la perpetua innovación. Cuantitativamente, los nuevos métodos nos conducen a multiplicar las relaciones, tenemos mucha más posibilidad de relacionarnos que nunca. Pero, también, tenernos muchos más problemas, y está amenazado el sentido de nuestra propia identidad.

Recibimos en el instante los emails, que pueden ser decenas o cientos por día. Antes se tardaban unos días en recibir una carta. Se agiliza todo, en la misma medida en que se pierde serenidad y profundidad al escribir. Se debilita además el arte de escribir bien, tan formativo.

¿Se debe entonces mantener una posición conservadora, ante los serios peligros del espíritu de la pura innovación? ¿Tendríamos que renunciar a lo que la postura innovadora trae consigo? Estudiar la realidad, tal como es, sin dejarse llevar por las inclinaciones, conduce a lo ya apuntado: se ha de hacer el balance cualitativo y confirmar que la felicidad está en el punto justo. Nada nuevo en la teoría ética.

Los nuevos métodos tecnológicos nos dan mucha más velocidad e inmediatez, pero también más enclaustramiento. Es un lugar común, tantas veces repetido, sobre todo por los educadores, que los nuevos métodos encierran a los niños sobre sí de una manera excesiva. A las personas mayores los hacen más artistas y más matemáticos: lo primero porque le da a cada uno un aparente margen de creatividad; lo segundo por la simplificación abstracta: números, letras, iconos.

El aprendizaje

En el inicio de la historia del pensamiento occidental hay un precioso texto platónico –el Diálogo Fedro– que trata acerca de la escritura. Era un momento histórico en el que se pasaba de la *oralidad*, una relación boca a boca, a la escritura. Entre otros aspectos, el texto se pregunta si la escritura es una "innovación" muy buena, porque ayuda a mantener la memoria. Y la respuesta "conservadora" es: no, todo lo contrario, la escritura va a dañar la memoria, porque la gente confiada en que el papel –el papiro en aquella época– es memoria guardada no va a ejercitar su capacidad de memoria. Almacenamos una información que después quizá no vamos a saber comprender, o utilizar, porque no la hemos hecho verdaderamente nuestra.

Si se trata de algo técnico, la escritura ayuda bastante, pero no lo suficiente, porque no lleva incluida la indispensable *práctica*. Lo vemos en folletos explicativos, que a veces nos sirven sólo si alguien que sabe nos ayuda. Más grave es si se trata de contenidos de fondo. Ahí vale la "memoria de corazón": si no tenemos interiorizado el tema, no entendemos el texto.

Hay dos memorias básicas: la "material", técnica o "mnemotécnica", y la "memoria del corazón". La primera se adquiere y desarrolla con métodos llamados precisamente "mnemotécnicos". Suelen ser repetitivos, y quedan en la superficie de la realidad guardada. La segunda, por el contrario, se desarrolla de un único modo, y es el amor verdadero. Cuando amas algo o alguien, no sólo no olvidas, sino que te sientes empujado a conocer más. De ahí la palabra: "philo-sophía", amor a la sabiduría.

Hay personas que saben "muchas cosas", sin llegar a saber nada a fondo y de verdad. Puede ser a causa de un aprendizaje solamente repetitivo, o bien disperso, pero siempre porque aún falta el toque "filosófico". Algo semejante sucede con el trabajo: quien lo ama lo hace bien y sin aparente esfuerzo. Como decía Charles Péguy, "antes la gente iba a trabajar al campo cantando". No fácil de ver algo de ese estilo en las empresas actuales.

La metodología del saber profundo la marcó Sócrates, de una vez por todas, en el siglo V a.C. Lo primero que le sucede al que ama el saber es que acepta ser enseñado, es decir, se da cuenta de que su no-saber es una dificultad real y muy seria. Pero después, la sinceridad con la que comprende su ignorancia le abre a ver que esa comprensión es un profundo saber, en el cual se ve empujado a continuar la búsqueda de la verdad. Y así se relacionan las dos partes del "método".

Traducido a nuestro mundo personal y social, lo primero es enfrentarse con la dificultad y darse cuenta de la propia ignorancia y los propios errores. Lo segundo, entusiasmarse por la realidad elegida. Si una persona no se enfrenta con la dificultad no puede aprender. Al respecto, la superioridad de USA sobre Europa está en que los europeos han desarrollado una cultura excesiva de seguridad; con mucha seguridad, no se puede aprender. En Estados Unidos la gente se tiene que enfrentar desde muy joven con dificultades.

Esto se cumple, sobre todo, en los hijos de inmigrantes. No es simplemente la organización o la riqueza de un país lo que da origen a la innovación, sino el sentirse en la necesidad de luchar como luchan las familias de inmigrantes, y el tener el calor familiar, sin el cual es muy difícil educar y preparar para la continuación del aprendizaje. Hay estadísticas, que muestran cómo el mayor porcentaje de los que triunfan, son hijos de inmigrantes. Amartya Sen, por ejemplo, profesor de Harvard y premio Nobel, es originario de la India y hay bastantes como él.

Si hoy se mira alrededor no se avistan muchas personas capaces de transmitir el amor por las cosas y las personas, y entonces no se ve cómo puede haber aprendizajes verdaderos. La gente consigue aprender superficialmente, pero no alcanza a aprender con profundidad. Eso pasa en las familias, en los colegios, en la empresa.

Gobernar es educar y viceversa

Educar y gobernar son dos dimensiones de lo mismo. Si nos damos cuenta de que la única forma de gobernar a las personas es conocerlas y apreciarlas, veríamos que quizá en algunas empresas los procesos de aprendizaje son meramente externos. Cuando una persona no se siente querida obedece superficialmente, de modo meramente exterior y automático. Pero no obedece de verdad, porque no te escucha con interés y afecto, y "se obedece por el oído".

El derecho y la ética se complementan, pero no son lo mismo. Un código ético es tan falso como alguien que desea actuar rectamente y desprecia el derecho. Puede haber un código ético en la empresa, pero el directivo lo enseñará pasado algún tiempo desde la incorporación de la persona. De entrada, un par de indicaciones generales bastan.

Si en vez de proceder de esta manera, cuelgas el código, el que llega a la empresa, sobre todo si es español, piensa, siguiendo la sabiduría popular: dime de qué presumes y te diré de qué careces. De manera que, para crear un clima de seriedad y confianza en la empresa, son precisas la *dificultad* –permitir fallos al principio y corregirlos en privado y explicando por qué– y el *afecto* verdadero. Sin eso las relaciones serán, necesariamente, superficiales. La gente se marchará en el momento en que tenga una oferta más lucrativa.

Por eso, lo primero que ha de hacer un directivo es "estudiar" a su gente. El *studium* latino significa mirar con afecto e interés. Mi padre, en sus últimos años, decía: "he tenido que *estudiar* a cada uno de mis hijos, en otro caso no hubiera podido educarlos". Y el empresario ha de hacer algo análogo. Y se suele encontrar con tres tipos de personas:

a) el buen cumplidor, no particularmente valioso. Aplicar la ciencia de "buscar el sitio adecuado a cada uno";

b) el valioso, pero "molesto", porque busca cambios necesarios y mejoras. Hay que ganárselo;

c) el valioso, y frío cumplidor. Procurar su salida, porque se acabará yendo y se llevará lo aprendido a la competencia.

Educar es un arte tan sencillo como difícil, lo mismo que gobernar. Hace falta "ponerse en el lugar del otro", primero, y después entrar en su interioridad, lo cual sólo es posible si media el afecto. Luego está la gran cantidad de detalles pequeños en los que se muestra cómo es una persona. El directivo conoce a sus "subordinados" así, pero a veces olvida que ellos le conocen a él del mismo modo.

Sin reflexión previa alguna, cada gesto, cada sonrisa, cada decisión, educa o deseduca, prepara el buen gobierno o lo dificulta. Y la continuidad de ellas es ya lo definitivo

El problema ético

Sin verdaderos aprendizajes ni autoconocimiento se dañan seriamente tanto lo *privado* como lo *público*. El resultado es su sustitución por las esferas de la "intimidad" y la "publicidad". La intimidad reemplaza lo *privado* –que se funda en la interioridad del amor– por lo *íntimo*, que es sentimental e individualista. La *publicidad* toma el lugar de lo legítimamente *público*, para convertirlo en objeto de negocio. La diferencia se muestra en que lo privado no puede ser público, y viceversa; en cambio, se puede publicitar la propia intimidad para conseguir dinero con los escándalos, etc.

Otro aspecto ético de relieve es el relativo a la prudencia y la valentía a la hora de buscar la *seguridad*. Sin el aprendizaje de la virtud, falta la serenidad –fundamental, como ilustra Séneca de modo brillante– y el miedo se dispara. Es curioso que en una sociedad tan orgullosa de sí y de su capacidad innovadora, suceda eso.

Es muy grande el porcentaje del Producto Nacional que se gasta en sistemas de seguridad. En una sociedad culturalmente innovativa, se debería esperar que fuera poco, porque la búsqueda de seguridad parece una actitud conservadora. Pero el problema es que faltan la valentía y la confianza. Es muy difícil confiar en una sociedad sin buen nivel de formación moral, y eso sucede hoy, porque fallan todos los pivotes de verdadera educación –familia, magisterio, sacerdocio– y los sistemas de aprendizaje son meramente superficiales.

No puede avanzar la economía de un país sin que avance a la vez el derecho, la política, la ética, la cultura, en resumen. Sin ética no hay verdadera cultura. Intentar desarrollar una empresa en un país que no tiene una sociedad armónica, desarrollada en todas sus dimensiones, profundamente ética, significa el fracaso seguro a medio y largo plazo.

Carece de sentido pretender montar negocios en una sociedad no fiable. Por eso, cada empresario responsable ha de colaborar en la creación y mantenimiento de confianza. Si esto no sucede, los casos de corrupción, inevitablemente, casos irán en aumento. Y no se puede tener la mitad de la sociedad vigilando a la otra mitad. Pero si no hay una formación verdaderamente humana, si no hay unos sistemas de aprendizaje que vayan más allá de la mera superficialidad, el futuro de la economía y de la empresa es oscuro.

La innovación abre espacios maravillosos. Pero, por sí sola, no puede mantener una sociedad y ni a ella misma.